化学工业出版社"十四五"普通高等教育规划教材

工程建设法规

李华东　张　璐　刘鉴秾　主编

化学工业出版社

·北京·

内 容 简 介

《工程建设法规》紧扣现行法律法规，以《中华人民共和国建筑法》《中华人民共和国招标投标法》《中华人民共和国城乡规划法》以及最新颁布的《中华人民共和国民法典》等为核心和基础编写。本书内容主要包括建设工程法律及法规概论、与工程建设相关的基本法律制度、建设法律制度、工程建设程序法规及执业资格法规、建设工程招标投标法规、城乡规划法规、建设工程合同管理法规、建设工程勘察设计法规、建设工程监理法规、建设工程质量及施工管理法规、建设工程安全生产及纠纷处理法规、建设工程其他相关法规等。本书每章前配有思维导图，章后有习题以供测试知识掌握程度及提高知识运用能力。

本书可以作为普通高等教育、成人高等教育以及自学考试工程管理、工程造价、土木工程、城市地下空间工程等专业的教材，也可作为工程招投标人员、预算报价人员、合同管理人员、工程技术人员和企业管理人员业务学习的参考用书。

图书在版编目（CIP）数据

工程建设法规/李华东，张璐，刘鉴秾主编．—北京：化学工业出版社，2022.9

化学工业出版社"十四五"普通高等教育规划教材

ISBN 978-7-122-41468-7

Ⅰ.①工⋯ Ⅱ.①李⋯ ②张⋯ ③刘⋯ Ⅲ.①建筑法-中国-高等学校-教材 Ⅳ.①D922.297

中国版本图书馆CIP数据核字（2022）第085968号

责任编辑：刘丽菲　　　　　　　　　　　文字编辑：林　丹　沙　静
责任校对：赵懿桐　　　　　　　　　　　装帧设计：关　飞

出版发行：化学工业出版社（北京市东城区青年湖南街13号　邮政编码100011）
印　　装：大厂聚鑫印刷有限责任公司
787mm×1092mm　1/16　印张11½　字数303千字　2023年4月北京第1版第1次印刷

购书咨询：010-64518888　　　　　　　　售后服务：010-64518899
网　　址：http://www.cip.com.cn
凡购买本书，如有缺损质量问题，本社销售中心负责调换。

定　　价：49.80元　　　　　　　　　　　　　　　　　　　　版权所有　违者必究

前言

建设工程法规主要涉及规范工程建设行为的法律，它既包括直接规范工程建设行为的法律，也包括与工程建设过程中的行为密切相关的法律。

建设工程法规体系包括建设法律、建设行政法规、建设部门规章。在这个体系中，建设法律为龙头，建设行政法规为主干，建设部门规章和地方建设法规、地方建设规章为支干。建设法律、建设行政法规始终贯穿于整个工程项目建设，在工程项目建设中具有十分重要的作用和地位。

本书以《中华人民共和国建筑法》《中华人民共和国招标投标法》《中华人民共和国城乡规划法》《中华人民共和国民法典》等为核心和基础。全书共12章，主要包括建设工程法律及法规概论、与工程建设相关的基本法律制度、建设法律制度、工程建设程序法规及执业资格法规、建设工程招标投标法规、城乡规划法规、建设工程合同管理法规、建设工程勘察设计法规、建设工程监理法规、建设工程质量及施工管理法规、建设工程安全生产及纠纷处理法规、建设工程其他相关法规等。

本书结合编者们多年的教学成果，并根据实践中的相关问题与工程建设相关的法律法规、规范，综合工程实际进行编写。本书具有较强的针对性、实用性和可读性，可以作为普通高等教育、成人高等教育以及自学考试工程管理、工程造价、土木工程、城市地下空间工程等专业的教材，也可作为工程招投标人员、预算报价人员、合同管理人员、工程技术人员和企业管理人员业务学习的参考用书。

本书由李华东、张璐、刘鉴秾担任主编，奉凯文、李兴华、王旭东、龚长兰担任副主编。本书第1章到第6章由李华东、张璐、奉凯文编写；第7章、第8章由奉凯文、刘鉴秾、李兴华编写；第9章、第10章由奉凯文、王旭东编写；第11章、第12章由奉凯文、龚长兰编写；西华大学张阳、魏川、易钰参与了本书编辑及校稿；全书由李华东、张璐负责统稿、修改并定稿。

本书由西华大学项勇教授任主审，西华大学土木学院霍海娥、张驰对本教材的编写提出了许多宝贵意见，四川电力职业技术学院菊燕宁，四川建筑职业技术学院彭友，成都艺术职业大学黄敏、李世娇等专家学者对本书的编写给予了大力支持。在此，表示衷心的感谢。

由于本书编者水平有限，加之时间紧迫，故不足之处在所难免，敬请专家、学者和同行不吝赐教，批评指正，并希望广大读者提出宝贵的意见和建议，以期今后再版时改进，从而更好地满足广大读者的要求。

编者
2022年12月

目录

第1章 建设工程法律及法规概论

1.1 概述 / 1
  1.1.1 建设工程法律及法规的相关定义 / 1
  1.1.2 建设法规的调整对象 / 2
  1.1.3 建设法规的特征 / 2
1.2 建设法规体系 / 3
  1.2.1 建设法规体系的概念 / 3
  1.2.2 建设法规体系的构成 / 3
  1.2.3 建设法规的法律地位 / 4
1.3 建设法规立法 / 4
  1.3.1 建设立法的概念 / 4
  1.3.2 建设法规立法的基本原则 / 4
  1.3.3 建设法规的实施 / 5
基础测试 / 5
思考提高 / 5

第2章 与工程建设相关的基本法律制度

2.1 民法 / 7
  2.1.1 民事法律关系 / 7
  2.1.2 民事法律行为的成立要件 / 9
  2.1.3 代理 / 10
  2.1.4 债权、知识产权 / 11
  2.1.5 诉讼时效 / 15
  2.1.6 物权 / 16
2.2 与工程建设相关的劳动法 / 21
  2.2.1 劳动保护的规定 / 21
  2.2.2 女职工和未成年工特殊保护 / 22
  2.2.3 劳动争议处理 / 22
  2.2.4 劳动合同的订立 / 25
  2.2.5 试用期 / 27
  2.2.6 服务期 / 28
  2.2.7 劳动合同的无效 / 28
  2.2.8 劳动合同的履行 / 29
  2.2.9 劳动合同的变更 / 29
  2.2.10 劳动合同的解除 / 30
  2.2.11 用人单位可以解除劳动合同的情形 / 31
  2.2.12 劳动合同终止 / 32
  2.2.13 终止合同的经济补偿 / 32
2.3 环境保护法 / 33
  2.3.1 建设工程项目的环境影响评价制度 / 33
  2.3.2 环境保护"三同时"制度 / 33
  2.3.3 水、大气、噪声和固体废物环境污染防治 / 34
基础测试 / 35
思考提高 / 35
综合运用 / 35

第3章 建设法律制度

3.1 建筑法概述 / 36
3.2 建筑施工许可 / 37

3.2.1 概述 / 37
3.2.2 申请施工许可证必须具备的条件 / 37
3.2.3 不需要申请施工许可证的工程类型 / 37
3.2.4 办理施工许可证的相关程序和规定 / 38
3.3 建筑企业资质等级许可 / 38
3.3.1 建筑业企业资质的相关规定 / 38
3.3.2 工程勘察企业资质 / 39
3.3.3 工程设计企业资质 / 39
3.3.4 工程监理企业资质 / 39
3.4 建设工程发包与承包许可 / 40
3.4.1 建设工程承发包制度 / 40
3.4.2 建设工程发包方式 / 40
3.4.3 建设工程承包制度的相关解释 / 42
3.4.4 建设工程分包制度 / 42
基础测试 / 43
思考提高 / 44
综合运用 / 44

第4章 工程建设程序法规及执业资格法规

4.1 工程建设程序法规的概念 / 45
4.2 工程建设程序阶段的划分 / 46
4.3 工程建设前期阶段及准备阶段的内容 / 48
4.3.1 工程建设前期阶段的内容 / 48
4.3.2 工程建设准备阶段的内容 / 48
4.4 工程建设实施阶段的内容 / 48
4.5 工程竣工验收与保修阶段的内容 / 49
4.6 工程建设执业资格法规 / 49
4.7 工程建设从业单位资质管理 / 49
4.7.1 建设工程企业类型 / 49
4.7.2 资质等级的基本要求、资质证书的概念 / 50
4.7.3 从业要求 / 51
4.8 建设工程专业技术人员执业资格管理 / 52
4.8.1 注册结构工程师制度 / 52
4.8.2 注册监理工程师制度 / 53
4.8.3 注册建造师制度 / 54
4.8.4 注册造价工程师制度 / 55
4.8.5 注册建筑师制度 / 56
4.8.6 关键岗位从业资格管理 / 56
基础测试 / 57
思考提高 / 57
综合运用 / 57

第5章 建设工程招标投标法规

5.1 概述 / 58
5.1.1 《招标投标法》相关背景介绍 / 59
5.1.2 招标投标活动的作用及基本特性 / 61
5.1.3 招标投标活动的原则及适用范围 / 62
5.2 工程项目招标 / 64
5.2.1 工程项目招标应当具备的条件 / 64
5.2.2 招标组织形式和招标代理 / 64
5.2.3 工程项目招标方式 / 65
5.2.4 资格审查 / 65
5.2.5 招标文件 / 66
5.2.6 组织现场考察和标前会议 / 69
5.2.7 关于招标的相关法律责任 / 71
5.3 工程项目投标 / 71
5.3.1 投标人的条件 / 71
5.3.2 资格预审 / 72
5.3.3 投标前的准备工作 / 73
5.3.4 投标文件 / 73
5.3.5 关于投标的相关法律责任 / 73
5.4 工程项目开标、评标、中标 / 74
5.4.1 开标 / 74
5.4.2 评标 / 75
5.4.3 推荐中标候选人与定标 / 77
基础测试 / 78
思考提高 / 78
综合运用 / 78

第6章 城乡规划法规

6.1 概述 / 79
    6.1.1 相关概念及法规 / 79
    6.1.2 城乡规划和城乡规划管理的作用与意义 / 80
    6.1.3 城乡规划相关的法律法规 / 80
6.2 城乡规划体系 / 81
    6.2.1 城镇体系规划 / 81
    6.2.2 城市规划 / 82
    6.2.3 镇规划 / 82
    6.2.4 乡规划、村庄规划 / 82
    6.2.5 规划区 / 83
6.3 城市规划中城市新区开发和旧区改建 / 83
6.4 《城乡规划法》配套行政法规与规章 / 83
基础测试 / 84
思考提高 / 84
综合运用 / 84

第7章 建设工程合同管理法规

7.1 合同法概述 / 85
    7.1.1 合同与合同法 / 85
    7.1.2 合同的订立 / 86
    7.1.3 合同的效力 / 90
    7.1.4 合同的履行 / 93
    7.1.5 合同的变更、转让和终止 / 97
    7.1.6 违约责任 / 101
7.2 建设工程合同法律规范 / 102
    7.2.1 建设工程合同法律规范概述 / 102
    7.2.2 建设工程勘察、设计合同 / 103
    7.2.3 建设工程施工合同 / 105
    7.2.4 建设工程委托监理合同 / 106
7.3 建设工程合同的示范文本 / 108
    7.3.1 合同示范文本制度 / 108
    7.3.2 合同示范文本的内容组成 / 108
基础测试 / 109
思考提高 / 109
综合运用 / 109

第8章 建设工程勘察设计法规

8.1 建设工程勘察设计概述 / 110
    8.1.1 建设工程勘察设计的概念 / 110
    8.1.2 建设工程勘察设计的要求 / 111
    8.1.3 建设工程勘察设计的发包与承包 / 112
8.2 设计文件的编制 / 112
    8.2.1 工程设计的原则和依据 / 112
    8.2.2 各设计阶段的内容和深度 / 114
    8.2.3 设计文件的审批与修改 / 115
8.3 施工图设计文件审查 / 115
    8.3.1 施工图审查的范围 / 115
    8.3.2 施工图审查的内容 / 116
    8.3.3 施工图审查机构 / 116
    8.3.4 施工图审查的程序 / 117
    8.3.5 施工图审查各方的责任 / 117
基础测试 / 118
思考提高 / 118
综合运用 / 118

第9章 建设工程监理法规

9.1 概述 / 119
    9.1.1 建设工程监理法规的概念 / 119
    9.1.2 工程建设监理与监督管理法规的立法现状 / 120
9.2 工程建设监理的工作内容 / 120
    9.2.1 设计阶段监理工作的内容 / 120

9.2.2 施工招标阶段的监理工作内容 / 121
9.2.3 施工阶段的监理工作内容 / 121
9.2.4 设备采购监理与设备监造 / 122
9.2.5 施工阶段监理资料管理 / 122
9.3 工程建设监理企业资质管理 / 123
9.3.1 工程监理企业资质等级 / 123
9.3.2 工程监理企业业务范围 / 124
9.3.3 监督管理与处罚 / 124
9.4 工程建设监理相关规定 / 124
9.4.1 工程建设监理的职责 / 124
9.4.2 工程建设监理范围 / 125
9.4.3 工程建设监理合同与监理程序 / 125
9.4.4 工程建设单位与监理工程师 / 125
9.4.5 外资、中外合资和国外贷款、赠款、捐款建设的工程建设监理 / 126

基础测试 / 126
思考提高 / 126
综合运用 / 126

第10章 建设工程质量及施工管理法规

10.1 建设工程质量概述 / 127
　10.1.1 建设工程质量概念和特性 / 127
　10.1.2 建设工程质量的管理体系 / 128
10.2 工程质量管理法律法规 / 128
　10.2.1 工程建设标准化管理制度 / 128
　10.2.2 质量体系认证制度 / 129
　10.2.3 建设工程的监督管理制度 / 129
　10.2.4 工程质量监督管理制度 / 132
　10.2.5 建设工程竣工验收制度 / 133
　10.2.6 工程质量保修制度 / 136
10.3 工程质量管理责任与义务 / 137
　10.3.1 建设单位的质量管理责任与义务 / 137
　10.3.2 工程勘察、设计单位的质量管理责任与义务 / 138
　10.3.3 施工单位的质量管理责任与义务 / 138
　10.3.4 工程建设监理单位的质量管理责任与义务 / 139
　10.3.5 材料、设备供应单位的质量管理责任与义务 / 139
10.4 工程建设施工法规概述 / 139
10.5 施工管理 / 141
　10.5.1 施工项目经理责任制 / 141
　10.5.2 施工组织设计管理 / 141
　10.5.3 施工现场管理 / 142

基础测试 / 144
思考提高 / 144
综合运用 / 144

第11章 建设工程安全生产及纠纷处理法规

11.1 建设工程安全生产管理概述 / 145
11.2 工程安全责任 / 147
　11.2.1 建设单位的安全责任 / 147
　11.2.2 工程勘察单位的安全责任 / 148
　11.2.3 工程设计单位的安全责任 / 148
　11.2.4 工程监理单位的安全责任 / 148
　11.2.5 机械设备及配件供应单位的安全责任 / 149
　11.2.6 特种设备检验检测机构的安全责任 / 150
　11.2.7 建筑施工单位的安全责任 / 150
11.3 建设工程安全生产的行政监督管理 / 151
11.4 建设工程重大安全事故的处理 / 152
　11.4.1 建设工程重大安全事故的分级 / 152
　11.4.2 安全事故现场保护制度 / 152
　11.4.3 安全事故应急救援制度 / 152
　11.4.4 建设工程重大安全事故的调查处理及报告制度 / 153
11.5 建设工程纠纷的概念 / 154
　11.5.1 建设工程民事纠纷处理方式 / 154
　11.5.2 工程建设争议民事诉讼 / 155
　11.5.3 工程建设纠纷民事仲裁 / 158
　11.5.4 工程建设争议行政复议 / 162

基础测试 / 164
思考提高 / 164
综合运用 / 164

第12章 建设工程其他相关法规

12.1 房地产与物业管理法规 / 165
    12.1.1 房地产与物业管理法规概念 / 165
    12.1.2 房地产开发制度 / 166
    12.1.3 房地产交易制度 / 167
    12.1.4 物业管理的性质 / 168
    12.1.5 物业管理的基本特征 / 169
    12.1.6 物业管理的基本内容 / 169
12.2 市政建设法规概述 / 170
12.3 涉外工程建设法规 / 171
    12.3.1 涉外工程的概念以及我国适用的法律法规 / 171
    12.3.2 涉外工程的执行条款 / 171
    12.3.3 涉外合同的法律适用 / 171
    12.3.4 涉外工程的企业行为准则 / 172
    12.3.5 涉外工程的企业资质条件 / 173
    12.3.6 涉外工程的企业的法律责任 / 174

基础测试 / 175
思考提高 / 175
综合运用 / 175

参考文献

第1章 建设工程法律及法规概论

```
                          ┌ 建设工程法律及法规的相关定义
                   ┌ 概述 ┤ 建设法规的调整对象
                   │      └ 建设法规的特征
                   │      ┌ 建设法规体系的概念
建设工程法律及法规概论 ┼ 建设法规体系 ┤ 建设法规体系的构成
                   │      └ 建设法规的法律地位
                   │      ┌ 建设立法的概念
                   └ 建设法规立法 ┤ 建设法规立法的基本原则
                          └ 建设法规的实施
```

1.1 概述

1.1.1 建设工程法律及法规的相关定义

法律：指由国家制定、认可并依靠国家强制力保证实施的，以权利和义务为调整机制，以人的行为及行为关系为调整对象，反映由特定物质生活条件所决定的统治阶级或人民意志，以确认、保护和发展统治阶级或人民所期望的社会关系和价值目标为目的的行为规范体系。

广义的法律：是指法的整体，包括法律、有法律效力的解释及其行政机关为执行法律而制定的规范性文件（如规章）。

狭义的法律：专指拥有立法权的国家机关依照立法程序制定的规范性文件。

法律的地位和效力仅次于宪法，在全国范围内有效。法律由于制定机关的不同可以分为两大类：

一类为基本法律，即由全国人民代表大会制定颁布的有关刑事、民事、国家机构的和其他方面的规范性文件，如《中华人民共和国民法典》（以下简称《民法典》）。

另一类是基本法律以外的其他法律，又称非基本法律，是由全国人民代表大会常务委员会制定颁布的,如《中华人民共和国建筑法》(以下简称《建筑法》)。

建设法律:指由全国人民代表大会及其常务委员会制定颁布的属于国务院建设行政主管部门主管业务范围的各项法律,如《中华人民共和国建筑法》《中华人民共和国招标投标法》《中华人民共和国城乡规划法》《中华人民共和国民法典》等,它们是建设法规体系的核心和基础。

建设行政法规:指国家立法机关或其授权的行政机关制定的旨在调整国家及其有关机构、企事业单位、社会团体、公民之间,在建设活动中或建设行政管理活动中发生的各种社会关系的法律、法规的统称。建设行政法规体现了国家对城市建设、乡村建设、市政及社会公用事业等各项建设活动进行组织、管理、协调的方针、政策和基本原则。

1.1.2 建设法规的调整对象

建设法规的调整对象,是在建设活动中所发生的各种社会关系。它包括建设活动中所发生的行政管理关系、经济协作关系及其相关的民事关系。

(1) 建设活动中的行政管理关系　建设活动中的行政管理关系,是国家及其建设行政主管部门同建设单位、设计单位、施工单位、建筑材料和设备的生产供应单位及建设监理等中介服务单位之间的管理与被管理关系。

(2) 建设活动中的经济协作关系　建设活动中的经济协作关系是一种平等自愿、互利互助的横向协作关系,一般以经济合同的形式确定。

(3) 建设活动中的民事关系　这是指因从事建设活动而产生的国家、单位法人、公民相互之间的民事权利、义务关系。

1.1.3 建设法规的特征

(1) 行政隶属性　即以行政指令手段为主的方法来调整建设活动的法律关系。

(2) 经济性　工程建设活动直接为社会创造财富,为国家增加积累,工程建设活动的重要目的之一就是要实现其经济效益。

(3) 政策适时性　建设法规体现着国家的建设政策。它一方面是实现国家建设政策的工具,另一方面也把国家建设政策规范化。

(4) 技术性　为保证建筑产品的质量和人民生命财产的安全,大量的建设法规是以技术规范、标准的形式出现。

(5) 科学性　建设技术法规的制定来自大量的科学论证与工程实践检验,是建设业执业人员普遍遵守的科学规范。

(6) 标准性　建设法规所规定的内容是人们普遍接受的技术标准,包括国家标准、国际标准、专业标准和地方标准及企业标准,所采用的术语、符号、代号、方法是规范统一的。

(7) 系统性　建设法规形成一个完整的体系,一个工程项目,从项目论证到设计、施工、验收等各个环节的技术法规相互衔接、相互制约。

(8) 稳定性　作为法律,一方面体现国家统治阶级的意志,另一方面建设技术法规作为人们认识自然、改造自然的科学总结,又是人们普遍接受和认可的统一规范。

1.2 建设法规体系

1.2.1 建设法规体系的概念

建设法规体系：工程建设法规主要涉及的是规范工程建设行为的法律，它不仅包括直接规范工程建设行为的法律，也包括与工程建设过程中的行为密切相关的法律。建设法规体系就是把已经制定和需要制定的建设法律、建设行政法规和建设部门规章衔接起来，形成一个相互联系、相互补充、相互协调的完整统一体系，广义的建设法规体系还包括地方性建设法规和规章。

1.2.2 建设法规体系的构成

所谓法规体系的构成，就是指法规体系采取的结构形式。

建设法规体系，是指已经制定和需要制定的建设法律、建设行政法规和建设部门规章构成的一个相互联系、相互补充、相互协调的完整统一的框架结构。

广义的建设法规体系还包括地方性建设法规和建设规章。

我国建设法规体系，是以建设法律为龙头，建设行政法规为主干，建设部门规章和地方建设法规、地方建设规章为支干而构成的。建设法规按其立法权限可分为五个层次。

（1）宪法　宪法是国家的根本大法，是规定国家各项基本制度和根本任务，规定国家机关的组织与活动的基本原则，保障公民基本权利的国家根本大法。宪法集中反映掌握国家政权的统治阶级的意志和根本利益，是维护和巩固统治阶级专政的重要工具。宪法在国家的整个法律体系中居于主导地位，具有最高的法律权威和最大的法律效力，任何其他的法律、法规必须符合宪法的规定，不得与之相抵触。宪法既是国家治国安邦的总章程，也是公民立身行事的总依据。在本质上，宪法是国家的根本法，是阶级力量对比关系的集中体现，是民主制度的法律化，是实现阶级统治的重要工具。

（2）建设法律　作为建设法规表现形式的建设法律，是指全国人民代表大会及其常务委员会审议发布的属于国务院建设行政主管部门主管业务范围的各项法律。建设法律在建设法规体系框架中位于顶层，其法律地位和效力最高，是建设法规体系的核心和基础。其效力低于宪法，在全国范围内具有普遍的约束力。如《中华人民共和国建筑法》《中华人民共和国城乡规划法》《中华人民共和国城市房地产管理法》《中华人民共和国招标投标法》《中华人民共和国民法典》等。

（3）建设行政法规　建设行政法规是国务院根据宪法和法律或全国人大常委会的授权决定，依照法定权限和程序，制定颁布的建设规范性条文。其效力低于宪法和法律，在全国范围内有效。如《建设工程勘察设计管理条例》《建设工程质量管理条例》《城市房地产开发经营管理条例》等。

（4）建设部门规章　部门规章是指国务院各部门根据法律和行政法规，在本部门权限范围内所制定的规范性文件的总称。其表现形式有"规定""办法""实施办法""规则"等，其效力低于宪法、法律和行政法规。如《建筑工程施工发包与承包计价管理办法》《工程监理企业资质管理规定》等。

（5）地方性建设法规与规章 地方性建设法规是指地方人大常委会制定的规范性文件。地方性建设规章是指地方人民政府制定颁布的规范性文件的总称，其表现形式有规定、办法和规则等。它们的效力低于宪法、法律、行政法规和部门规章，在本行政区域内有效。如《广东省建设工程招标投标管理条例》《深圳经济特区建设工程质量条例》等。

1.2.3 建设法规的法律地位

法律地位：是指建设法规在整个法律体系里所处的位置，建设法规应属于哪一个部门法及其所处的层次。一般来说，法律的效力高于行政法规、地方性法规、规章；行政法规的效力高于地方性法规、规章。

1.3 建设法规立法

1.3.1 建设立法的概念

立法：又称法律制定，通常是指特定国家机关依照一定程序，制定或者认可反映统治阶级意志，并以国家强制力保证实施的行为规范的活动。

广义上的立法概念与法律制定的含义相同，指一切有权的国家机关依法制定各种规范性法律文件的活动。

狭义上的立法是国家立法权意义上的概念，指享有国家最高权力的国家机关的立法活动。

建设立法是为了加强对建设活动的监督管理，维护建设市场的秩序，保证建设工程的质量和安全，以此来促进建设行业的健康发展。

1.3.2 建设法规立法的基本原则

建设法规立法的基本原则，是指建设立法时所必须遵循的基本准则及要求，其包含：
（1）市场经济规律原则 市场经济规律主要是：
① 价值规律 价值规律不仅是商品经济的基本规律，在市场经济条件下仍然发挥着作用。其基本内容是商品的价值取决于社会所需劳动时间的产品的生产，各种商品都是以各自的价值数量为基础进行等价交换的。
② 竞争规律 竞争实质上是对商品生产中劳动力消费的比较。竞争规律是指商品经济中不同的利益主体，为了获得最大的经济效益，从而争取有利投资场所和销售条件的客观必然性。
③ 供求规律 供求关系的变化导致价格的变化，反之亦然，这种商品供求关系的变化

与价格的变化相互作用，供求关系相互适应，形成均衡价格规律性，是市场供求规律。

（2）法制统一原则　法制统一是我国宪法的一项重要原则，我国宪法规定，"国家维护社会主义法制的统一和尊严"。构建中国特色社会主义法治体系，必须要始终坚持以宪法为依据、为统帅、为核心，自觉贯彻宪法的基本原则，坚决维护国家法制的统一。

（3）责权利相一致原则　责权利相一致原则，是指在经济法律关系中各管理主体和公有制经营主体所承受的权（力）利、利益、义务和职责必须相一致，不应当有脱节、错位、不平衡等现象存在。其核心是主体的责权利相统一，同时，经济效益和社会效益是我们一切经济工作的基本出发点和终极目的。

1.3.3　建设法规的实施

建设法规的实施，是指国家机关及其公务员、社会团体、公民实践建设法律规范的活动，包括建设法规的执法、司法和守法三个方面。

（1）执法　执法，又称法的执行。在日常生活中，人们通常在广义与狭义两种含义上使用这个概念。广义的执法，或法的执行，是指所有国家行政机关、司法机关及其公职人员依照法定职权和程序实施法律的活动。狭义的执法，或法的执行，则专指国家行政机关及其公职人员依法行使管理职权、履行职责、实施法律的活动。人们把行政机关称为执法机关，就是在狭义上使用执法的。此处所讲的法的执行，是狭义的法的执行。

建设行政执法，是指建设行政主管部门和被授权或被委托的单位，依法对各项建设活动和建设行为进行检查监督，并对违法行为执行行政处罚的行为。

（2）司法　中国的司法机关包括法院、检察院、司法行政机关及其领导的律师组织、公证机关等。人民法院是国家的审判机关；人民检察院是国家的法律监督机关；司法行政机关的主要职责是管理监狱、劳改、律师、公证、人民调解和法制宣传教育等工作。

（3）守法　意思是遵守纪律和法规。守法具体表现为知法、守法、护法三个方面。知法，是遵守法律的前提和基础。知法是了解宪法和其他一些基本法律的内容和本质，了解法制在国家建设中的地位和作用，增强守法的自觉性。守法，是指自觉遵守法律的规定，将法律的要求转化为自己的行为，从而使法律得以实现的活动。护法，就是在提倡守法的同时，敢于同违法乱纪的行为作斗争。这样才能维护法律的尊严，发挥法律的威力，保证社会的正常秩序。

建设法规的遵守，是指从事建设活动的所有单位和个人，必须按照建设法规的要求，实施建设行为，不得违反。

基础测试

1. 建设法规是_____的重要组成部分。
2. 建设法规体系是以_____、_____、_____构成的。

思考提高

1. 建设法规有什么特征？
2. 何为建设法规？其调整对象是什么？

第2章 与工程建设相关的基本法律制度

- 与工程建设相关的基本法律制度
  - 民法
    - 民事法律关系
    - 民事法律行为的成立要件
    - 代理
    - 债权、知识产权
    - 诉讼时效
    - 物权
  - 与工程建设相关的劳动法
    - 劳动保护的规定
    - 女职工和未成年工特殊保护
    - 劳动争议处理
    - 劳动合同的订立
    - 试用期
    - 服务期
    - 劳动合同的无效
    - 劳动合同的履行
    - 劳动合同的变更
    - 劳动合同的解除
    - 用人单位可以解除劳动合同的情形
    - 劳动合同终止
    - 终止合同的经济补偿
  - 环境保护
    - 建设工程项目的环境影响评价制度
    - 环境保护"三同时"制度
    - 水、大气、噪声和固体废物环境污染防治

2.1 民法

2.1.1 民事法律关系

2.1.1.1 民事法律关系的构成

民事法律关系：民事法律关系是民事主体之间就一定的物或其他对象（客体）而发生的由国家强制力保证其实现的民事权利义务关系。民事法律关系是一种人与人之间的社会关系，而不是人和物的关系。尽管在财产关系中其标的常常是物，但法律关系的内容——权利和义务，是发生在人与人之间，而不是发生在人与物之间。经民法确认的民事法律关系分为财产法律关系和人身法律关系。

法律关系：法律关系是指法律规范在调整人们的行为过程中所形成的具有法律上权利和义务形式的社会关系。它是现实社会关系的主观形式，就其主观形式特征而言，它属于上层建筑范畴，就其社会内容而言，它包括政治、经济、文化等各个领域的社会关系。其构成要素有三项：①法律关系主体；②法律关系客体；③法律关系内容。

按照不同标准，可以对法律关系作不同的分类：一般法律关系，具体法律关系；调整性法律关系，保护性法律关系；平权法律关系，隶属法律关系；积极型法律关系，消极型法律关系；简单法律关系，复杂法律关系；各部门法的法律关系等。

（1）民事法律关系主体　民事法律关系主体简称民事主体，是指法律规定的能够参与民事法律关系从而享有民事权利、承担民事义务的人，能够作为民事主体的有自然人、法人和非法人组织。

自然人：是依自然规律出生而取得民事主体资格的人。2021年1月1日起，《中华人民共和国民法典》施行。《民法典》第十七条规定，十八周岁以上的自然人为成年人。不满十八周岁的自然人为未成年人。

法人：是具有民事权利能力和民事行为能力，依法独立享有民事权利和承担民事义务的组织。根据《中华人民共和国民法典》第五十八条的规定，法人应具备4个条件：

① 依法成立；
② 有必要的财产或者经费；
③ 有自己的名称、组织机构和住所；
④ 能够独立承担民事责任。

民事权利能力，就是指法律赋予民事主体从事民事活动，从而享受民事权利和承担民事义务的资格。

民事行为能力，就是指民事主体以自己独立的行为去取得民事权利、承担民事义务的能力，分为：

a. 完全民事行为能力　是指自然人能够通过自己的独立行为进行任何民事活动。年满18周岁且精神健康的公民是完全民事行为能力人。考虑到我国九年义务教育制度的现状，年满16周岁不满18周岁的公民，若以自己的劳动收入作为主要生活来源的，也视为完全民事行为能力人。

b. 限制民事行为能力　是指自然人行为能力受到限制，只有部分行为能力或不完全行为能力。限制民事行为能力人在某些场合，可以通过自己的行为行使权利和承担义务，具有行为能力；在另一些场合，不能通过自己的行为行使权利和履行义务，没有行为能力，其行为须通过法定代理人代为进行，或者经法定代理人同意或追认，其行为才能有效。按中国法律的规定，年满8周岁不到18周岁的人为限制行为能力人，不能完全辨认自己行为的精神病人也是限制民事行为能力人。

c. 无民事行为能力　根据《中华人民共和国民法典》第二十条、二十一条的规定：不满八周岁的未成年人为无民事行为能力人，由其法定代理人代理实施民事法律行为。不能辨认自己行为的成年人为无民事行为能力人，由其法定代理人代理实施民事法律行为。八周岁以上的未成年人不能辨认自己行为的，适用前款规定。

非法人组织：根据《中华人民共和国民法典》第一百零二条规定，法人以外的其他组织也可以成为民事法律关系的主体，称为非法人组织。

（2）民事法律关系客体　民事法律关系客体，是指民事主体享有的权利和承担的义务所共同指向的对象。不同的民事法律关系，其客体也不相同。民事法律关系客体，依利益的表现形式，可分为物、行为、智力成果、人身利益四类。

① 物　物是能满足人的需要，能够被人支配或控制的物质实体或自然力。民法上的物虽具有物理属性，但与物理学意义上的物不同，要求有可支配性、存在性和效用性。物在民法中具有重要意义，大多数民事法律关系与物有密切联系，有的以物为客体，如所有权、担保物权等，有的虽以行为为客体，但仍以物为利益体现，如交付物的买卖合同。

② 行为　作为客体的行为特指能满足债权人利益的行为，通常也称给付。行为主要是债这一民事法律关系的客体，因为债权是请求权，债权人只能就自己的利益请求债务人为给付，如交付物、完成工作，而不能对债务人的物或其他财产直接加以支配。

③ 智力成果　智力成果是人脑力劳动创造的精神财富，是知识产权的客体，包括文学、艺术、科技作品、发明、实用新型、外观设计以及商标等。知识产权保护的不是智力成果的载体，而是载体上的信息，载体本身属物权保护对象。

④ 人身利益　人身利益包括生命健康、姓名、肖像、名誉、尊严、荣誉、身份等。人身利益虽然与主体人身不能分离，但并非主体本身，而只是能够满足主体人身需求的客观事物，因此它是人身权关系的客体。

（3）民事法律关系内容　民事法律关系内容是指民事主体所享有的民事权利和所承担的民事义务。民事权利是法律赋予民事主体享有的利益范围和实施一定行为或不为一定行为以实现某种利益的意志。包括：权利人直接享有的某种利益（如人身权）和通过一定行为获得的利益（如财产权）；权利人自己为一定行为或不为一定行为和请求他人为一定行为或不为一定行为，以保证其享有或实现某种利益；在权利受到侵犯时，能够请求有关国家机关予以保护。在中国，民事权利具有以下三个基本特点：

① 平等性　每个公民不分年龄、性别、民族、宗教信仰、职业、地位等，都享有平等的民事权利。

② 连续性　公民的民事权利从其出生至其死亡，法人的民事权利从其成立至其消灭，自始至终都享有法定的民事权利。

③ 真实性　由于我国社会主义强大的物质基础，使民事主体所享有的民事权利得以保障。民事权利依不同的标准可分为财产权和人身权，绝对权和相对权，请求权、支配权、形成权和抗辩权，主权利和从权利，等等。

民事义务，是指义务人为满足权利人的利益而为一定行为或不得为一定行为的必要性。

其含义包括：

① 义务人必须依据法律规定或合同约定为一定行为或不得为一定行为以满足权利人的利益。如债务人应履行债务，任何人都不得侵犯他人的财产权等。

② 义务人应自觉履行其义务，否则要依法承担民事法律责任（简称民事责任）。

2.1.1.2 民事法律关系的变更

法律关系的变更：是指构成法律关系的主体、客体和内容，如果其中有一个要素发生了变化，就是变更。

（1）主体变更　主体变更可以表现为民事法律关系主体数目增多或减少，也可以表现为主体改变。在民事合同中，客体不变，相应权利义务也不变，此时主体改变也称为合同转让。

（2）客体变更　客体变更是指民事法律关系中权利义务所指向的事物发生变化。客体变更可以是其范围变更，也可以是其性质变更。

（3）内容变更　民事法律关系主体与客体的变更，将会导致相应的权利和义务，即内容的变更。民事法律关系主体与客体不变，内容也可以变更，它表现为双方权利或义务的增加或减少。

2.1.1.3 民事法律关系的终止

民事法律关系的终止：是指民事法律关系主体之间的权利义务不复存在，彼此丧失了约束力。

法律关系的终止可以分为自然终止、协议终止和违约终止。

民事法律关系自然终止，是指某类民事法律关系所规范的权利义务顺利得到履行，民事法律关系主体取得了各自的利益，从而使该法律关系达到完结。

民事法律关系协议终止，是指民事法律关系主体之间协商解除某类建设法律关系规范的权利义务，致使该法律关系归于消灭。分为：

（1）即时协商；

（2）约定终止条件。

民事法律关系违约终止，是指民事法律关系主体一方违约，或发生不可抗力，致使某类民事法律关系规范的权利不能实现。

2.1.2　民事法律行为的成立要件

2.1.2.1　民事法律行为的概念

根据《中华人民共和国民法典》第一百三十三条规定：民事法律行为是民事主体通过意思表示设立、变更、终止民事法律关系的行为。

2.1.2.2　要式法律行为和不要式法律行为

（1）要式法律行为　要式法律行为指法律规定应当采用特定形式的民事法律行为，是依据法律规定必须采取一定形式或履行一定程序才能成立的民事法律行为。如转移房屋所有权，除了当事人要签订书面合同以外，还必须到政府有关部门办理房屋产权过户登记。

（2）不要式法律行为　不要式法律行为指法律没有规定特定形式，采用书面、口头或其他任何形式均可成立的民事法律行为，是法律不要求采用特定形式，当事人可自由选择采用哪一种形式的民事法律行为。当事人在意思表示方式的选择上，不受法律的特别限制。例如，一般的买卖行为，既可采用书面形式，也可采用口头形式或其他形式。

2.1.2.3 民事法律行为的成立要件

（1）法律行为主体具有相应的民事权利能力和民事行为能力；

（2）行为人意思表示真实，即要求行为人的内心意思为行为人自觉自愿产生，同时与其所表达的意思相一致；

（3）行为内容合法，不违反法律或社会公共利益，即意思表示的内容不与法律的强制性或禁止性规范相抵触，也不得滥用法律的授权性或任意性规范以规避法律；

（4）行为形式合法，符合法律规定的形式。

四个条件同时具备，民事法律行为才能生效。

2.1.3 代理

2.1.3.1 代理的含义

代理是法律术语，根据《民法典》的相关规定，是指代理人以被代理人（又称本人）的名义，在代理权限内与第三人（又称相对人）实施民事行为，其法律后果直接由被代理人承受的民事法律制度。代理人在代理权限范围内实施代理行为。代理人以被代理人的名义进行代理行为。代理主要是实施民事法律行为。被代理人对代理人的行为承担民事责任。

2.1.3.2 代理的种类

根据《民法典》第一百六十三条的规定，代理包括委托代理和法定代理。

委托代理：是指基于被代理人的委托授权而发生代理权的代理，为授权代理和意定代理。在委托代理中，委托授权行为是基于被代理人的意志进行的。书面的委托形式是授权委托书。委托书授权不明的，被代理人应当向第三人承担民事责任，代理人负连带责任。书面委托代理的授权委托书应当载明下列事项：

（1）代理人的姓名或者名称；

（2）代理事项、权限和期间；

（3）委托人签名或者盖章。

法定代理：根据法律的直接规定而产生的代理。法定代理主要适用于被代理人是无行为能力人或者限制行为能力人的情况。法律作出这样的规定，一是为了保护处于特定情况下的民事主体的利益，二是为了维护交易安全。法定代理直接产生于法律的规定，而不是依赖于任何授权行为，故法定代理是一种保护被代理人的法律制度，具有保护被代理人民事权益的功能。

2.1.3.3 代理人与被代理人的责任承担

（1）授权不明确的责任承担　因被代理人对代理人授权不明确，给第三人造成损失，由被代理人与代理人承担连带责任。《民法典》第一百六十五条规定，委托代理授权采用书面形式的，授权委托书应当载明代理人的姓名或者名称、代理事项、权限和期限，并由被代理人签名或者盖章。法律规定用书面形式的，应当用书面形式。书面委托代理的授权委托书应当载明代理人的姓名或者名称、代理事项、权限和期限，并由委托人签名或者盖章。

(2) 无权代理的责任承担　无权代理，被代理人未作表示，视为拒绝追认，由行为人即无权代理人承担责任。《民法典》第一百七十一条规定，行为人没有代理权、超越代理权或者代理权终止后，仍然实施代理行为，未经被代理人追认的，对被代理人不发生效力。相对人可以催告被代理人自收到通知之日起三十日内予以追认。被代理人未作表示的，视为拒绝追认。行为人实施的行为被追认前，善意相对人有撤销的权利。撤销应当以通知的方式作出。行为人实施的行为未被追认的，善意相对人有权请求行为人履行债务或者就其受到的损害请求行为人赔偿。但是，赔偿的范围不得超过被代理人追认时相对人所能获得的利益。相对人知道或者应当知道行为人无权代理的，相对人和行为人按照各自的过错承担责任。

(3) 代理人不履行职责的责任承担　代理人不履行职责而给被代理人造成损害的，应当承担民事责任；代理人和第三人串通，损害被代理人的利益的，由代理人和第三人负连带责任。

(4) 代理事项违法的责任承担　代理人知道或者应当知道代理的事项违法仍然进行代理活动，或者被代理人知道或者应当知道被委托代理的事项违法仍然进行代理活动，则由代理人和被代理人承担连带责任。

(5) 转委托他人代理的责任承担　委托代理人为被代理人的利益需要转托他人代理的，应当事先取得被代理人的同意，事先没有取得被代理人同意的，应当在事后及时告诉被代理人，如果被代理人不同意，由代理人对自己所转托的人的行为负民事责任，但在紧急情况下，为了保护被代理人的利益而转托他人代理的除外。

2.1.3.4　代理的终止

(1) 委托代理的终止　《中华人民共和国民法典》第一百七十三条规定，有下列情形之一的，委托代理终止：

① 代理期限届满或者代理事务完成；
② 被代理人取消委托或者代理人辞去委托；
③ 代理人丧失民事行为能力；
④ 代理人或者被代理人死亡；
⑤ 作为代理人或者被代理人的法人、非法人组织终止。

(2) 法定代理的终止　《民法典》第一百七十五条规定，有下列情形之一的，法定代理终止：

① 被代理人取得或者恢复完全民事行为能力；
② 代理人丧失民事行为能力；
③ 代理人或者被代理人死亡；
④ 法律规定的其他情形。

2.1.4　债权、知识产权

财产权体系包括三个部分，即以所有权为核心的有体财产权制度，以知识产权为主体的无体财产权制度，以债权、继承权等为内容的其他财产权制度。

2.1.4.1　债权

(1) 债的概念　按照合同的约定或者依照法律的规定，在当事人之间产生的特定的权利和义务关系。通常认为，债是特定当事人之间请求为一定给付的民事法律关系。

（2）债的发生根据　债的发生根据，即引起债的关系产生的法律事实。在中国，引起债的发生的根据，通常包括合同（契约）、侵权行为、不当得利、无因管理及其他。其他如遗赠、拾得遗失物、发现埋藏物、抢救他人财产等也为债的发生根据。根据《民法典》以及相关的法律规范的规定，能够引起债的发生的法律事实，即债的发生根据，主要有：

① 合同；
② 侵权行为；
③ 不当得利；
④ 无因管理；
⑤ 法律的其他规定。

（3）债的消灭　债，因一定的法律事实的出现而使既存的债权债务关系在客观上不复存在，叫作债的消灭。债的终止，即债的消灭，是指民事主体之间债权债务关系因一定的法律事实而不再存在的情况。

① 债因履行而消灭　清债，亦即履行，是指债务人按照法律的规定或者合同的约定向债权人履行义务。债务人向债权人为特定行为，从债务人方面说，为给付；从债权人方面说，为履行；从债的消灭上说，为清偿。债务人清偿了债务，债权人的权利实现，债的目的达到，债当然也就消灭。因此，清偿为债的消灭的最正常、最常见的原因。

② 债因解除而消灭　即合同有效成立后，因一方当事人的意思表示或双方的协议而导致债的消灭。双方协议终止债的，债即因双方的协议而消灭。但当事人终止债的协议，不得违反法律的强行规定或禁止性规定。

③ 债因抵销而消灭　抵销是指当事人双方相互负有相同种类的给付，将两项债务相互冲抵，使其相互在对等额内消灭。抵销债务，也就是抵销债权。为抵销的债权即主张抵销的债务人的债权，称为动方债权或主动债权、能动债权；被抵销的债权即债权人的债权，称为受方债权或被动债权、反对债权。抵销可分为法定抵销与合意抵销。法定抵销，是指具备法律所规定的条件时，依当事人一方的意思表示所为的抵销。其依当事人一方的意思表示，使双方的债权按同等数额消灭的权利，称为抵销权。通常所说的抵销即指法定抵销。合意抵销又称为契约上抵销，是指依当事人双方的合意所为的抵销。合意抵销是由当事人自由约定的，其效力也决定于当事人的约定。《民法典》第五百六十九条规定："当事人互负债务，标的物种类、品质不相同的，经协商一致，也可以抵销。"这里规定的就是合意抵销。

④ 债因提存而消灭　这是指债务人在债务履行期届满时，将无法给付的标的物交提存机关，以消灭债务的行为。债务人履行债务需要债权人协助，如债权人不协助债务人的履行，对债务人的履行拒不接受，或者债务人无法向债权人履行，债务人就不能清偿债务。于此情形下，债务人将因债权人不受领而继续承担着清偿责任，这对于债务人是不公平的。因此，为使债务人不因债权人的原因而受迟延履行之累，法律设提存制度。通过提存，债务人得将其无法给付给债权人的标的物交给提存机关保存，以代替向债权人的给付，从而免除自己的清偿责任。债务人提存后，债务人的债务即消灭，因而提存亦为债的消灭原因。提存的条件：a. 提存必须有可以提存的合法理由。《民法典》规定的提存理由包括：债权人无正当理由拒绝受领；债权人下落不明；债权人死亡未确定继承人、遗产管理人，或者丧失民事行为能力未确定监护人；数人就同一债权主张权利，债权人一时无法确定，致使债务人一时难以履行债务；法律规定的其他行为。b. 提存须经法定程序。提存应按下列程序进行：债务人应向清偿地提存机关提交提存申请；债务人提交提存物；提存机关授予债务人提存证书；通知债权人受领提存物。c. 提存的主体和客体适当。提存涉及债务人、提存机关和债权人三方之间的关系，也就必然会在债务人与债权人之间、债务人与提存机关之间以及提存机关

与债权人之间产生法律效力。

⑤ 债因免除而消灭 这是指债权人抛弃债权，而使债务人的债务消灭的单方的民事法律行为。因免除成立后，债务人自不再负担被免除的债务，债权人的债权也就不再存在，债即消灭，因此免除债务也为债的消灭原因。免除债务实质上是对债权的抛弃，所以就法律禁止抛弃的债权而免除债务的，其免除为无效，不发生债消灭的效果。如：男女一方婚前向另一方有借贷，婚后可以因免除而使得债终止。

⑥ 债因混同而消灭 即债权与债务同归于一个民事主体，而使债的关系消灭的法律事实。法律上的混同，有广义与狭义之分。广义的混同，包括：权利与权利的混同；义务与义务的混同；权利与义务的混同。这里所说的混同仅为狭义上的混同，即权利与义务的混同。混同以债权与债务归于一人而成立，与人的意志无关，因而属于事件。发生混同的原因可分为两种：一是概括承受，即债的关系的一方当事人概括承受他人权利与义务。例如，因债务人继承被继承人对其享有的债权或者债权人继承被继承人对其负担的债务，债权人与债务人合为一人。概括承受是发生混同的最主要原因。二是特定承受，指因债权让与或债务承担而承受权利义务。例如，债务人自债权人受让债权，债权人承担债务人的债务，此时也发生混同。

2.1.4.2 知识产权

（1）知识产权概述 知识产权，也称"知识所属权"，指"权利人对其所创作的成果和经营活动中的标记、信誉所依法享有的专有权利"，一般只在有限时间内有效。

知识产权具有如下特征：

① 具有人身权和财产权的双重性质。

② 专有性 即独占性或垄断性；除权利人同意或法律规定外，权利人以外的任何人不得享有或使用该项权利。

③ 地域性 即只在所确认和保护的地域内有效；除签有国际公约或双边互惠协定外，经一国法律所保护的某项权利只在该国范围内发生法律效力。所以知识产权既具有地域性，在一定条件下又具有国际性。

④ 时间性 即只在规定期限保护。法律对各项权利的保护，都规定有一定的有效期，各国法律对保护期限的长短可能一致，也可能不完全相同，只有参加国际协定或进行国际申请时，才对某项权利有统一的保护期限。

（2）著作权 又称版权，是指文学、艺术和科学作品的作者及其相关主体依法对作品所享有的人身权利和财产权利。

① 著作权的保护对象，是作品，即文学、艺术和科学领域内具有独创性并能以某种有形形式复制的智力成果。比如：美术作品、建筑作品、图形作品和模型作品。

② 著作权的内容 著作权内容是指由著作权法所确认和保护的、由作者或其他著作权人所享有的权利，包含人身权和财产权。

a. 人身权。著作人身权，是作者基于作品依法享有的以人身利益为内容的权利，是与著作财产权相对应的人身权。民法中一般的人身权多以民事主体的生命存续为前提，每个人无差别地享有；著作人身权则以创作出文学艺术作品前提而产生，也不因创作者生命终结而消失。著作人身权主要包括以下内容：

（a）发表权。即决定作品是否公之于众的权利。由于作品是作者人格的反应，是否向公众披露，应当由作者决断。任何人擅自发表他人作品，都属于侵权。

（b）署名权。即表明作者身份，在作品上署名的权利。行使署名权的方式多种多样，作者既可以署真实姓名，也可以署笔名、别名或者匿名。匿名，即不署作者姓名，同样是作者行使署名权的方式,并不表示没有或者放弃署名权。

(c) 修改权。即修改或者授权他人修改作品的权利。

(d) 保护作品完整权。即保护作品不受歪曲、篡改的权利。

b. 财产权。著作财产权是著作权人基于对作品的利用给其带来的财产收益权。理论上,所有对作品的商业性利用,都应当给著作权人带来财产收益。我国著作权法中规定的著作财产权主要包括:

(a) 复制权。即以印刷、复印、拓印、录音、录像、翻录、翻拍等方式将作品制作一份或者多份的权利。

(b) 发行权。即以出售或者赠与方式向公众提供作品的原件或者复制件的权利。

(c) 出租权。即有偿许可他人临时使用电影作品和以类似摄制电影的方法创作的作品、计算机软件的权利,计算机软件不是出租的主要标的的除外。

(d) 展览权。即公开陈列美术作品、摄影作品的原件或者复制件的权利。

(e) 表演权。即公开表演作品,以及用各种手段公开播送作品的表演的权利。

(f) 放映权。即通过放映机、幻灯机等技术设备公开再现美术、摄影、电影和以类似摄制电影的方法创作的作品等的权利。

(g) 广播权。即以无线方式公开广播或者传播作品,以有线传播或者转播的方式向公众传播广播的作品,以及通过扩音器或者其他传送符号、声音、图像的类似工具向公众传播广播的作品的权利。

(h) 信息网络传播权。即以有线或者无线方式向公众提供作品,使公众可以在其个人选定的时间和地点获得作品的权利。

(i) 摄制权。即以摄制电影或者以类似摄制电影的方法将作品固定在载体上的权利。

(j) 改编权。即改变作品,创作出具有独创性的新作品的权利。

(k) 翻译权。即将作品从一种语言文字转换成另一种语言文字的权利。

(l) 汇编权。即将作品或者作品的片段通过选择或者编排,汇集成新作品的权利。

此外,我国著作权法也体现了对注释权与整理权及应当由著作权人享有的其他权利的保护。

③ 著作权的侵权及保护　著作权侵权是指一切违反著作权法侵害著作权人享有的著作人身权、著作财产权的行为。侵害著作权保护应承担的法律责任包括:民事责任、行政责任、刑事责任。

著作权的保护主要包括著作权的基本原则、著作权的主体保护、著作权保护的客体、著作权保护的内容、著作权保护的期限以及侵权的相关法律责任。

(3) 专利权　专利权是指专利权人在法律规定的范围内独占使用、收益、处分其发明创造,并排除他人干涉的权利。专利权具有时间性、地域性及排他性。此外,专利权还具有如下法律特征:首先,专利权是两权一体的权利,既有人身权,又有财产权;其次,专利权的取得须经专利局授予;再次,专利权的发生以公开发明成果为前提;最后,专利权具有利用性,专利权人如不实施或不许可他人实施其专利,有关部门将采取强制许可措施,使专利得到充分利用。

① 专利权的主体　专利权人:是指依法享有专利权并承担相应义务的人。专利权主体包括以下几种:

a. 发明人或设计人。发明人或设计人,是指对发明创造的实质性特点作出了创造性贡献的人。在完成发明创造过程中,只负责组织工作的人、为物质技术条件的利用提供方便的人或者从事其他辅助性工作的人,例如试验员、描图员、机械加工人员等,均不是发明人或设计人。其中,发明人是指发明的完成人;设计人是指实用新型或外观设计的完成人。发明人或设计人，只能是自然人，不能是单位、集体或课题组。设计人是直接完成外观设计的人，即对外观设计的实质性特点作出创造性贡献的人。

b. 发明人或者设计人的单位。对于职务发明创造来说，专利权的主体是该发明创造的发明人或者设计人的所在单位。职务发明创造，是指执行本单位的任务或者主要是利用本单位的物质技术条件所完成的发明创造。这里所称的"单位"，包括各种所有制类型和性质的内资企业和在中国境内的中外合资经营企业、中外合作企业和外商独资企业；从劳动关系上讲，既包括固定工作单位，也包括临时工作单位。

c. 受让人。受让人是指通过合同或继承而依法取得该专利权的单位或个人。专利申请权和专利权可以转让。专利申请权转让之后，如果获得了专利，那么受让人就是该专利权的主体；专利权转让后，受让人成为该专利权的新主体。

d. 外国人。外国人包括具有外国国籍的自然人和法人。在中国有经常居所或者营业所的外国人，享有与中国公民或单位同等的专利申请权和专利权。在中国没有经常居所或者营业所的外国人、外国企业或者外国其他组织在中国申请专利的，依照其所属国同中国签订的协议或者共同参加的国际条约，或者依照互惠原则，可以申请专利，但应当委托依法设立的专利代理机构办理。

② 专利权的客体　即专利权的保护对象，是指依法应授予专利的发明创造，发明、实用新型、外观设计等均属于被保护对象。

2.1.5　诉讼时效

诉讼时效是指民事权利受到侵害的权利人在法定的时效期间内不行使权利，当时效期间届满时，债务人获得诉讼时效抗辩权。在法律规定的诉讼时效期间内，权利人提出请求的，人民法院就强制义务人履行所承担的义务。而在法定的诉讼时效期间届满之后，权利人行使请求权的，人民法院就不再予以保护。值得注意的是，诉讼时效届满后，义务人虽可拒绝履行其义务，权利人请求权的行使权发生障碍，权利本身及请求权并不消灭。当事人超过诉讼时效后起诉的，人民法院应当受理。受理后，如另一方当事人提出诉讼时效抗辩且查明无中止、中断、延长事由的，判决驳回其诉讼请求。如果另一方当事人未提出诉讼时效抗辩，则视为其自动放弃该权利，法院不得依照职权主动适用诉讼时效，应当受理支持其诉讼请求。

2.1.5.1　超过诉讼时效期间的法律后果

(1) 诉讼时效抗辩权

如果债权有"时效已过"之事实，义务人主张诉讼时效抗辩权的，权利的请求权被阻却，义务免于履行。对于权利人而言，债权并不产生任何影响，债权仍是完全债权。

(2) 法院不能主动适用诉讼时效的规定进行裁判

诉讼时效抗辩权是私权利，是否行使属于抗辩权人自由行为的范畴，法院应当尊重当事人的意思自治。当事人未主张诉讼时效抗辩，人民法院不应对诉讼时效问题进行释明及主动适用诉讼时效的规定进行裁判。

(3) 诉讼时效抗辩权对人的效力具有相对性

诉讼时效届满后，权利人的请求权得以阻却的后果不必然产生，以义务人行使诉讼时效抗辩权为前提。在义务人众多的情形下，其中一人所为诉讼时效抗辩权之效力，或其中一人之抛弃时效利益，对于其他人不产生影响，即诉讼时效抗辩权的主张只产生相对效力。

2.1.5.2 诉讼时效期间的种类

根据《民法典》及有关法律的规定，诉讼时效期间通常可划分为3类：

（1）普通诉讼时效

普通诉讼时效，即向人民法院请求保护民事权利的期间，它是《民法典》规定的普遍适用于应当适用时效的各种法律关系的时效期间。普通诉讼时效的期间为3年。

（2）特别诉讼时效

特别诉讼时效，是《民法典》及其他民事特别法规定的适用于某些民事法律关系、不同于普通诉讼时效期间的特定时效期间，根据特别法优先于普通法的原理，特别时效优先于普通时效适用。

（3）最长诉讼时效期间

最长诉讼时效期间，是不适用诉讼时效中断、中止规定的时效期间，根据《民法典》的规定，最长诉讼时效为20年。

2.1.5.3 诉讼时效的中止和中断

（1）诉讼时效中止　是指在诉讼时效期间的最后6个月，因法定事由而使权利人不能行使请求权的，法定事由消除后，诉讼时效期间为自中止时效的原因消除之日起满六个月届满的制度。

（2）诉讼时效中断　是指在诉讼时效期间进行中，因发生一定的法定事由，致使已经经过的时效期间统归无效，待时效中断的事由消除后，诉讼时效期间重新起算。重新计算的时间点可以依照下列不同的情形确定。

① 因请求或同意中断时效的，书面通知应以到达相对人时为事由终止；口头通知应以相对人了解时为事由终止。在时效期间重新起算后，权利人再次请求或义务人再次同意履行义务的，诉讼时效可再次中断。

② 因提起诉讼或仲裁中断时效的，应于诉讼终结或法院作出裁判时为事由终止；权利人申请执行程序的，应以执行程序完毕之时为事由终止。

③ 因调解中断时效的，调处失败的，以失败之时为事由终止；调处成功而达成合同的，以合同所定的履行期限届满之时为事由终止。

2.1.6　物权

《民法典》第一百一十四条规定：民事主体依法享有物权。物权，是指权利人依法对特定的物享有直接支配和排他的权利，包括所有权、用益物权和担保物权。

2.1.6.1　抵押权

《民法典》中关于抵押权的规定如下：抵押权，是指为担保债务的履行，债务人或者第三人不转移财产的占有，将该财产抵押给债权人的，债务人不履行到期债务或者发生当事人约定的实现抵押权的情形，债权人有权就该财产优先受偿。债务人或者第三人为抵押人，债权人为抵押权人，提供担保的财产为抵押财产。

（1）抵押权的种类

① 不动产抵押　不动产抵押，是指以不动产为抵押标的物而设定的抵押。不动产抵押是最普遍的抵押形式，由于不动产的特殊性，抵押人不转移对其的占有即可达到担保之目

的，因此在实践中受到社会的普遍欢迎。

② 动产抵押　动产抵押，是指以动产为抵押标的物而设立的抵押。动产抵押并不意味着所有的动产都可以成为抵押的标的物，有一些动产是不适合成为抵押标的物的。动产抵押的特征仍是抵押人不转移对财产的占有，否则将与质押无异。

③ 权利抵押　权利抵押，是指以特定的财产权利作为抵押标的物的抵押。对于何种权利可以成为抵押的标的物，一般法律都会做出明确的规定，我国可供抵押的权利一般是指土地使用权。

（2）抵押财产的确定　抵押财产自下列情形之一发生时确定：

① 债务履行期届满，债权未实现；

② 抵押人被宣告破产或者被撤销；

③ 当事人约定的实现抵押权的情形；

④ 严重影响债权实现的其他情形。

（3）抵押权对第三人的效力

① 对买受人的效力　依照《民法典》第四百零四条规定，以动产抵押的，不得对抗正常经营活动中已经支付合理价款并取得抵押财产的买受人。

② 对承租人的效力　《民法典》第四百零五条规定：抵押权设立前，抵押财产已经出租并转移占有的，原租赁关系不受该抵押权的影响。

（4）抵押权的放弃与顺位的变更　又称抵押权的顺序、次序或者位序，指就同一个抵押物设定数个抵押权时，各个抵押权人优先受偿的先后顺序，即同一抵押物上数个抵押权之间的相互关系。抵押权的顺序为抵押人相互之间的关系，为抵押权在实现上的排他效力的重要表现，也是抵押权制度中的重要问题之一。抵押权人可以放弃抵押权或者抵押权的顺位。抵押权人与抵押人可以协议变更抵押权顺位以及被担保的债权数额等内容，但抵押权的变更，未经其他抵押权人书面同意，不得对其他抵押权人产生不利影响。

（5）抵押权的实现与其他债权人的撤销权

① 抵押权实现　抵押权的实现是指把抵押人抵押的东西变现或者处理，实现债权。依据我国法律规定，抵押权的实现必须具备以下四个条件。

a. 抵押权必须有效存在。抵押权设定如果无效或者已被撤销，则不能实现。

b. 必须是债务人履行期限届满。债务人履行债务的期限是否届满是决定债务人是否履行债务的时间标准。

c. 债权人未受清偿。债务履行期限届满债权人未受清偿，表明债务人未按期履行义务，无论债务是迟延履行，还是拒绝履行，债权人都可以行使抵押权，使债权得到清偿。

d. 债务未受清偿不是由于债权人造成的。只有在因债务人方面的原因未能清偿债务而使债权人未受清偿时，抵押权人才可以行使抵押权。如果债权人未受清偿是由于其自己的原因造成的，则抵押权人不能行使抵押权。

② 债权人的撤销权　债权人的撤销权是指债权人对于债务人所实施的危害债权的行为，可请求法院予以撤销的权利。《民法典》第五百三十八条规定：债务人以放弃其债权、放弃债权担保、无偿转让财产等方式无偿处分财产权益，或者恶意延长其到期债权的履行期限，影响债权人的债权实现的，债权人可以请求人民法院撤销债务人的行为。

2.1.6.2　质权

质押是债务人或第三人向债权人移转某项财产的占有，并由后者掌握该项财产，以作为前者履行某种支付金钱或履约责任的担保。当这种责任履行完毕时，质押的财产必须予以归还。债务人不履行责任时，债权人有权依法将质物折价或者拍卖，并对所得价款优先受偿。

《民法典》规定，质押分为动产质押和权利质押两种。

（1）质权人的权利和义务

① 质权人的权利

a. 占有质物的权利。质物应当为动产，金钱以特户、封金、保证金等形式特定化后也可用作质押。

b. 质物孳息的收取权。质权人有权收取质物的孳息，但质权合同另有约定的除外，质权人收取的孳息应当先充抵收取孳息的费用；质权人在质权存续期间，未经出质人同意，擅自使用、出租、处分质物，因此给出质人造成损失的，质权人应当承担赔偿责任。

c. 质权的保全。质物有损坏或价值明显减少的可能，足以危害质权人权利的，质权人可以要求出质人提供相应的担保。出质人不提供的，质权人可以拍卖或变卖质物，并与出质人协议，将拍卖或变卖所得的价款用于提前清偿所担保的债权，或向与出质人约定的第三人提存。

d. 优先受偿的权利。债务履行期届满质权人未受清偿的，质权人可以继续留置质物，并以质物的全部行使权利。出质人清偿所担保的债权后，质权人应当返还质物。债务履行期届满，出质人请求质权人及时行使权利，而质权人怠于行使权利致使质物价格下跌的，由此造成的损失，质权人应当承担赔偿责任。

e. 转质的权利。质权人在质权存续期间，可以经出质人同意，以其所占有的质物为第三人设定质权以担保自己的债务。但应当在原质权所担保的债权范围之内，超过的部分不具有优先受偿的效力。转质权的效力优于原质权。质权人在质权存续期间，未经出质人同意，为担保自己的债务，在其所占有的质物上为第三人设定质权的无效。质权人对因转质而发生的损害承担赔偿责任。

② 质权人的义务

a. 质权人不得擅自使用、处分质押财产；

b. 质权人不得擅自转让质权。

（2）出质人的权利　出质人可以请求质权人在债务履行期届满后及时行使质权；质权人不行使的，出质人可以请求人民法院拍卖、变卖质押财产。

出质人请求质权人及时行使质权，因质权人怠于行使权利造成损害的，由质权人承担赔偿责任。

2.1.6.3　留置权

留置权，是指债权人因合法手段占有债务人的财物，在由此产生的债权未得到清偿以前留置该项财物并在超过一定期限仍未得到清偿时依法变卖留置财物，从价款中优先受偿的权利。留置权的效力主要体现为留置权人的占有权和优先受偿权。留置权人的占有权须受一定限制，即除了保管上的必要或经债务人同意外不得使用留置物，未经债务人同意不得将留置物出租或抵押。债权人就留置物优先交偿后，如留置物的价值超过应交偿范围，应将剩余部分的价款返还给债务人，留置物的价值不足以清偿时，债权人得请求补足。留置权人只能从留置财产中优先交偿根据本合同应得的款项，对于其他债务，不得利用本合同的财物行使留置权。

（1）留置财产　指因债务人不履行到期债务，债权人留置的已经合法占有的债务人的动产。

（2）留置权人的权利和义务

① 留置权人的权利

a. 留置物占有权。留置权人对留置物的占有权，是其对该物依合同产生的占有权的继续。

b. 留置物孳息收取权。留置权人在其占有留置物的期间，对于留置物的孳息应有收取的权利。

c. 留置物变价权。留置权人对于留置物享有变价权。该变价权，并不产生于留置权产生之时，而是产生于留置权实现之时，即留置权的第二次效力。

d. 留置物优先受偿权。优先受偿权是担保物权的共同基本权利，是最终体现留置权担保作用的权利。优先受偿权是保障留置权人债权的根本手段。

② 留置权人的义务

a. 留置物的保管义务：留置权人应当负妥善保管留置物的义务。因保管不善致使留置物灭失或者毁损的，留置权人承担民事责任。

b. 不得擅自使用留置物的义务：留置权人未经被留置人同意而擅自使用、利用留置物，构成对应负义务的违反。对留置物造成损害时，留置权人应负损害赔偿责任。

c. 返还留置物的义务：留置权消灭时，留置权人丧失对留置物的占有权，应将留置物返还于被留置人。

（3）留置权的实现　留置权实现的方式实质上是指处分留置物，实行其变价的方法。依据我国相关法律的规定，留置权的实现方式包括折价和出卖两种。《民法典》第四百五十三条：留置权人与债务人应当约定留置财产后的债务履行期限；没有约定或者约定不明确的，留置权人应当给债务人六十日以上履行债务的期限，但是鲜活易腐等不易保管的动产除外。债务人逾期未履行的，留置权人可以与债务人协议以留置财产折价，也可以就拍卖、变卖留置财产所得的价款优先受偿。留置财产折价或者变卖的，应当参照市场价格。第四百五十四条：债务人可以请求留置权人在债务履行期限届满后行使留置权；留置权人不行使的，债务人可以请求人民法院拍卖、变卖留置财产。第四百五十五条：留置财产折价或者拍卖、变卖后，其价款超过债权数额的部分归债务人所有，不足部分由债务人清偿。

2.1.6.4　物权的设立、变更、转让和消灭

（1）不动产物权的设立、变更、转让和消灭行为的生效　不动产物权的设立、变更、转让和消灭，经依法登记，发生效力；未经登记，不发生效力，但法律另有规定的除外。依法属于国家所有的自然资源，所有权可以不登记。

（2）不动产登记与合同效力的关系　物权法规定，不动产必须办理登记才有效，这是不动产生效条件。

（3）预告登记　预告登记指当事人签订买卖房屋或者其他不动产物权的协议，为保障将来实现物权，而按照约定可以向登记机关申请预告登记。《中华人民共和国民法典》第二百二十一条："当事人签订买卖房屋的协议或者签订其他不动产物权的协议，为保障将来实现物权，按照约定可以向登记机构申请预告登记。预告登记后，未经预告登记的权利人同意，处分该不动产的，不发生物权效力。预告登记后，债权消灭或者自能够进行不动产登记之日起九十日内未申请登记的，预告登记失效。"

（4）动产物权设立和转让行为的生效　《民法典》第二百二十四条规定，动产物权的设立和转让，自交付时发生效力，但是法律另有规定的除外。

（5）动产物权生效的特殊情形　《民法典》第二百二十五条规定，船舶、航空器和机动车等的物权的设立、变更、转让和消灭，未经登记，不得对抗善意第三人。

2.1.6.5　建设用地使用权

《民法典》第三百四十四条至第三百四十七条规定，建设用地使用权人依法对国家所有

的土地享有占有、使用和收益的权利，有权利用该土地建造建筑物、构筑物及其附属设施。设立建设用地使用权，应当符合节约资源、保护生态环境的要求，遵守法律、行政法规关于土地用途的规定，不得损害已经设立的用益物权。

(1) 建设用地使用权的设立

① 建设用地使用权的设立范围 建设用地使用权可以在土地的地表、地上或者地下分别设立。

② 建设用地使用权的设立方式 设立建设用地使用权，可以采取出让或者划拨等方式。

(2) 建设用地使用权人的权利和义务

① 权利

a. 占有和使用土地。建设用地使用权就是为保存建筑物或其他工作物而使用土地的权利，因此使用土地是土地使用权人的最主要权利。建设用地使用权人对土地的使用权，应当在设定建设用地使用权的行为所限定的范围内进行。例如，限定房屋的高度、限制房屋的用途，建设用地使用权人使用土地时不得超出该项范围。

b. 权利处分。建设用地使用权人可以处分其权利。建设用地使用权人有权将建设用地使用权转让、互换、出资、赠与或者抵押，但法律另有规定的除外。既然建设用地使用权是以保存建筑物或其他工作物为目的，则其必须与建筑物共命运，建设用地使用权转让、互换、出资或者赠与的，附着于该土地上的建筑物、构筑物及其附属设施一并处分。建筑物、构筑物及其附属设施转让、互换、出资或者赠与的，该建筑物、构筑物及其附属设施占用范围内的建设用地使用权一并处分。但是，在设定建设用地使用权时如果当事人对建设用地使用权的转让做了限制，则建设用地使用权人不得转让其建设用地使用权。

② 义务

a. 建设用地使用权人应当依照法律规定以及合同约定支付出让金等费用。

b. 建设用地使用权人在建设用地使用权消灭时，应当将土地返还给所有权人，原则上应恢复土地的原状。因此，如果建设用地使用权人以取回地上建筑物或其他工作物及附着物为恢复原状的手段时，则取回不但是建设用地使用权人的权利，也是他的义务。

c. 建设用地使用权人应当合理利用土地，不得改变土地用途；需要改变土地用途的，应当依法经有关行政主管部门批准。

d. 登记的义务：

(a) 设立登记的义务；

(b) 变更登记的义务；

(c) 注销登记的义务。

2.1.6.6 物权的保护

物权的保护是指通过法律规定的方法和程序，保障所有人在法律许可的范围内，对其所有的财产行使占有、使用、收益、处分权利的制度。

(1) 物权保护的特点 物权的保护具有两个特点：

① 物权保护渊源的多元性。物权作为民法的一个理论范畴，尽管是私法的主要内容，但其保护却在整个法律体系的各个部分均有体现，既包括公法对物权的保护，也包括私法对物权的保护。

② 物权保护方式的多样性。物权保护，既可以通过权利受到不法侵害的物权人请求国家公力救济，也可以在特定情形下依私力救济排除他人的不法侵害，保护自己的物权。

(2) 物权保护的方法 物权保护的方法具有多种多样，根据不同标准可以有不同的分类。根据物权保护依赖力量的不同，分为私力救济和公力救济；根据物权保护法律依据的不同，分为公法保护和私法保护。公力救济是现代法治国家保护物权普遍采取的一种方式，私力救济方式则仅存在于法律规定的特殊情形。

① 物权的私力救济。物权的私力救济，是指物权人在法律许可的范围内，依自身力量通过实施自卫、自助行为保护被侵害的物权。

② 物权的公力救济。物权的公力救济，是指国家机关依权利人请求运用公权力对被侵害物权实施的救济，包括司法救济和行政救济，其中最重要的形式是民事诉讼。物权的公力救济集中体现了国家通过积极作为的方式保护物权人的合法权益。根据物权保护法律依据的不同，物权的公力救济分为公法保护和私法保护。二者相互区别又彼此配合，各有侧重，共同为物权人保护其合法权利提供法律支持。

a. 物权的公法保护。物权的公法保护，是指国家通过宪法、行政法、刑法及诉讼法等公法性质的法律法规对物权进行的保护。我国《刑法》中对盗窃罪、抢夺罪、抢劫罪、毁坏公私财物罪等罪名的规定就是从公法角度对民事主体的物权进行的保护。

b. 物权的私法保护。物权的私法保护，是指国家通过民法、商法等私法性质的法律法规对物权进行的保护。我国《民法典》第二百零七条规定："国家、集体、私人的物权和其他权利人的物权受法律平等保护，任何组织或者个人不得侵犯。"

物权受到侵害的，权利人可以通过和解、调解、仲裁、诉讼等途径解决。物权的保护应当采取如下方式：

① 因物权的归属、内容发生争议的，利害关系人可以请求确认权利。

② 无权占有不动产或者动产的，权利人可以请求返还原物。

③ 妨害物权或者可能妨害物权的，权利人可以请求排除妨害或者消除危险。

④ 造成不动产或者动产毁损的，权利人可以请求修理、重作、更换或者恢复原状。

⑤ 侵害物权，造成权利人损害的，权利人可以请求损害赔偿，也可以请求承担其他民事责任。

2.2 与工程建设相关的劳动法

2.2.1 劳动保护的规定

劳动保护是国家和单位为保护劳动者在劳动生产过程中的安全和健康所采取的立法、组织和技术措施的总称。它是指根据国家法律、法规，依靠技术进步和科学管理，采取组织措施和技术措施，消除危及人身安全健康的不良条件和行为，防止事故和职业病，保护劳动者在劳动过程中的安全与健康，其内容包括：劳动安全、劳动卫生、女工保护、未成年工保护、工作时间与休假制度。根据《中华人民共和国劳动法》（简称《劳动法》）的有关规定，用人单位和劳动者应当遵守如下有关劳动安全卫生的法律规定：

（1）用人单位必须建立、健全劳动安全卫生制度，对劳动者进行劳动安全卫生教育，减少职业危害。

（2）劳动安全卫生设施必须符合国家规定的标准。新建、改建、扩建工程的劳动安全卫生设施必须与主体工程同时设计、同时施工、同时投入生产和使用。

（3）用人单位必须为劳动者提供符合国家规定的劳动安全卫生条件和必要的劳动防护用品，对从事有职业危害作业的劳动者应当定期进行健康检查。

（4）从事特种作业的劳动者必须经过专门培训并取得特种作业资格。

（5）劳动者在劳动过程中必须严格遵守安全操作规程。劳动者对用人单位管理人员违章指挥、强令冒险作业，有权拒绝执行；对危害生命安全和身体健康的行为，有权提出批评、检举和控告。

2.2.2 女职工和未成年工特殊保护

2.2.2.1 女职工特殊保护

根据我国《劳动法》的有关规定，对女职工的特殊保护规定主要包括：

（1）凡适合妇女从事劳动的单位，不得拒绝招收女职工。

（2）不得在女职工怀孕期、产假、哺乳期降低其基本工资，或者解除劳动合同。

（3）禁止安排女职工从事矿山井下、国家规定的第四级体力劳动强度的劳动和其他禁忌从事的劳动。

（4）不得安排女职工在经期从事高处、低温、冷水作业和国家规定的第三级体力劳动强度的劳动。

（5）不得安排女职工在怀孕期间从事国家规定的第三级体力劳动强度的劳动和孕期禁忌从事的劳动。怀孕七个月以上的女职工，不得安排其延长工作时间和夜班劳动。

（6）女职工生育享受不少于九十天的产假。

（7）不得安排女职工在哺乳未满一周岁的婴儿期间从事国家规定的第三级体力劳动强度的劳动和哺乳期禁忌从事的其他劳动，不得安排其延长工作时间和夜班劳动。

2.2.2.2 未成年工特殊保护

所谓未成年工，是指年满16周岁未满18周岁的劳动者。

由于未成年工的身体还没有完全发育成熟，从事某些工作会危害生长发育和身体健康。因此，对未成年人就业作出了一些保护性的规定，根据我国《劳动法》的有关规定，对未成年工的特殊保护规定主要包括：

（1）不得安排未成年工从事矿山井下、有毒有害、国家规定的第四级体力劳动强度的劳动和其他禁忌从事的劳动。

（2）要对未成年工定期进行健康检查。

2.2.3 劳动争议处理

劳动争议又称劳动纠纷，是指劳动关系的当事人之间因执行劳动法律、法规和履行劳动合同而发生的纠纷，即劳动者与所在单位之间因劳动关系中的权利和义务而发生的纠纷。根据争议涉及的权利和义务的具体内容，可将其分为以下几类：

（1）因确认劳动关系发生的争议；

（2）因订立、履行、变更、解除和终止劳动合同发生的争议；

（3）因除名、辞退和辞职、离职发生的争议；

(4) 因工作时间、休息休假、社会保险、福利、培训以及劳动保护发生的争议；
(5) 因劳动报酬、工伤医疗费、经济补偿或者赔偿金等发生的争议；
(6) 法律、法规规定的其他劳动争议。

劳动争议的特征：

(1) 劳动纠纷是劳动关系当事人之间的争议。劳动关系当事人，一方为劳动者，另一方为用人单位。

(2) 劳动纠纷的内容涉及劳动权利和劳动义务，是为实现劳动关系而产生的争议。

(3) 劳动纠纷既可以表现为非对抗性矛盾，也可以表现为对抗性矛盾，而且两者在一定条件下可以相互转化。在一般情况下，劳动纠纷表现为非对抗性矛盾，给社会和经济带来不利影响。

2.2.3.1 协商解决劳动争议

协商，是指劳动者与用人单位就争议的问题直接进行协商，寻找纠纷解决的具体方案。当事人各方在自愿、互谅的基础上，按照法律、政策的规定，通过摆事实讲道理解决纠纷的一种方法。协商的方法是一种简便易行、最有效、最经济的方法，能及时解决争议，消除分歧，提高办事效率，节省费用，也有利于双方的团结和相互的协作关系。与其他纠纷不同的是，劳动争议的当事人一方为单位，一方为单位职工，因双方已经发生一定的劳动关系而使彼此之间相互有所了解。双方发生纠纷后最好先协商，通过自愿达成协议来消除隔阂。实践中，职工与单位经过协商达成一致而解决纠纷的情况非常多，效果很好。但是，协商程序不是处理劳动争议的必经程序。双方可以协商，也可以不协商，完全出于自愿，任何人都不能强迫。

2.2.3.2 申请调解解决劳动争议

申请调解，是指劳动纠纷的一方当事人就已经发生的劳动纠纷向劳动争议调解委员会申请调解的程序。根据《劳动法》规定：在用人单位内，可以设立劳动争议调解委员会负责调解本单位的劳动争议。调解委员会委员由单位代表、职工代表和工会代表组成。除因签订、履行集体劳动合同发生的争议外均可由本企业劳动争议调解委员会调解。与协商程序一样，调解程序也由当事人自愿选择，且调解协议也不具有强制执行力，如果一方反悔，同样可以向仲裁机构申请仲裁。

(1) 调解组织　发生劳动争议，当事人可以到下列调解组织申请调解：
① 企业劳动争议调解委员会，企业劳动争议调解委员会由职工代表和企业代表组成。
② 依法设立的基层人民调解组织。
③ 在乡镇、街道设立的具有劳动争议调解职能的组织。

(2) 调解协议书　经调解达成协议的，应当制作调解协议书。

调解协议书由双方当事人签名或者盖章，经调解员签名并加盖调解组织印章后生效，对双方当事人具有约束力，当事人应当履行。

(3) 调解协议的履行　达成调解协议后，一方当事人在协议约定期限内不履行调解协议的，另一方当事人可以依法申请仲裁。

2.2.3.3 通过劳动争议仲裁委员会进行裁决

劳动仲裁，是劳动纠纷的一方当事人将纠纷提交劳动争议仲裁委员会进行处理的程序。该程序既具有劳动争议调解灵活、快捷的特点，又具有强制执行的效力，是解决劳动纠纷的重要手段。劳动争议仲裁委员会是国家授权、依法独立处理劳动争议案件的专门机构。申请劳动仲裁是解决劳动争议的选择程序之一，也是提起诉讼的前置程序，即如果想提起诉讼打劳动官司，必须要经过仲裁程序，不能直接向人民法院起诉。

（1）劳动争议仲裁的特点　与其他解决方式以及《中华人民共和国仲裁法》（简称《仲裁法》）规定的仲裁相比，劳动争议仲裁有以下基本特点：

① 从仲裁主体上看，劳动争议仲裁委员会由劳动行政部门代表、工会代表和企业方面代表组成。

② 从解决对象看，劳动争议仲裁解决劳动争议。

③ 从仲裁实行的原则看，劳动争议仲裁实行的是法定管辖。

④ 从与诉讼的关系看，当事人对劳动争议仲裁裁决不服的，可以向法院起诉。

（2）劳动争议仲裁的原则　劳动争议仲裁原则是指劳动争议仲裁机构在仲裁程序中应遵守的准则，它是劳动争议仲裁的特有原则，反映了劳动争议仲裁的本质要求。

① 一次裁决原则　劳动争议仲裁实行一次裁决制度，一次裁决即为终局裁决，当事人不服仲裁裁决，只能向法院提起诉讼，不能向上一级仲裁委员会申请复议或要求重新处理。

② 合议原则　仲裁庭裁决劳动争议，实行少数服从多数原则，以保证仲裁裁决的公正性。

③ 强制原则　劳动争议当事人申请仲裁不需双方当事人达成一致，只要一方当事人申请，仲裁委员会即可受理；仲裁庭对劳动争议调解不成时，可直接行使裁决权，无须当事人同意；对发生法律效力的仲裁裁定，一方当事人不履行，另一方当事人可申请人民法院强制执行。

④ 回避原则　仲裁委员会委员、仲裁人员及其相关工作人员与劳动争议有利害关系的，与当事人有亲属关系以及其他关系的，可能影响公正裁决的人员应当回避。

⑤ 区分举证责任原则　由劳动关系特点所决定，反映平等主体关系间的争议事项，遵循"谁主张谁举证"的原则；反映隶属关系的争议事项，实行"谁决定谁举证"的原则。

（3）劳动争议仲裁委员会与仲裁庭

① 劳动争议仲裁委员会　劳动争议仲裁委员会是依法成立的，通过仲裁方式处理劳动争议的专门机构，它独立行使劳动争议仲裁权。

② 仲裁庭　仲裁庭在仲裁委员会领导下处理劳动争议案件，实行一案一庭制。仲裁庭由一名首席仲裁员、两名仲裁员组成。

③ 仲裁委员会或仲裁庭组成人员的回避　仲裁委员会组成人员或者仲裁员有下列情形之一的，应当回避，当事人有权以口头或者书面方式申请其回避：

a. 是本案当事人或者当事人、代理人的近亲属的；

b. 与本案有利害关系的；

c. 与本案当事人、代理人有其他关系，可影响公正裁决的；

d. 私自会见当事人、代理人，或者接受当事人、代理人的请客送礼的。

（4）劳动争议仲裁的申请与受理

① 申请　申请人申请仲裁应当提交书面仲裁申请，并按照被申请人人数提交副本。

② 受理

a. 劳动争议仲裁委员会收到仲裁申请之日起 5 日内；

b. 认为符合受理条件的，应当受理，并通知申请人；

c. 认为不符合受理条件的，应当书面通知申请人不予受理，并说明理由；

d. 对劳动争议仲裁委员会不予受理或者逾期未作出决定的，申请人可以就该劳动争议事项向人民法院提起诉讼。

③ 审理　仲裁庭应当在开庭 5 日前，将开庭日期、地点书面通知双方当事人。当事人

有正当理由的，可以在开庭 3 日前请求延期开庭。是否延期，由劳动争议仲裁委员会决定。

④ 执行　当事人对仲裁裁决不服的，自收到裁决书之日起 15 日内，可以向人民法院起诉；期满不起诉的，裁决书即发生法律效力。

2.2.3.4　通过诉讼解决劳动争议

根据《劳动法》第八十三条规定："劳动争议当事人对仲裁裁决不服的，可以自收到仲裁裁决书之日起十五日内向人民法院提起诉讼。一方当事人在法定期限内不起诉又不履行仲裁裁决的，另一方当事人可以申请人民法院强制执行。"诉讼程序的启动是由不服劳动争议仲裁委员会裁决的一方当事人向人民法院提起诉讼后启动的程序。诉讼程序具有较强的法律性、程序性，作出的判决也具有强制执行力。

2.2.4　劳动合同的订立

2.2.4.1　劳动关系的建立

（1）劳动关系的含义　劳动关系是指劳动者与用人单位（包括各类企业、个体工商户、事业单位等）依法签订劳动合同而在劳动者与用人单位之间产生的法律关系。劳动者接受用人单位的管理，从事用人单位安排的工作，成为用人单位的成员，从用人单位领取劳动报酬和受劳动保护。

（2）确认建立劳动关系的时间　用人单位自用工之日起即与劳动者建立劳动关系。用人单位与劳动者在用工前订立劳动合同的，劳动关系自用工之日起建立。

（3）建立劳动关系时当事人的权利和义务　用人单位的权利一般包括下述几个方面：

① 录用职工方面的权利　主要是有权按国家规定和本单位需要择优录用职工，可以自主决定招工的时间、条件、数量、用工形式等。

② 劳动组织方面的权利　主要是有权按国家规定和实际需要确定机构、编制和任职（上岗）资格条件；有权任免、聘用管理人员和技术人员，对职工进行内部调配和劳动组合，并对职工的劳动实施指挥和监督。

③ 劳动报酬分配方面的权利　主要是有权按国家规定确定工资分配办法，自主决定晋级增薪、降级减薪的条件和时间等。

④ 劳动纪律方面的权利　主要是有权制定和实施劳动纪律；有权决定对职工的奖惩。

⑤ 决定劳动法律关系存续方面的权利　主要是有权与职工以签订协议方式、续订、变更、暂停或解除劳动合同；有权在具备法定或约定条件时单方解除劳动合同。

用人单位对工人的义务主要包括：

a. 支付劳动报酬的义务。

b. 保护职工的义务。

c. 帮助职工的义务。

d. 合理使用职工的义务。

e. 培训职工的义务。

f. 必须执行劳动法规、劳动政策和劳动标准的义务。

g. 接受国家劳动计划的指导，服从劳动行政部门以及其他有关国家机关的管理和监督的义务。

2.2.4.2　劳动合同的订立

劳动合同是指劳动者与用人单位之间确立劳动关系，明确双方权利和义务的协议。订立和变更劳动合同，应当遵循平等自愿、协商一致的原则，不得违反法律、行政法规的规定。劳动合同依法订立即具有法律约束力，当事人必须履行劳动合同规定的义务。根据《中华人民共和国劳动法》第十六条规定，劳动合同是劳动者与用人单位确立劳动关系、明确双方权利和义务的协议。

(1) 劳动合同主体　劳动合同的主体即劳动法律关系当事人：劳动者和用人单位。

① 劳动者　需要签订劳动合同的劳动者对象，按照全面实行劳动合同制度的改革要求，需要签订劳动合同的对象包括：新招用的劳动者、原有的固定工以及原固定工身份的特殊人员。所谓原固定工身份的特殊人员，是指根据劳动部关于全面实行劳动合同制的通知和贯彻劳动法若干问题的意见规定的以下人员：

a. 存在着劳动关系而没能履行劳动义务的特殊人员。例如，用人单位的"富余人员""放长假"的职工，长期被外单位借用的人员，带薪上学人员，请长期病假人员，停薪留职人员，被派到合资、参股单位人员。

b. 企业、事业单位的中共党委书记、厂长或经理、工会主席等。

② 用人单位　需要签订劳动合同的用人单位，根据劳动法律、法规的规定，需要与劳动者签订劳动合同的用人单位包括：中国境内的企业法人，个体、合伙制非法人经济组织；国家机关、事业组织和社会团体；特殊类型经济组织，如租赁经营（生产）、承包经营（生产）的企业等等。

(2) 订立劳动合同的时间限制

① 因劳动者的原因未能订立劳动合同的法律后果　书面通知终止劳动合同，无需向劳动者支付经济补偿，但应当支付实际工作时间的劳动报酬。

② 因用人单位的原因未能订立劳动合同的法律后果

a. 自用工之日起超过一个月但不满一年：向劳动者每月支付二倍的月工资。

b. 自用工之日起满一年：视为用人单位与劳动者已订立无固定期限劳动合同。

不与劳动者订立无固定期限劳动合同的，自应当订立无固定期限劳动合同之日起向劳动者每月支付二倍的工资。

(3) 劳动合同的生效　劳动合同由用人单位与劳动者协商一致，并经用人单位与劳动者在劳动合同文本上签字或者盖章生效。

2.2.4.3　劳动合同的类型

劳动合同分为固定期限劳动合同、无固定期限劳动合同和以完成一定工作任务为期限的劳动合同。

(1) 固定期限劳动合同　固定期限劳动合同，是指用人单位与劳动者约定合同终止时间的劳动合同。用人单位与劳动者协商一致，可以订立固定期限劳动合同。

(2) 无固定期限劳动合同　无固定期限劳动合同，是指用人单位与劳动者约定无确定终止时间的劳动合同。

(3) 以完成一定工作任务为期限的劳动合同　以完成一定工作任务为期限的劳动合同，是指用人单位与劳动者约定以某项工作的完成为合同期限的劳动合同。

2.2.4.4　劳动合同的条款

劳动合同应当具备以下条款：

（1）用人单位的名称、住所和法定代表人或者主要负责人。

（2）劳动者的姓名、住址和居民身份证或者其他有效身份证件号码。

（3）劳动合同期限　法律规定合同期限分为三种：有固定期限，如1年期限、3年期限等等均属这一种；无固定期限，合同期限没有具体时间约定，只约定终止合同的条件，无特殊情况，这种期限的合同应存续到劳动者到达退休年龄；以完成一定的工作为期限，例如，劳务公司外派一员工去另外一家公司工作，两个公司签订了劳务合同，劳务公司与外派员工签订的劳动合同期限是以劳务合同的解除或终止而终止，这种合同期限就属于以完成一定工作为期限的种类。用人单位与劳动者在协商选择合同期限时，应根据双方的实际情况和需要来约定。

（4）工作内容和工作地点　在这一必备条款中，双方可以约定工作数量、质量，劳动者的工作岗位等内容。

（5）劳动纪律　此条款应当将用人单位制定的规章制度约定进来，可采取将内部规章制度印制成册，作为合同附件的形式加以简要约定。

（6）劳动报酬　此必备条款可以约定劳动者的标准工资、加班加点工资、奖金、津贴、补贴的数额及支付时间、支付方式等等。

（7）社会保险　此必备条款可以约定劳动者参加社会保险的种类、数额及支付时间、支付方式等等。

（8）劳动保护、劳动条件和职业危害防护　在这方面可以约定工作时间和休息、休假的规定，各项劳动安全与卫生的措施，对女工和未成年工的劳动保护措施与制度，以及用人单位为不同岗位劳动者提供的劳动、工作的必要条件等等。

（9）劳动合同终止的条件　这一必备条款一般是在无固定期限的劳动合同中约定，因这类合同没有终止的时限。但其他期限种类的合同也可以约定。须注意的是，双方当事人不得将法律规定的可以解除合同的条件约定为终止合同的条件，以避免出现用人单位应当在解除合同时支付经济补偿金而改为终止合同不予支付经济补偿金的情况。

（10）违反劳动合同的责任　一般约定两种违约责任形式，第一种是一方违约赔偿给对方造成经济损失，即赔偿损失的方式；第二种是约定违约金的计算方法，采用违约金方式应当注意根据职工一方承受能力来约定具体金额，避免出现显失公平的情形。违约，不是指一般性的违约，而是指严重违约，致使劳动合同无法继续履行，如职工违约离职，单位违法解除劳动者合同等。

（11）其他事项　法律、法规规定应当纳入劳动合同的其他事项。

2.2.5　试用期

（1）试用期的时间长度限制　根据《劳动法》第二十一条、《劳动合同法》第十九条规定，劳动合同可以约定试用期，劳动合同期限三个月以上不满一年的，试用期不得超过一个月；劳动合同期限一年以上不满三年的，试用期不得超过两个月；三年以上固定期限和无固定期限的劳动合同，试用期不得超过六个月。试用期包含在劳动合同期限内。劳动合同仅约定试用期的，试用期不成立，该期限为劳动合同期限。根据《劳动合同法》第八十三条规定，用人单位违反法律规定与劳动者约定试用期的，由劳动行政部门责令改正；违法约定的试用期已经履行的，由用人单位以劳动者试用期满月工资为标准，按已经履行的超过法定试用期的期间向劳动者支付赔偿金。

（2）试用期的次数限制　同一用人单位与同一劳动者只能约定一次试用期。以完成一定工作任务为期限的劳动合同或者劳动合同期限不满三个月的，不得约定试用期。

(3) 试用期内的最低工资　根据《劳动合同法》第二十条规定，劳动者在试用期的工资不得低于本单位相同岗位最低档工资或者劳动合同约定工资的百分之八十，并不得低于用人单位所在地的最低工资标准。

(4) 试用期内合同解除条件的限制　《劳动合同法》第三十九规定，在试用期间被证明不符合录用条件的，用人单位可以解除劳动合同。试用期解除合同的条件有在试用期间被证明不符合录用条件的，用人单位试用期解除合同不能随意为之，必须符合法律规定的条件。否则，则属于违法解除劳动合同，必须支付经济赔偿金。

2.2.6　服务期

用人单位为劳动者提供专项培训费用，对其进行专业技术培训的，可以与该劳动者订立协议，约定服务期。

有下列情形之一，用人单位与劳动者解除约定服务期的劳动合同的，劳动者应当按照劳动合同的约定向用人单位支付违约金。

(1) 劳动者严重违反用人单位的规章制度的；

(2) 劳动者严重失职，营私舞弊，给用人单位造成重大损害的；

(3) 劳动者同时与其他用人单位建立劳动关系，对完成本单位的工作任务造成严重影响，或者经用人单位提出，拒不改正的；

(4) 劳动者以欺诈、胁迫的手段或者乘人之危，使用人单位在违背真实意思的情况下订立或者变更劳动合同的；

(5) 劳动者被依法追究刑事责任的。

2.2.7　劳动合同的无效

(1) 无效的劳动合同　无效的劳动合同，是指当事人所订立的劳动合同不符合法律、法规规定，或缺少有效要件，导致全部或部分不具有法律效力的劳动合同。

下列劳动合同无效或者部分无效：

① 以欺诈、胁迫的手段或者乘人之危，使对方在违背真实意思的情况下订立或者变更劳动合同的无效。

② 用人单位免除自己的法定责任、排除劳动者权利的无效。

③ 违反法律、行政法规强制性规定的。劳动合同主体、内容必须符合法律的规定，否则不能产生法律效力。

④ 有关劳动报酬和劳动条件等标准低于集体合同的。

(2) 劳动合同无效认定　对劳动合同的无效或部分无效有争议的，争议双方必须由劳动争议仲裁机构或者人民法院依法认定，其他机构如劳动行政部门、劳动争议调解委员会、工会等机构都不具有认定劳动合同效力的权利。有些劳动合同条款虽然违反法律规定，但并不影响其他条款效力。《劳动合同法》第二十七条规定"劳动合同部分无效，不影响其他部分效力的，其他部分仍然有效"。劳动合同的各个条款之间在效力上具有相对的独立性，其余部分仍然有效，对双方当事人仍有约束力。

(3) 劳动合同无效的法律后果

① 劳动合同被确认无效，劳动者已付出劳动的，用人单位应当向劳动者支付劳动报酬。

劳动报酬的数额，参照本单位相同或者相近岗位劳动者的劳动报酬确定。

② 劳动合同被确认无效，给对方造成损害的，有过错的一方应当承担赔偿责任。

2.2.8　劳动合同的履行

劳动合同履行，是指劳动合同双方当事人按照合同的约定完成各自义务的行为。《劳动合同法》第二十九条规定，用人单位与劳动者应当按照劳动合同的约定，全面履行各自的义务，当事人双方按照劳动合同规定的条件，履行自己所应承担义务的行为。

劳动合同履行的要求如下：

（1）用人单位与劳动者应当按照劳动合同的约定，全面履行各自的义务。

① 用人单位应当按照劳动合同的约定和国家规定，向劳动者及时足额支付劳动报酬。用人单位拖欠或者未足额支付劳动报酬的，劳动者可以依法向当地人民法院申请支付令，人民法院应当依法发出支付令。

② 用人单位应当严格执行劳动定额标准，不得强迫或者变相强迫劳动者加班。

③ 劳动者拒绝用人单位管理人员违章指挥、强令冒险作业的，不视为违反劳动合同。劳动者对危害生命安全和身体健康的劳动条件，有权对用人单位提出批评、检举和控告。

④ 用人单位变更名称、法定代表人、主要负责人或者投资人等事项，不影响劳动合同的履行。

⑤ 用人单位发生合并或者分立等情况，原劳动合同继续有效，劳动合同由承继其权利和义务的用人单位继续履行。

（2）用人单位应当依法建立和完善劳动规章制度，保障劳动者享有劳动权利、履行劳动义务。

① 建立劳动规章制度的程序：

a. 经职代会或全体职工讨论，提出方案和意见；

b. 与工会或职工代表平等协商确定；

c. 用人单位应当将直接涉及劳动者切身利益的规章制度和重大事项决定在单位内公示，或者告知劳动者。

如果用人单位的规章制度未经公示或者对劳动者告知，该规章制度对劳动者不生效。企业公示或告知劳动者规章制度可以采用张贴通告、员工手册送达、会议精神传达等方式。

② 劳动规章制度的监督和法律责任：如果规章制度损害劳动者权益的，劳动者可以据此解除劳动合同，用人单位应当向劳动者支付经济补偿；如果该规章制度的实施给劳动者造成了损害的，用人单位应承担赔偿责任。

2.2.9　劳动合同的变更

劳动合同的变更是指劳动合同依法订立后，在合同尚未履行或者尚未履行完毕之前，经用人单位和劳动者双方当事人协商同意，对劳动合同内容作部分修改、补充或者删减的法律行为。劳动合同的变更是原劳动合同的派生，是双方已存在的劳动权利和义务关系的发展。劳动合同的变更是在原合同的基础上对原劳动合同内容作部分修改、补充或者删减，而不是签订新的劳动合同。原劳动合同未变更的部分仍然有效，变更后的内容就取代了原合同的相关内容，新达成的变更协议条款与原合同中其他条款具有同等法律效力，对双方当事人都有约束力。

劳动合同变更的情形：

(1) 在一般情况下，只要用人单位与劳动者协商一致，即可变更劳动合同约定的内容。

(2) 根据《劳动合同法》第四十条第三款的规定，劳动合同订立时所依据的客观情况发生重大变化，致使劳动合同无法履行，经用人单位与劳动者协商，未能就变更劳动合同内容达成协议的，用人单位在提前三十日以书面形式通知劳动者本人或者额外支付劳动者一个月工资后，可以解除劳动合同。所谓"劳动合同订立时所依据的客观情况发生重大变化"，主要是指：

① 订立劳动合同所依据的法律、法规已经修改或者废止。

② 用人单位方面的原因。用人单位经上级主管部门批准或者根据市场变化决定转产、调整生产任务或者生产经营项目等。

③ 劳动者方面的原因。如劳动者的身体健康状况发生变化、劳动能力部分丧失、所在岗位与其职业技能不相适应、职业技能提高了一定等级等，造成原劳动合同不能履行或者如果继续履行原合同规定的义务对劳动者明显不公平。

④ 客观方面的原因。这种客观原因的出现使得当事人原来在劳动合同中约定的权利和义务的履行成为不必要或者不可能。这时应当允许当事人对劳动合同有关内容进行变更。主要有：

a. 由于不可抗力的发生，使得原来合同的履行成为不可能或者失去意义。不可抗力是指当事人所不能预见、不能避免并不能克服的客观情况，如自然灾害、意外事故、战争等。

b. 由于物价大幅度上升等客观经济情况变化致使劳动合同的履行会花费太大代价而失去经济上的价值。

2.2.10 劳动合同的解除

劳动合同解除，是指在劳动合同有效成立以后，当解除的条件具备时，因当事人一方或双方的意思表示，使劳动合同向将来消灭的行为。劳动合同的解除方式可分为协议解除和单方解除。协议解除，即劳动合同经当事人双方协商一致而解除。单方解除即享有单方解除权的当事人以单方意思表示解除劳动合同。劳动部《关于贯彻执行〈中华人民共和国劳动法〉若干问题的意见》第二十六条规定：劳动合同解除是指劳动合同订立后，尚未全部履行以前，由于某种原因导致劳动合同一方或双方当事人提前消灭劳动关系的法律行为。劳动合同的解除分为协商解除、法定解除和约定解除三种；解除劳动合同是劳动合同从订立到履行过程中可以预见的中间环节，依法解除劳动合同是维护劳动合同双方当事人正当权益的重要保证。

《劳动合同法》规定，用人单位有下列情形之一的，劳动者可以解除劳动合同，用人单位应当向劳动者支付经济补偿。

(1) 未按照劳动合同约定提供劳动保护或者劳动条件的；

(2) 未及时足额支付劳动报酬的；

(3) 未依法为劳动者缴纳社会保险费的；

(4) 用人单位的规章制度违反法律、法规的规定，损害劳动者权益的；

(5) 因本法第二十六条（即：以欺诈、胁迫的手段或者乘人之危，使对方在违背真实意思的情况下订立或者变更劳动合同的）规定的情形致使劳动合同无效的；

(6) 法律、行政法规规定劳动者可以解除劳动合同的其他情形。

《劳动合同法实施条例》进一步规定，具备下列情形之一的，劳动者可以与用人单位解除固定期限劳动合同、无固定期限劳动合同或者以完成一定工作任务为期限的劳动合同。

(1) 劳动者与用人单位协商一致的；
(2) 劳动者提前 30 日以书面形式通知用人单位的；
(3) 劳动者在试用期内提前 3 日通知用人单位的；
(4) 用人单位在劳动合同中免除自己的法定责任、排除劳动者权利的；
(5) 用人单位违反法律、行政法规强制性规定的。

2.2.11 用人单位可以解除劳动合同的情形

(1) 随时解除　劳动者有下列情形之一的，用人单位可以解除劳动合同。
① 在试用期间被证明不符合录用条件的；
② 严重违反用人单位的规章制度的；
③ 严重失职，营私舞弊，给用人单位造成重大损害的；
④ 劳动者同时与其他用人单位建立劳动关系，对完成本单位的工作任务造成严重影响，或者经用人单位提出，拒不改正的；
⑤ 因《劳动合同法》第二十六条（即：以欺诈、胁迫的手段或者乘人之危，使对方在违背真实意思的情况下订立或者变更劳动合同的）规定的情形致使劳动合同无效的；
⑥ 被依法追究刑事责任的。

(2) 预告解除　有下列情形之一的，用人单位提前 30 日以书面形式通知劳动者本人或者额外支付劳动者 1 个月工资后，可以解除劳动合同，用人单位应当向劳动者支付经济补偿。
① 劳动者患病或者非因工负伤，在规定的医疗期满后不能从事原工作，也不能从事由用人单位另行安排的工作的；
② 劳动者不能胜任工作，经过培训或者调整工作岗位，仍不能胜任工作的；
③ 劳动合同订立时所依据的客观情况发生重大变化，致使劳动合同无法履行，经用人单位与劳动者协商，未能就变更劳动合同内容达成协议的。

裁减人员时，应当优先留用下列人员：
① 与本单位订立较长期限的固定期限劳动合同的；
② 与本单位订立无固定期限劳动合同的；
③ 家庭无其他就业人员的。

(3) 经济性裁员
① 依照企业破产法规定进行重整的；
② 生产经营发生严重困难的；
③ 企业转产、重大技术革新或者经营方式调整，经变更劳动合同后，仍需裁减人员的；
④ 其他因劳动合同订立时所依据的客观经济情况发生重大变化，致使劳动合同无法履行的。

(4) 用人单位不得解除劳动合同的情形
① 从事接触职业病危害作业的劳动者未进行离岗前职业健康检查，或者疑似职业病病人在诊断或者医学观察期间的；
② 在本单位患职业病或者因公负伤并被确认丧失或者部分丧失劳动能力的；
③ 患病或者非因工负伤，在规定的医疗期内的；
④ 女职工在孕期、产期、哺乳期的；
⑤ 在本单位连续工作满 15 年，且距法定退休年龄不足 5 年的；

⑥ 法律、行政法规规定的其他情形。

2.2.12 劳动合同终止

劳动合同终止，是指劳动合同的法律效力依法被消灭，亦即劳动合同所确立的劳动关系由于一定法律事实的出现而终结，劳动者与用人单位之间原有的权利和义务不复存在。《劳动合同法》规定，有下列情形之一的，劳动合同终止。用人单位与劳动者不得在《劳动合同法》规定的劳动合同终止情形之外约定其他的劳动合同终止条件。

（1）劳动者达到法定退休年龄的，劳动合同终止。

（2）劳动合同期满的　劳动合同期满是劳动合同终止的最主要形式，适用于固定期限的劳动合同和以完成一定工作任务为期限的劳动合同。一旦约定的期限届满或工作任务完成，劳动合同通常都自然终止。

（3）劳动者开始依法享受基本养老保险待遇的　由于退出劳动力市场的劳动者的基本生活已经通过养老保险制度得到保障，劳动者不再具备劳动合同意义上的主体资格，因此劳动合同自然终止。只要劳动者依法享受了基本养老保险待遇，劳动合同即行终止。

（4）劳动者死亡、被人民法院宣告死亡或者宣告失踪、死亡。意味着劳动者作为自然人从主体上的消灭。

（5）用人单位被依法宣告破产、被吊销营业执照、责令关闭、撤销　破产，指当债务人的全部资产不足以清偿到期债务时，债权人通过一定程序将债务人的全部资产供其平均受偿从而使债务人免除不能清偿的其他债务，并由人民法院宣告破产解散。按照《民法典》《中华人民共和国公司法》（简称《公司法》）以及《中华人民共和国企业破产法》的规定，在劳动合同履行过程中，企业被依法宣告破产、被吊销营业执照、责令关闭或被撤销，意味着企业的法人资格已被剥夺，表明此时企业已无法按照劳动合同履行其权利和义务，只能终止劳动合同。

（6）用人单位决定提前解散　根据《公司法》规定，因公司章程规定的解散事由出现、股东会或者股东大会决议等原因，用人单位提前解散的，其法人资格便不复存在，必须终止一切经营和与经营业务有关的活动，原有的债权债务关系包括与劳动者的劳动合同关系，也随主体资格的消亡而消灭。

（7）法律、行政法规规定的其他情形　法律规定不可能包含现实生活中出现的所有现象，因此，《劳动合同法》将这一规定作为兜底条款。

2.2.13 终止合同的经济补偿

（1）经济补偿的情形

① 以完成一定工作任务为期限的劳动合同终止的补偿　以完成一定工作任务为期限的劳动合同因任务完成而终止的，用人单位应当依照《劳动合同法》第四十七条的规定向劳动者支付经济补偿。

② 工伤职工的劳动合同终止的补偿　《劳动合同法实施条例》第二十三条规定，用人单位依法终止工伤职工的劳动合同的，除依照劳动合同法第四十七条的规定支付经济补偿外，还应当依照国家有关工伤保险的规定支付一次性工伤医疗补助金和伤残就业补助金。

③ 违反劳动合同法的规定解除或者终止劳动合同的补偿　用人单位违反合同法的规定解除或者终止劳动合同的，应当依照《劳动合同法》第四十七条规定的经济补偿标准的二倍

向劳动者支付赔偿金。

(2) 补偿标准　《劳动合同法》第四十七条规定：经济补偿按劳动者在本单位工作的年限，每满一年支付一个月工资的标准向劳动者支付。六个月以上不满一年的，按一年计算；不满六个月的，向劳动者支付半个月工资的经济补偿。劳动者月工资高于用人单位所在直辖市、设区的市级人民政府公布的本地区上年度职工月平均工资三倍的，向其支付经济补偿的标准按职工月平均工资三倍的数额支付，向其支付经济补偿的年限最高不超过十二年。本条所称月工资是指劳动者在劳动合同解除或者终止前十二个月的平均工资。

2.3　环境保护法

《中华人民共和国环境保护法》（以下简称《环境保护法》）是为保护和改善环境，防治污染和其他公害，保障公众健康，推进生态文明建设，促进经济社会可持续发展，制定的法律。

广义的环境保护法指的是与环境保护相关的法律体系；狭义的环境保护法指的是1989年12月26日开始实施的《中华人民共和国环境保护法》。

2.3.1　建设工程项目的环境影响评价制度

环境影响评价制度是指把环境影响评价工作以法律、法规或行政规章的形式确定下来，从而必须遵守的制度。环境影响评价不能代替环境影响评价制度。前者是评价技术，后者是进行评价的法律依据。

(1) 建设项目环境影响评价的分类管理　依据《建设项目环境影响评价分类管理名录》，国家根据建设项目对环境的影响程度，按照下列规定对建设项目的环境保护实行分类管理：

① 建设项目对环境可能造成重大影响的，应当编制环境影响报告书，对建设项目产生的污染和对环境的影响进行全面、详细的评价；

② 建设项目对环境可能造成轻度影响的，应当编制环境影响报告表，对建设项目产生的污染和对环境的影响进行分析或者专项评价；

③ 建设项目对环境影响很小，不需要进行环境影响评价的，应当填报环境影响登记表。

(2) 建设项目环境影响评价文件的审批管理　依据《建设项目环境影响评价文件分级审批规定》。

(3) 环境影响的后评价和跟踪管理　在项目建设、运行过程中产生不符合经审批的环境影响评价文件的情形的，建设单位应当组织环境影响的后评价，采取改进措施，并报原环境影响评价文件审批部门和建设项目审批部门备案；原环境影响评价文件审批部门也可以责成建设单位进行环境影响的后评价，采取改进措施。

2.3.2　环境保护"三同时"制度

"三同时"制度是在中国出台最早的一项环境管理制度，是具有中国特色并行之有效的环境管理制度。根据《环境保护法》第四十一条规定:"建设项目中防治污染的设施,应当与主体工程同时设计、同时施工、同时投产使用。防治污染的设施应当符合经批准的环境影响评价文件的要求,不得擅自拆除或者闲置。"在建设项目正式施工前,建设单位必须向环境保护行政主管部门提交初步设计中的环境保护篇章。在环境保护篇章中必须落实防治环境污染和生态破坏的措施以及环境保护设施投资概算。环境保护篇章经审查批准后,才能纳入建设计划,并投入施工。建设项目的主体工程完工后,需要进行试生产的建设项目,建设单位应当自建设项目投入试生产之日起3个月内,向审批该建设项目环境影响报告书(表)的环境保护行政主管部门申请验收该建设项目配套建设的环境保护设施。分期建设、分期投入生产或者使用的建设项目,其相应的环境保护设施应当分期验收。环境保护行政主管部门应当自收到环境保护设施竣工验收申请之日起30日内出具竣工验收手续;逾期未办理的,责令停止试生产,可以处5万元以下的罚款。对建设项目需要配套建设的环境保护设施未建成、未经验收或者经验收不合格,主体工程正式投入生产或者使用的,由审批该建设项目环境影响报告书(表)的环境保护行政主管部门责令停止生产或者使用,可以处10万元以下的罚款。

(1) 设计阶段　建设项目的初步设计,应当按照环境保护设计规范的要求,编制环境保护篇章,并依据经批准的建设项目环境影响报告书或者环境影响报告表,在环境保护篇章中落实防治环境污染和生态破坏的措施以及环境保护设施投资概算。

(2) 试生产阶段　建设项目的主体工程完工后,需要进行试生产的,其配套建设的环境保护设施必须与主体工程同时投入试运行。

(3) 竣工验收和投产使用阶段　建设项目试生产期间,建设单位应当对环境保护设施运行情况和建设项目对环境的影响进行监测。

2.3.3　水、大气、噪声和固体废物环境污染防治

2.3.3.1　水污染防治

水污染,是指水体因某种物质的介入,而导致其化学、物理、生物或者放射性等方面特性的改变,从而影响水的有效利用,危害人体健康或者破坏生态环境,造成水质恶化的现象。

在我国,《中华人民共和国水污染防治法》是规范水污染防治的基本法律,是防治水污染,保护水生态,保障饮用水安全,维护公众健康,推进生态文明建设,促进经济社会可持续发展而制定的法律。

2.3.3.2　大气污染防治

所谓"大气污染"是指有害物质进入大气,对人类和生物造成危害的现象。如果对它不加以控制和防治,将严重地破坏生态系统和人类生存条件。

在我国,《中华人民共和国大气污染防治法》是规范大气污染防治的基本法律,该法的制定是为了保护和改善环境,防治大气污染,保障公众健康,推进生态文明建设,促进经济社会可持续发展。

2.3.3.3　环境噪声污染防治

环境噪声,是指在工业生产、建筑施工、交通运输和社会生活中所产生的干扰周围生活

环境的声音。

在我国,《环境噪声污染防治法》是规范环境噪声污染防治的基本法律,《中华人民共和国环境噪声污染防治法》的制定是为了防治环境噪声污染,保护和改善生活环境,保障人体健康,促进经济和社会发展。

2.3.3.4 固体废物污染防治

固体废物污染环境是指固体废物在产生、收集、贮存、运输、利用、处置的过程中产生的危害环境的现象。

在我国,《固体废物污染环境防治法》是规范固体废物污染环境防治的基本法律,该法的制定是为了保护和改善生态环境,防治固体废物污染环境,保障公众健康,维护生态安全,推进生态文明建设,促进经济社会可持续发展。

2.3.3.5 危险废物污染环境防治的特别规定

危险废物,是指列入国家危险废物名录或者根据国家规定的危险废物鉴别标准和鉴别方法认定的具有危险特性的废物。

在我国,《固体废物污染环境防治法》是规范危险废物污染环境防治的基本法律。

基础测试

1. 民事法律关系是一种_____与_____的社会关系,而不是_____与_____的关系。
2. 订立和变更劳动合同应遵循_____、_____的原则。
3. 代理包括_____、_____、_____。

思考提高

1. 什么是民事法律关系?
2. 民事法律行为的成立条件是什么?
3. 什么是代理?分为哪些种类?
4. 因被代理人对代理人授权不明确,给第三人造成损失的情况如何划分责任?
5. 什么是劳动合同?订立和变更劳动合同应遵循什么原则?
6. 什么是环境保护"三同时"制度?

综合运用

一用人单位与同一劳动者先后约定了两次试用期,第一次约定以完成一定工作任务为期限,时间为两个月,工作任务结束后单位以劳动者工作能力可以胜任此工作为由与劳动者签订了期限为五年的劳动合同,并第二次约定了为期十个月的试用期,试讨论该用人单位的行为存在哪些问题。

第 3 章 建设法律制度

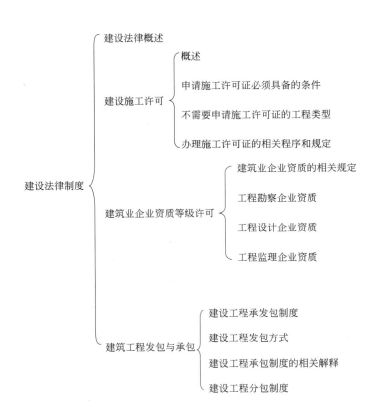

3.1 建筑法概述

《中华人民共和国建筑法》(以下简称《建筑法》) 1997 年 11 月 1 日第八届全国人民代表大会常务委员会第二十八次会议通过。根据 2011 年 4 月 22 日第十一届全国人民代表大会常务委员会第二十次会议《关于修改〈中华人民共和国建筑法〉的决定》第一次修正。根据 2019 年 4 月 23 日第十三届全国人民代表大会常务委员会第十次会议《关于修改〈中华人民共和国建筑法〉等八部法律的决定》第二次修正。

《建筑法》的立法目的在于加强对建筑活动的监督管理,维护建筑市场秩序,保证建筑工程的质量和安全，促进建筑业健康发展。

《建筑法》共包括八十五条，分别从建筑许可、建筑工程发包与承包、建筑工程监理、建筑安全生产管理、建筑工程质量管理等方面作出了规定。

3.2 建筑施工许可

3.2.1 概述

建筑施工许可是指由国家授权有关建设行政主管部门，在建筑工程施工前，按照建设单位申请，对该项工程是否符合法定的开工条件进行审查，对符合条件的工程发给施工许可证，允许建设单位开工建设的规定。建设工程施工许可证是建筑施工单位符合各种施工条件、允许开工的批准文件，是建设单位进行工程施工的法律凭证，也是房屋权属登记的主要依据之一。没有施工许可证的建设项目均属违章建筑，不受法律保护。当各种施工条件完备时，建设单位应当按照已经计划批准的开工项目向工程所在地县级以上人民政府建设行政主管部门办理施工许可证手续，领取施工许可证。未取得施工许可证的不得擅自开工。《建筑法》第七条规定建筑工程开工前，建设单位应当按照国家有关规定向工程所在地县级以上人民政府建设行政主管部门申请领取施工许可证；但是，国务院建设行政主管部门确定的限额以下的小型工程除外。按照国务院规定的权限和程序批准开工报告的建筑工程，不再领取施工许可证。

建筑施工许可的意义：

建筑工程施工许可证是建设单位进行工程施工的法律凭证，也是房屋权属登记的主要依据之一，没有开工证的建筑属违章建筑，不受法律保护。

（1）有利于确保建筑工程在开工前符合法定条件；

（2）保障其开工后的顺利实施；

（3）对有关行政主管部门而言，有利于全面掌握建筑工程的基本情况，依法及时有效地实施监督和指导，保证建筑活动依法进行。

3.2.2 申请施工许可证必须具备的条件

（1）已经办理该建筑工程用地批准手续。

（2）依法应当办理建设工程规划许可证的，已经取得建设工程规划许可证。

（3）需要拆迁的，其拆迁进度符合施工要求。

（4）已经确定建筑施工企业。

（5）有满足施工需要的资金安排、施工图纸及技术资料。

（6）有保证工程质量和安全的具体措施。

3.2.3 不需要申请施工许可证的工程类型

（1）工程投资额在 30 万元以下或者建筑面积在 300 平方米以下的建筑工程，可以不申请办理施工许可证。

(2) 按照国务院规定的权限和程序批准开工报告的建筑工程，不再领取施工许可证。
(3) 抢险救灾工程。
(4) 临时性建筑。
(5) 军用房屋建筑。

3.2.4 办理施工许可证的相关程序和规定

3.2.4.1 程序要求

(1) 建设单位向发证机关领取"建筑工程施工许可证申请表"；
(2) 建设单位持加盖单位及法定代表人印鉴的"建筑工程施工许可证申请表"，并附申请领取施工许可证所必须具备的前提条件的相关证明文件，向发证机关提出申请。
(3) 对于符合条件的，应当自收到申请之日起十五日内颁发施工许可证；对于证明文件不齐全或者失效的，应当限期要求建设单位补正，审批时间可以自证明文件补正齐全后作相应顺延；对于不符合条件的，应当自收到申请之日起十五日内书面通知建设单位，并说明理由。建筑工程在施工过程中，建设单位或者施工单位发生变更的，应当重新申请领取施工许可证。

3.2.4.2 施工许可证的规定

(1) 施工许可证废止的条件　施工单位应自领取施工许可证之日起 3 个月内开工。因故不能按期开工的，应当在期满前 3 个月内申请延期并说明理由。延期以两次为限，每次不超过 3 个月。申请延期或者超过延期次数、时限的，施工许可证自行废止。
(2) 重新核验施工许可证的条件　因故中止施工，应自中止施工之日起 1 个月内，向发证机关报告。
(3) 重新办理施工许可的条件　因故不能按期开工超过 6 个月，应重新办理施工许可的批准手续。

3.3 建筑企业资质等级许可

我国《建筑法》规定，从事建筑活动的建筑施工企业、勘察单位、设计单位和工程监理单位，应当具备下列条件：
(1) 有符合国家规定的注册资本；
(2) 有与其从事的建筑活动相适应的具有法定执业资格的专业技术人员；
(3) 有从事相关建筑活动所应有的技术装备；
(4) 法律、行政法规规定的其他条件。

3.3.1 建筑业企业资质的相关规定

(1) 建筑业企业的必备条件　到工商行政管理部门登记注册并取得企业法人营业执照后，方可到建设行政主管部门办理资质申请手续。在其资质等级许可的范围内从事建筑活动。

（2）资质序列　建筑业企业资质分为施工总承包、专业承包和劳务分包。

（3）资质申请与审批　企业应向企业注册地县级以上人民政府行政建设主管部门申请；中央管理的企业直接向国务院建设行政主管部门申请。

（4）新设立的企业申请资质，应当向建设行政主管部门提供下列资料。

① 建筑业企业资质申请表；

② 企业法人营业执照；

③ 企业章程；

④ 企业法定代表人和企业技术、财务、经营负责人的任职文件、职称文件、身份证；

⑤ 企业项目经理资格证书、身份证；

⑥ 企业工程技术和经济管理人员的职称证书；

⑦ 需要出具的其他有关证件、资料。

3.3.2　工程勘察企业资质

工程勘察范围包括建设工程项目的岩土工程、水文地质勘察和工程测量，主要分为以下三个类别。

（1）工程勘察综合资质　工程勘察综合资质是指包括全部工程勘察专业资质的工程勘察资质。

（2）工程勘察专业资质　工程勘察专业资质包括：岩土工程专业资质、水文地质勘察专业资质和工程测量专业资质。其中，岩土工程专业资质包括：岩土工程勘察、岩土工程设计、岩土工程物探测试检测监测等岩土工程（分项）专业资质。

（3）工程勘察劳务资质　工程勘察劳务资质包括：工程钻探和凿井。

3.3.3　工程设计企业资质

工程设计资质标准是为适应社会主义市场经济发展，根据《建设工程勘察设计管理条例》和《建设工程勘察设计资质管理规定》，结合各行业工程设计的特点制定的，主要分为以下四个序列。

（1）工程设计综合资质　工程设计综合资质是指涵盖21个行业的设计资质。

（2）工程设计行业资质　工程设计行业资质是指涵盖某个行业资质标准中的全部设计类型的设计资质。

（3）工程设计专业资质　工程设计专业资质是指某个行业资质标准中的某一个专业的设计资质。

（4）工程设计专项资质　工程设计专项资质是指为适应和满足行业发展的需求，对已形成产业的专项技术独立进行设计以及设计、施工一体化而设立的资质。

3.3.4　工程监理企业资质

工程监理企业资质分为综合资质、专业资质和事务所资质。其中，专业资质按照工程性质和技术特点划分为若干工程类别。综合资质、事务所资质不分级别。专业资质分为甲级、乙级。其中，房屋建筑、水利水电、公路和市政公用专业资质可设立丙级。

（1）综合资质　可以承担所有专业工程类别建设工程项目的工程监理业务。

（2）专业资质

① 专业甲级资质　可承担相应专业工程类别建设工程项目的工程监理业务；

② 专业乙级资质　可承担相应专业工程类别二级以下（含二级）建设工程项目的工程监理业务；

③ 专业丙级资质　可承担相应专业工程类别三级建设工程项目的工程监理业务。

（3）事务所资质　可承担三级建设工程项目的工程监理业务，但是，国家规定必须实行强制监理的工程除外。工程监理企业可以开展相应类别建设工程的项目管理、技术咨询等业务。

3.4 建设工程发包与承包许可

3.4.1 建设工程承发包制度

建设工程承发包制度，是建设单位将工程建设项目委托给专门从事设计、施工的单位负责完成的一种管理制度。采用承发包制时，建设单位（即发包单位）以工程所有者的身份向设计、施工单位发包，并向国家和上级主管部门负责；设计、施工单位（即承包单位）以工程建设者的身份向建设单位承包，并负经济责任。为巩固经济关系，明确双方责任，分工协作，互相制约，互相促进，共同完成任务，建设单位和设计、施工单位应签订承发包合同（或协议）。合同一经签订，便具有法律效力，必须严格执行。《建筑法》对发包的一般规定如下：

（1）建筑工程的发包单位与承包单位应当依法订立书面合同，明确双方的权利和义务。发包单位和承包单位应当全面履行合同约定的义务。不按照合同约定履行义务的，依法承担违约责任。

（2）建筑工程发包与承包的招标投标活动，应当遵循公开、公正、平等竞争的原则，择优选择承包单位。建筑工程的招标投标，本法没有规定的，适用有关招标投标法律的规定。

（3）发包单位及其工作人员在建筑工程发包中不得收受贿赂、回扣或者索取其他好处。承包单位及其工作人员不得利用向发包单位及其工作人员行贿、提供回扣或者给予其他好处等不正当手段承揽工程。

（4）建筑工程造价应当按照国家有关规定，由发包单位与承包单位在合同中约定。公开招标发包的，其造价的约定，须遵守招标投标法律的规定。发包单位应当按照合同的约定，及时拨付工程款项。

3.4.2 建设工程发包方式

（1）招标发包

① 招标发包是指由建设单位设定标的并编制反映其建设内容与要求的合同文件，吸引

承包人参与竞争,按照特定程序择优选择,达成合意并签订合同。

② 招标发包是建筑工程发包的主要形式。建筑工程的发包采用招标投标的方式,可以充分利用供求关系、价值规律和竞争机制。在正常情况下通过招投标可以发挥两个积极作用:建设单位可以减轻发包工程的风险,有效地控制工程工期、质量与投资;可以促使承包人不断采用先进技术,提高经营管理水平,努力降低工程成本。建设工程的发包承包主要采用招标投标方式来进行,对于不宜于招标投标的保密工程、特殊专业工程或施工条件特殊的工程,才采用直接发包(即委托)的方式。

③ 具体的适用招标发包的工程范围。根据《招标投标法》附则的有关规定,涉及国家安全、国家秘密、抢险救灾或者属于利用扶贫资金实行以工代赈、需要使用农民工等特殊情况,不适宜进行招标的项目,按照国家有关规定可以不进行招标。

(2) 直接发包

① 直接发包是指由发包人直接选定特定的承包人,与其进行直接协商谈判,对工程建设达成一致协议后,与其签订建筑工程承包合同的发包方式。

② 这种方式简便易行,节省发包费用,但缺乏竞争机制,易滋生腐败。我国只有少数不适用招标发包的特殊工程,才适用直接发包。这些特殊性体现在两个方面:

a. 工程项目本身的性质不适宜进行发包,如某些保密工程或有特殊专业要求的房屋建筑工程等;

b. 从建筑工程的投资主体上看,对私人投资建设的工程,采用何种方式发包,法律没有加以限制,投资人可以自行选择发包方式。但无论选择何种方式发包,发包人应将建筑工程发包给具有相应资质条件的承包单位。

(3) 提倡对建筑工程实行总承包

① 设计采购施工(EPC)/交钥匙总承包 EPC(Engineering Procurement Construction)是指公司受业主委托,按照合同约定对工程建设项目的设计、采购、施工、试运行等实行全过程或若干阶段的承包。通常公司在总价合同条件下,对其所承包工程的质量、安全、费用和进度进行负责。

较传统承包模式而言,EPC 总承包模式具有以下三个方面的优势:

a. 强调和充分发挥设计在整个工程建设过程中的主导作用,有利于工程项目建设整体方案的不断优化。

b. 有效克服设计、采购、施工相互制约和相互脱节的矛盾,有利于设计、采购、施工各阶段工作的合理衔接,有效地实现建设项目的进度、成本和质量控制符合建设工程承包合同约定,确保获得较好的投资效益。

c. 建设工程质量责任主体明确,有利于确定工程质量责任和追究工程质量责任的承担人。

② 设计采购与施工管理总承包 E+P+CM 模式 设计采购与施工管理总承包〔EPCM:即 Engineering(设计)、procurement(采购)、Construction Management(施工管理)的组合〕是国际建筑市场较为通行的项目支付与管理模式之一,也是我国目前推行总承包模式的一种。EPCM 承包商是通过业主委托或招标而确定的,承包商与业主直接签订合同,对工程的设计、材料设备供应、施工管理进行全面的负责。根据业主提出的投资意图和要求,通过招标为业主选择、推荐最合适的分包商来完成设计、采购、施工任务。设计、采购分包商对 EPCM 承包商负责,而施工分包商则不与 EPCM 承包商签订合同,但其接受 EPCM 承包商的管理,施工分包商直接与业主具有合同关系。因此,EPCM 承包商无需承担施工合同风险和经济风险。当 EPCM 总承包模式实施一次性总报价方式支付时,EPCM 承包商的经济风险被控制在一定的范围内,承包商承担的经济风险相对较小,获利较为稳定。

③ 设计-施工总承包（D-B） 设计-施工总承包是指工程总承包企业按照合同约定，承担工程项目设计和施工，并对承包工程的质量、安全、工期、造价全面负责。

④ 根据工程项目的不同规模、类型和业主要求，工程总承包还可采用设计-采购总承包（E-P）、采购-施工总承包（P-C）等方式。

(4) 禁止将建筑工程肢解发包

① 肢解发包不利于工程项目的管理；

② 肢解发包可能导致发包人变相规避招标；

③ 肢解发包增加了发包人管理的成本和发包的成本。

(5) 发包单位不得指定承包单位采购 《建筑法》规定：按照合同约定，建筑材料、建筑构配件和设备由工程承包单位采购的，发包单位不得指定承包单位购入用于工程的建筑材料、建筑构配件和设备或者指定生产厂、供应商。

3.4.3 建设工程承包制度的相关解释

(1) 承包建筑工程的单位应当持有依法取得的资质证书，并在其资质等级许可的业务范围内承揽工程。禁止建筑施工企业超越本企业资质等级许可的业务范围或者以任何形式用其他建筑施工企业的名义承揽工程。禁止建筑施工企业以任何形式允许其他单位或者个人使用本企业的资质证书、营业执照，以本企业的名义承揽工程。

(2) 大型建筑工程或者结构复杂的建筑工程，可以由两个以上的承包单位联合共同承包。共同承包的各方对承包合同的履行承担连带责任。两个以上不同资质等级的单位实行联合共同承包的，应当按照资质等级低的单位的业务许可范围承揽工程。

(3) 禁止承包单位将其承包的全部建筑工程转包给他人，禁止承包单位将其承包的全部建筑工程肢解以后以分包的名义分别转包给他人。

(4) 建筑工程总承包单位可以将承包工程中的部分工程发包给具有相应资质条件的分包单位；但是，除总承包合同中约定的分包外，必须经建设单位认可。建筑工程主体结构的施工必须由总承包单位自行完成。建筑工程总承包单位按照总承包合同的约定对建设单位负责；分包单位按照分包合同的约定对总承包单位负责。总承包单位和分包单位就分包工程对建设单位承担连带责任。

禁止总承包单位将工程分包给不具备相应资质条件的单位。禁止分包单位将其承包的工程再分包。

3.4.4 建设工程分包制度

(1) 房屋建筑和市政基础设施工程施工分包分为专业工程分包和劳务作业分包。专业工程分包，是指施工总承包企业（以下称专业分包工程发包人）将其所承包工程中的专业工程发包给具有相应资质的其他建筑业企业（以下称专业分包工程承包人）完成的活动；劳务作业分包，是指施工总承包企业或者专业承包企业（以下称劳务作业发包人）将其承包工程中的劳务作业发包给劳务分包企业（以下称劳务作业承包人）完成的活动。

(2) 房屋建筑和市政基础设施工程施工分包活动必须依法进行。鼓励发展专业承包企业和劳务分包企业，提倡分包活动进入有形建筑市场公开交易，完善有形建筑市场的分包工程交易功能。

(3) 建设单位不得直接指定分包工程承包人。任何单位和个人不得对依法实施的分包活动进行干预。

(4) 分包工程承包人必须具有相应的资质，并在其资质等级许可的范围内承揽业务。严禁个人承揽分包工程业务。

(5) 专业工程分包除在施工总承包合同中有约定外，必须经建设单位认可。专业分包工程承包人必须自行完成所承包的工程。劳务作业分包由劳务作业发包人与劳务作业承包人通过劳务合同约定。劳务作业承包人必须自行完成所承包的任务。

(6) 分包工程发包人和分包工程承包人应当依法签订分包合同，并按照合同履行约定的义务。分包合同必须明确约定支付工程款和劳务工资的时间、结算方式以及保证按期支付的相应措施，确保工程款和劳务工资的支付。分包工程发包人应当在订立分包合同后7个工作日内，将合同送工程所在地县级以上地方人民政府建设行政主管部门备案。分包合同发生重大变更的，分包工程发包人应当自变更后7个工作日内，将变更协议送原备案机关备案。

(7) 分包工程发包人应当设立项目管理机构，组织管理所承包工程的施工活动。项目管理机构应当具有与承包工程的规模、技术复杂程度相适应的技术、经济管理人员。其中，项目负责人、技术负责人、项目核算负责人、质量管理人员、安全管理人员必须是本单位的人员。具体要求由省、自治区、直辖市人民政府建设行政主管部门规定。

(8) 分包工程发包人可以就分包合同的履行，要求分包工程承包人提供分包工程履约担保；分包工程承包人在提供担保后，要求分包工程发包人同时提供分包工程付款担保的，分包工程发包人应当提供。

(9) 禁止将承包的工程进行转包。不履行合同约定，将其承包的全部工程发包给他人，或者将其承包的全部工程肢解后以分包的名义分别发包给他人的，属于转包行为。

(10) 禁止将承包的工程进行违法分包。下列行为属于违法分包：①分包工程发包人将专业工程或者劳务作业分包给不具备相应资质条件的分包工程承包人的；②施工总承包合同中未有约定，又未经建设单位认可，分包工程发包人将承包工程中的部分专业工程分包给他人的。

(11) 禁止转让、出借企业资质证书或者以其他方式允许他人以本企业名义承揽工程。分包工程发包人没有将其承包的工程进行分包，在施工现场所设项目管理机构的项目负责人、技术负责人、项目核算负责人、质量管理人员、安全管理人员不是工程承包人本单位人员的，视同允许他人以本企业名义承揽工程。

(12) 分包工程承包人应当按照分包合同的约定对其承包的工程向分包工程发包人负责。分包工程发包人和分包工程承包人就分包工程对建设单位承担连带责任。

(13) 分包工程发包人对施工现场安全负责，并对分包工程承包人的安全生产进行管理。专业分包工程承包人应当将其分包工程的施工组织设计和施工安全方案报分包工程发包人备案，专业分包工程发包人发现事故隐患，应当及时作出处理。分包工程承包人就施工现场安全向分包工程发包人负责，并应当服从分包工程发包人对施工现场的安全生产管理。

基础测试

1. 工程勘察包括建设工程项目的_____、_____、_____。
2. 建设工程有_____、_____两种发包方式。
3. 房屋建筑和市政基础设施工程施工分包可分为_____、_____。

思考提高

1. 什么是建筑施工许可？
2. 什么是建筑工程施工许可证？
3. 不需要申请施工许可证的工程类型有哪些？
4. 什么是工程建设承发包制？
5. 房屋建筑和市政基础设施工程施工分包可分为哪些？

综合运用

某地产开发商A在某市区参与建设工程，投资1亿，修建1座电影院，1座酒店，2座写字楼，建设工期为18个月，进行公开招标后B建筑公司中标，随后A与B签订了工程项目总承包合同，双方约定保证工期、工程质量优良，并可以将写字楼分包给其下属公司施工。随后B将写字楼分包给了其下属单位C，并签订了分包协议。在工程实施中，C为加快进度，将其中1座写字楼分包给了没有资质的施工队。工程竣工后，A在对工程验收时发现C施工的写字楼存在质量问题，如不整改则无法交付，给A带来了损失，C以没有与A签订合同为由拒绝承担责任，B则以不是实际施工方拒绝承担责任，A于是向法院起诉B为第一被告，C为第二被告。试分析上述材料中C的行为是否合法？属于什么行为？该事件应该由谁来承担责任？为什么？

第 4 章

工程建设程序法规及执业资格法规

工程建设程序法规及执业资格法规
- 工程建设程序法规的概念
- 工程建设程序阶段的划分
- 工程建设前期及准备阶段的内容
  - 工程建设前期阶段内容
  - 工程建设准备阶段内容
- 工程建设实施阶段的内容
- 工程竣工验收与保修阶段的内容
- 工程建设执业资格法规
- 工程建设从业单位资质管理
  - 建设工程企业类型
  - 资质等级的基本要求、资质证书的概念
  - 从业要求
- 建设工程专业技术人员执业资格管理
  - 注册结构工程师制度
  - 注册监理工程师制度
  - 注册建造师制度
  - 注册造价工程师制度
  - 注册建筑师制度
  - 关键岗位从业资格管理

4.1 工程建设程序法规的概念

工程建设是指土木建筑工程、线路管道和设备安装工程、建筑装饰工程等工程项目的新建、扩建和改建,是形成固定资产的基本生产过程及与之相关联的其他建设工作的总称。

(1) 建筑工程包括矿山、铁路、隧道、桥梁、堤坝、电站、码头、飞机场、运动场、房屋(如厂房、剧院、旅馆、商店、学校和住宅)等工程。

(2) 线路管道和设备安装工程包括电力、通信线路、石油、燃气、给水、排水、供热等管道系统和各类机械设备、装置的安装工程。

(3) 建筑装饰装修工程是指为使建筑物、构筑物内外空间达到一定环境质量要求,使用建筑装饰装修材料,对建筑物的外表和内部进行修饰处理的工程。

（4）其他工程建设工作包括建设单位及其主管部门的投资决策活动以及征用土地、工程勘察设计、工程监理等。这些工作是工程建设不可缺少的内容。

工程建设程序是指工程项目从策划、评估、决策、设计、施工到竣工验收、投入生产或交付使用的整个建设过程中，各项工作必须遵循的先后工作次序。工程项目建设程序是工程建设过程客观规律的反映，是建设工程项目科学决策和顺利进行的重要保证。工程项目建设程序是人们长期在工程项目建设实践中得出来的经验总结，不能任意颠倒，但可以合理交叉。

工程建设程序法规就是调整工程建设程序活动中发生的各种社会关系的法律规范的总称。

4.2 工程建设程序阶段的划分

我国工程建设程序共分五个阶段：

（1）工程建设前期阶段（决策分析） 工程建设前期阶段即决策分析阶段，这一阶段主要是对工程项目投资的合理性进行考察和对工程项目进行选择。这个阶段包含投资意向、投资机会分析、项目建议书、可行性研究、审批立项几个环节。

① 投资意向 是投资主体发现社会存在合适的投资机会所产生的投资愿望。它是工程建设活动的起点，也是工程建设得以进行的必备条件。

② 投资机会分析 投资机会分析是投资主体对投资机会所进行的初步考察和分析，如果考察和分析的结果表明投资是可行的，则可进行进一步的行动。

③ 项目建议书 是投资机会分析结果文字化后所形成的书面文件，以方便投资决策者分析、抉择。大中型和限额以上项目的投资项目建议书，由行业归口主管部门初审后，再由国家发展和改革审批的项目建议书，按隶属关系，由主管部门或地方发展和改革审批。

④ 可行性研究 是指项目建议书被批准后，对拟建项目在技术上是否可行、经济上是否合理等内容所进行的分析论证。广义的可行性研究还包括投资机会分析。

⑤ 审批立项 审批立项是有关部门对可行性研究报告的审查批准程序，审批通过后即予以立项，正式进入工程项目的建设准备阶段。

（2）工程建设准备阶段 工程建设准备是为勘察、设计、施工创造条件所做的建设现场、建设队伍、建设设备等方面的准备工作。这一阶段包括规划、获取土地使用权、拆迁、报建、工程承发包等主要环节。

① 规划 在规划区内建设的工程，必须符合城市规划或村庄、集镇规划的要求。其工程选址和布局，必须取得城市规划行政主管部门或村、镇规划主管部门的同意、批准。在城市规划区内进行工程建设的，要依法先后领取城市规划行政主管部门核发的"选址意见书""建设用地规划许可证""建设工程规划许可证"，方能进行获取土地使用权、设计、施工等相关建设活动。

② 获取土地使用权 我国的《中华人民共和国土地管理法》规定：农村和城市郊区的土地，除由法律规定属于国家所有的以外，属于农民集体所有。工程建设用地都必须通过国家对土地使用权的出让或划拨而取得，在农民集体所有的土地上进行工程建设的，也必须先由国家征用农民土地，然后再将土地使用权出让或划拨给建设单位或个人。

③ 拆迁　国务院颁发的《城市房屋拆迁管理条例》规定，申请领取房屋拆迁许可证的，应当向房屋所在地的市、县人民政府房屋拆迁管理部门提交下列资料：（一）建设项目批准文件；（二）建设用地规划许可证；（三）国有土地使用权批准文件；（四）拆迁计划和拆迁方案；（五）办理存款业务的金融机构出具的拆迁补偿安置资金证明。

市、县人民政府房屋拆迁管理部门应当自收到申请之日起 30 日内，对申请事项进行审查；经审查，对符合条件的，颁发房屋拆迁许可证。

④ 报建　建设项目被批准立项后，建设单位或其代理机构必须持工程项目立项批准文件、银行出具的资信证明、建设用地的批准文件等资料，向当地建设行政主管部门或其授权机构进行报建。凡未报建的工程项目，不得办理招标手续和发放施工许可证，设计、施工单位不得承接该项目的设计、施工任务。

⑤ 工程发包与承包　建设单位或其代理机构在上述准备工作完成后，须对拟建工程进行发包，以择优选定工程勘察设计单位、施工单位或总承包单位。工程发包与承包有招标投标和直接发包两种方式，为鼓励公平竞争，建立公正的竞争秩序，国家提倡招标投标方式，并对许多工程强制进行招标投标。

（3）工程建设实施阶段

① 工程勘察设计　设计是工程项目建设的重要环节，设计文件是制订建设计划、组织工程施工和控制建设投资的依据。设计与勘察是密不可分的，设计必须在进行工程勘察，取得足够的地质、水文等基础资料之后才能进行。另外，勘察工作也服务于工程建设的全过程。在工程选址、可行性研究、工程施工等各阶段，也必须进行勘察。

② 施工准备　施工准备包括施工单位在技术、物资方面的准备和建设单位取得开工许可两方面的内容。

③ 工程施工　工程施工管理具体包括施工调度、施工安全、文明施工、环境保护等几方面的内容。

④ 生产准备　生产准备是指工程施工临近结束时，为保证建设项目能及时投产使用所进行的准备活动。如招收和培训必要的生产人员，组织人员参加设备安装调试和工程验收，组建生产管理机构，制定规章制度，收集生产技术资料和样品，落实原材料、外协产品、燃料、水、电的来源及其他配合条件等。

（4）工程验收与保修阶段

① 工程竣工验收　根据《建筑法》及国务院发布的《建设工程质量管理条例》等相关法规规定，交付竣工验收的工程必须具备下列条件：

a. 完成建设工程设计和合同约定的各项内容；

b. 有完整的技术档案和施工管理资料；

c. 有工程使用的主要建筑材料、建筑构配件和设备的进场试验报告；

d. 有勘察、设计、施工、工程监理等单位分别签署的质量合格文件；

e. 有施工单位签署的工程保修书。

竣工验收的依据是已批准的可行性研究报告、初步设计或扩大初步设计、施工图和设备技术说明书以及现行施工技术验收的规范和主管部门（公司）有关审批、修改、调整的文件等。工程验收合格后，方可交付使用。此时承发包双方应尽快办理固定资产移交手续和工程结算，将所有工程款项结算清楚。

② 工程保修　根据《建筑法》及相关法规的规定，工程竣工验收交付使用后，在保修期限内，承包单位要对工程中出现的质量缺陷承担保修与赔偿责任。

（5）终结阶段　包括生产运营和投资后评价，建设项目后评价是工程项目竣工投产、生产运营一段时间后，在对项目的立项决策、设计施工、竣工投产、生产运营等全过程进行系统评价的一种技术活动,是固定资产管理的一项重要内容,也是固定资产投资管理的最后一个环节。

4.3 工程建设前期阶段及准备阶段的内容

4.3.1 工程建设前期阶段的内容

工程建设前期阶段,主要是对工程项目投资的合理性进行考察和对工程项目进行选择。对投资者来讲,是进行战略决策。主要分为投资意向、投资机会分析、项目建议书、可行性研究、审批立项等几个环节。

4.3.2 工程建设准备阶段的内容

工程建设准备是为勘察、设计、施工创造条件所做的建设现场、建设队伍、建设设备等方面的准备工作。主要分为规划、征地、拆迁、报建、工程承发包几个环节。

4.4 工程建设实施阶段的内容

(1) 工程勘察设计　勘察设计是工程建设的重要环节,勘察设计的好坏不仅影响建设工程的投资效益和质量安全,其技术水平和指导思想对城市建设的发展也会产生重大影响。建设工程勘察是指根据建设工程的要求,查明、分析、评价建设场地的地质地理环境特征和岩土工程条件,编制建设工程勘察文件的活动。

(2) 施工准备　是指为拟建工程的施工创造必要的技术、物资条件,动员安排施工力量,部署施工现场,确保施工顺利进行。施工准备工作要有计划、有步骤、分期和分阶段进行,贯穿于整个施工过程的始终,包括技术准备、现场准备、物资准备、人员准备和季节准备。

(3) 工程施工　根据建设工程设计文件的要求,对建设工程进行新建、扩建、改建的活动。

(4) 生产准备　生产准备是项目业主为保证工程建成后能及时投入正常运营而进行的各项准备工作。生产准备是尽早达到项目设计能力及竣工投产的必要桥梁。主要包括:

① 招收和培训人员;
② 生产组织准备;
③ 生产技术准备;
④ 生产资料准备。

4.5 工程竣工验收与保修阶段的内容

（1）工程竣工验收
① 完成建设工程设计和合同约定的各项内容；
② 有完整的技术档案和施工管理资料；
③ 有工程使用的主要建筑材料、建筑构配件和设备的进场试验报告；
④ 有勘察、设计、施工、工程监理等单位分别签署的质量合格文件；
⑤ 有施工单位签署的工程保证书。
（2）工程保修
① 保修范围　按照我国《建筑法》第六十二条规定，建筑工程的保修范围应当包括：地基基础工程、主体结构工程、屋面防水工程和其他土建工程，以及电气管线、上下水管线的安装工程，供热、供冷系统工程等项目。
② 保修期限
a. 基础设施工程、房屋建筑的地基基础工程和主体结构工程，为设计文件规定的该工程的合理使用年限；
b. 屋面防水工程、有防水要求的卫生间、房间和外墙面的防渗漏，为 5 年；
c. 供热与供冷系统，为 2 个采暖期、供冷期；
d. 电气管线、给排水管道、设备安装和装修工程，为 2 年。

4.6 工程建设执业资格法规

工程建设执业资格制度就是国家通过法定条件和立法程序对建设活动主体及其个人进行认定和批准，赋予其在法律所规定的范围内从事一定建设活动的制度。建设从业资格制度具体包含从业单位资质制度和从业人员执业资格制度两个方面的内容。工程建设执业资格法规是指调整工程建设执业资格活动中发生的各种社会关系的法律规范的总称。

4.7 工程建设从业单位资质管理

工程建设从业单位需提交规定的证明文件，向资质主管部门提出申请，经审查合格后，可获得相应资质，并核发资质等级证书。

4.7.1 建设工程企业类型

建设工程企业是指从事建设工程活动的企业或单位。

我国从事工程建设活动的单位主要分为：
(1) 房地产开发企业

① 房地产开发企业是指在城市及村镇从事土地开发、房屋及基础设施和配套设备开发经营业务，具有企业法人资格的经济实体。

② 房地产开发企业有专营和兼营两类。专营企业是指以房地产开发经营为主的企业；兼营企业是指以其他经营项目为主，兼有房地产开发经营业务的企业。

(2) 工程勘察设计单位

① 工程勘察设计单位是指依法取得资格，从事工程勘察、工程设计活动的单位。

② 工程勘察分为水文地质勘察、岩土工程、工程测量3个专业。

③ 工程设计按归口管理部门分为煤炭、化工石化医药、石油天然气、电力、冶金、军工、机械、商物粮、核工业、电子通信广电、轻纺、建材、铁道、公路、水运、民航、市政、海洋、水利、农林、建筑等21个行业。

④ 当前，我国对工程勘察和工程设计的资格实行一业一认证制度。

(3) 工程监理单位

① 工程监理单位是指取得监理资质证书，具有法人资格的单位。

② 监理单位的形式有监理公司，监理事务所，兼营监理业务的工程设计、科学研究及工程建设咨询单位。

(4) 建筑业企业　建筑业企业是指从事土木建筑工程、线路管道及设备安装工程、装修装饰工程等新建、扩建、改建活动的企业。它又分为施工总承包企业、专业承包企业、劳务分包企业。

① 施工总承包企业是指可在资质证书许可范围内从事施工总承包、工程总承包、工程项目管理等业务的企业。施工总承包企业可以对所承接的施工总承包工程内各专业工程全部自行施工，也可以将专业工程或劳务作业依法分包给具有相应资质的专业承包企业或劳务分包企业。

② 专业承包企业是指可以承接施工总承包企业分包的专业工程和建设单位依法发包的专业工程的企业。专业承包企业可以对所承接的专业工程全部自行施工，也可以将劳务作业依法分包给具有相应资质的劳务分包企业，但是不能进行工程施工总承包。

③ 劳务分包企业是指可以承接施工总承包企业或专业承包企业分包的劳务作业的企业，但不得从事工程施工总承包及专业分包活动。

4.7.2　资质等级的基本要求、资质证书的概念

(1) 建设工程从业单位的资质等级

① 工程勘察单位的资质等级　工程勘察资质：综合资质、专业资质、劳务资质。

等级：综合资质只设甲级；专业资质设甲级、乙级，根据工程性质和技术特点，部分专业可以设丙级；劳务资质不分等级。

从业范围：综合资质的企业，可以承接各专业（海洋工程勘察除外）、各等级工程勘察业务；专业资质的企业，可以承接相应等级相应专业的工程勘察业务；劳务资质的企业，可以承接岩土工程治理、工程钻探、凿井等工程勘察劳务业务。

② 工程设计单位的资质等级　工程设计资质：综合资质、行业资质（21项）、专业资质、专项资质。

等级：综合资质只设甲级；行业资质、专业资质、专项资质设甲级、乙级；根据工程性

质和技术特点，个别行业、专业、专项资质可以设丙级；建筑工程专业资质可以设丁级。

从业范围：综合资质的企业，可以承接各行业、各等级的建设工程设计业务；行业资质的企业，可以承接相应行业相应等级的工程设计业务及本行业范围内同级别的相应专业、专项（设计施工一体化资质除外）工程设计业务；专业资质的企业，可以承接本专业相应等级的专业工程设计业务及同级别的相应专项工程设计业务（设计施工一体化资质除外）；专项资质的企业，可以承接本专项相应等级的专项工程设计业务。

③ 施工总承包企业的资质等级　资质：建筑工程、公路工程、铁路工程、市政公用工程等12个。

等级：特级，一、二、三级。根据企业资产、专技人员、工程业绩、技术装备来确定。

建筑工程施工总承包企业承担任务范围：

特级：不受限制。

一级：单项合同金额3000万元以上的高度200m以下工业、民用建筑工程；高度240m以下构筑物的项目。

二级：高度100m以下建筑物；高度120m以下工业、民用建筑工程；建筑面积15万平方米以下单体建筑工程/单跨跨度39m以下建筑工程。

三级：高度50m以下建筑物；高度70m以下工业、民用建筑工程；建筑面积8万平方米以下单体建筑工程/单跨跨度27m以下建筑工程。

④ 专业承包企业的资质等级　旧标准：60个资质类别，包括地基与基础工程、土石方工程、建筑幕墙工程、钢结构工程等。分为1～3个级别。

新标准：专业承包序列设有36个类别，一般分为1～3个等级（一级、二级、三级）。

⑤ 劳务分包企业的资质等级　旧标准：13个资质类别，包括木工作业、砌筑作业、抹灰作业、油漆制作、油漆作业、钢筋作业、脚手架作业等。分为1～2个级别。

新标准：不再区分劳务资质类别和划分等级；取得施工劳务资质的企业"可承担各类施工劳务作业"；提高了施工劳务企业的资质标准要求。

⑥ 监理企业的资质等级　工程监理企业资质分为综合资质、专业资质和事务所资质。其中，专业资质按照工程性质和技术特点划分为若干工程类别。综合资质、事务所资质不分级别。专业资质分为甲级、乙级；其中，房屋建筑、水利水电、公路和市政公用专业资质可设立丙级。

⑦ 工程造价咨询单位的资质等级　甲级：各类建设项目的工程造价咨询业务。

乙级：工程造价5000万元以下的各类工程。

根据《国务院关于深化"证照分离"改革进一步激发市场主体发展活力的通知》（国发〔2021〕7号），工程造价咨询资质在全国范围内正式取消，自2021年7月1日实施。

（2）建筑业企业资质证书的概念　根据《建筑业企业资质管理规定》，建筑业企业应当按照其拥有的注册资本、净资产、专业技术人员、技术装备和已完成的建筑工程业绩等资质条件申请资质，经审查合格，取得相应等级的资质证书后，方可在其资质等级许可的范围内从事建筑活动。

4.7.3　从业要求

从事建设工程企业或单位应具备以下条件：

（1）有符合国家规定的注册资本；

（2）有与其从事的建筑活动相适应的具有法定执业资格的专业技术人员；

(3) 有从事相关建筑活动所应有的技术装备；
(4) 法律、行政法规规定的其他条件。

4.8 建设工程专业技术人员执业资格管理

4.8.1 注册结构工程师制度

(1) 注册结构工程师的概念　注册结构工程师是指取得中华人民共和国注册结构工程师执业资格证书和注册证书，从事房屋结构、桥梁结构及塔架结构等工程设计及相关业务的专业技术人员。根据我国《注册结构工程师执业资格制度暂行规定》，注册结构工程师分为一、二两级。一级注册结构工程师执业的范围不受工程规模及工程复杂程度的限制，二级注册结构工程师的执业范围只限于承担国家规定的民用建筑工程。

(2) 注册结构工程师执业资格管理机构　由全国和省、自治区、直辖市的注册结构工程师管理委员会负责进行，并由住建部、人社部和省、自治区、直辖市人民政府建设行政主管部门、人事行政主管部门进行指导、监督和管理。

(3) 注册结构工程师执业资格的考试

① 报名条件　对专业、学历或学位、职业实践最少时间针对一级、二级做了相应要求，具体参照当年报名要求。

② 考试科目　一级注册结构工程师设基础考试和专业考试两部分，二级注册结构工程师只考专业课，具体参照当年报名要求。

(4) 注册结构工程师的注册　有下列情形之一的，将不能获准注册。

① 不具备完全民事行为能力的。

② 因受刑事处罚，自处罚完毕之日起至申请注册之日止不满5年的。

③ 因在结构工程设计或相关业务中犯有错误受到行政处罚或者撤职以上行政处分，自处罚、处分决定之日起至申请注册之日止不满2年的。

④ 受吊销注册结构工程师注册证书处罚，自处罚决定之日起至申请注册之日止不满5年的。

⑤ 住建部和国务院有关部门规定不予注册其他情形的。

发生下列情形之一，注册结构工程师管理委员会将撤销其注册，并收回注册证书。

① 完全丧失民事行为能力的。

② 受刑事处罚的。

③ 因在工程设计或者相关业务中造成工程事故，受到行政处罚或者撤职以上行政处分的。

④ 自行停止注册结构工程师业务满2年的。

(5) 注册结构工程师的执业

① 执业范围　注册结构工程师可从事结构工程设计；结构工程设计技术咨询；建筑物、构筑物、工程设施等调查和鉴定；对本人主持设计的项目进行施工指导和监督及住建部和国务院有关部门规定的其他业务。

② 执业要求及责任　不允许注册结构工程师个人单独执业，所以注册结构工程师必须加入一个勘察设计单位后才能执业，并由单位统一接收设计业务和统一收费。注册结构工程师因结构设计质量造成经济损失时，其赔偿责任先由勘察设计单位承担，然后再向注册结构工程师追偿。

(6) 注册结构工程师的权利和义务

① 权利　国家规定的一定跨度、高度等以上的结构工程设计，应由注册结构工程师主持设计；只有注册结构工程师才有权以注册结构工程师的名义执行注册结构工程师的业务。

② 义务　必须遵守法律、法规和职业道德，维护社会公共利益；保证工程设计的质量，并在其负责的设计图纸上签字盖章；保守在执业中知悉的单位和个人的秘密；不得同时受聘于两个以上勘察设计单位执行业务，也不得准许他人以本人名义执行业务；还要按规定接受必要的继续教育，定期进行业务和法规的培训，并作为重新注册的依据。

4.8.2　注册监理工程师制度

(1) 注册监理工程师概念　注册监理工程师是指经全国统一考试合格并经注册的工程建设监理人员。世界上大多数国家并未设立单独的注册监理工程师制度，其工程监理资格是与其他执业资格联系在一起的。我国根据国情的需要，于1992年开始建立注册监理工程师制度，规定监理工程师为岗位职务，并按专业设置相应的岗位。

(2) 注册监理工程师执业资格管理机构　注册监理工程师的资格考试，由全国及各省、自治区、直辖市和国务院有关部门的监理工程师资格考试委员会负责制定考试大纲，确定考试内容与合格标准，监督和指导各地、各部门资格考试委员会负责考试报名和参考人员的资格审查，组织考试及评卷等工作。各级资格考试委员会为非常设机构，于每年考前六个月组成并开始工作。监理工程师的注册管理工作由国务院建设行政管理部门统一管理。各省、自治区、直辖市及国务院有关部门具体管理并承办本行政区或本部门监理工程师的注册工作。

(3) 注册监理工程师执业资格考试

① 报名条件　对专业、学历或学位、职业实践最少时间做了相应要求，具体参照当年报名要求。

② 考试科目　考试科目有工程建设监理基本理论和相关法规，工程建设合同管理，工程建设质量、投资、进度控制，工程建设监理案例分析四科。具有工程技术或工程经济专业高级专业职称，毕业年限及从事工程设计、施工管理和工程监理工作满足规定要求的，可免试工程建设合同管理和工程建设质量、投资、进度控制两科。

③ 考试方法　采取全国统一大纲、统一命题、统一组织的办法。每年举行一次。考场一般设在省会城市，经人社部、住建部批准也可在其他城市设置。

(4) 监理工程师的注册

① 通过监理工程师资格考试者可获取监理工程师资格证书，在执业注册前，不得以监理工程师的名义从事工程建设监理及相关业务。领证之日起，五年内不进行执业注册，其证书失效。申请注册时，应由其被聘用的监理单位统一向本地区或本部门注册管理机构提出，具备下述条件者可获准注册：a. 热爱中华人民共和国，拥护社会主义制度，遵纪守法，遵守监理职业道德；b. 身体健康，胜任工程建设的现场监理工作；c. 已取得监理工程师资格证书。

② 国家行政机关现职工作人员，不得申请监理工程师注册。已经注册的监理工程师，不得以个人名义私自承接工程建设监理业务。注册管理机构每五年对监理工程师的注册复查

一次,对不符合条件的,注销其注册。

4.8.3 注册建造师制度

(1) 注册建造师的概念　建造师是指从事建设工程项目总承包和施工管理关键岗位的专业技术人员。注册建造师是指通过考核认定或考试合格取得中华人民共和国建造师资格证书,并按照有关规定注册取得中华人民共和国建造师注册证书和执业印章,担任施工单位项目负责人及从事相关活动的专业技术人员,分为一级建造师和二级建造师。

(2) 注册建造师执业资格管理机构

① 注册建造师的资格考试　一级建造师执业资格实行全国统一大纲、统一命题、统一组织的考试制度,由人社部、住建部共同组织实施,原则上每年举行一次考试;二级建造师执业资格实行全国统一大纲,各省、自治区、直辖市命题并组织考试。

② 住建部或其授权机构为一级建造师执业资格的注册管理机构;各省、自治区、直辖市建设行政主管部门制定本行政区域内二级建造师执业资格的注册办法,报住建部或其授权机构备案。

(3) 注册建造师执业资格考试

① 报名条件　对专业、学历或学位、职业实践最少时间针对一级、二级做了相应要求,具体参照当年报名网站。

② 考试科目

a. 注册二级建造师:建设工程施工管理、建设工程法规及相关知识、专业工程管理与实务(设置6个专业类别:建筑工程、公路工程、水利水电工程、市政公用工程、矿业工程和机电工程)。

b. 注册一级建造师:建设工程经济、建设工程法规及相关知识、建设工程项目管理、专业工程管理与实务(设置10个专业类别:建筑工程、公路工程、铁路工程、民航机场工程、港口与航道工程、水利水电工程、市政公用工程、通信与广电工程、矿业工程、机电工程)。

③ 考试方法

a. 一级建造师:住建部负责编制一级建造师执业资格考试大纲和组织命题工作,统一规划建造师执业资格的培训等有关工作。

b. 二级建造师:住建部负责拟定二级建造师执业资格考试大纲,人社部负责审定考试大纲。培训工作按照培训与考试分开、自愿参加的原则进行。

(4) 注册建造师的注册　取得建造师执业资格证书且符合注册条件的人员,必须经过注册登记后,方可以建造师名义执业。准予注册的申请人员,分别获得《中华人民共和国一级建造师注册证书》《中华人民共和国二级建造师注册证书》。已经注册的建造师必须接受继续教育,更新知识,不断提高业务水平。建造师执业资格注册有效期一般为3年,期满前3个月,要办理再次注册手续。

(5) 注册建造师/项目经理　项目经理是受企业法定代表人委托,对工程项目施工过程进行全面管理的项目负责人,也是建筑施工企业法定代表人在工程项目上的代表人。《建筑施工企业项目经理资质管理办法》规定,二级以上的工程施工总承包企业和四级以上的工程专业承包企业都必须实行项目经理持证上岗制。我国已于2004年开始实行注册建造师考试制度。2004—2008年是建造师与项目经理证并轨使用,2008年后必须是注册建造师才有资格担任项目经理。在行使项目经理职责时,一级注册建造师可以担任《建筑业企业资质等级标准》中规定的特级、一级建筑业企业资质的建设工程项目施工的项目经理;二级注册建造师可以担任二级建筑业企业资质的建设工程项目施工的项目经理。

4.8.4 注册造价工程师制度

(1) 注册造价工程师及注册造价工程师制度的概念

① 注册造价工程师是指经全国统一考试合格,取得造价工程师执业资格证书,并从事建筑工程造价业务活动的专业技术人员。

② 国家在工程造价领域实施造价工程师执业资格制度,其属于国家统一规划的专业技术人员执业资格制度范围。凡从事工程建设活动的建设、设计、施工、工程造价咨询、工程造价管理等单位和部门,必须在计价、评估、审查(核)、控制及管理岗位配备具有造价工程师执业资格的专业技术人员。

③ 人社部和住建部共同负责全国造价工程师执业资格制度的政策制定、组织协调、资格考试、注册登记和监督管理工作。

(2) 注册造价师的考试与注册

① 国家实行造价工程师执业资格统一考试制度,采取全国统一大纲、统一命题、统一组织的办法,原则上每年组织一次。

② 参加考试的人员必须符合一定条件,由本人提出申请,并提供必要的证明文件,经批准后,方可参加考试。

③ 1996年6月28日以前从事工程造价管理工作并具有高级专业技术职务的人员,经考核合格,可通过认定办法取得造价工程师资格。

④ 通过造价工程师执业资格考试或考核的合格者,获得由省、自治区、直辖市人力资源社会保障部门统一印制的、人力资源社会保障部与住房和城乡建设部共同用印的《造价工程师执业资格证书》,该证书在全国范围内有效。证书获得者可根据工作需要直接被聘任为工程师或经济师专业技术职务。

⑤ 经考试(考核)合格的人员,在取得造价工程师执业资格证书三个月内到当地省级或部级注册管理机构办理注册手续。造价工程师的有效期为三年,在有效期满前三个月,持证者应到原注册机构重新办理注册手续。

(3) 注册造价工程师的权利与义务

① 注册造价工程师的权利

a. 有独立依法执行造价工程师岗位业务并参与工程项目管理的权利。

b. 有在所经办的工程造价成果上签字的权利;凡经造价工程师签字的工程造价文件需修改时应经本人同意。

c. 有使用造价工程师名称的权利。

d. 有依法申请开办工程造价咨询单位的权利。

e. 对违反国家有关法律法规规定的意见和行为,有权提出劝告,拒绝执行并向上级或有关部门报告的权利。

② 注册造价工程师的义务

a. 必须熟悉并严格执行国家有关工程造价的法律法规和规定。

b. 恪守职业道德和行业规范,遵纪守法,秉公办事。对经办的工程造价文件质量负有经济与法律责任。

c. 及时掌握国内外新技术、新资料、新工艺的发展情况,为工程造价部门制定、修订工程定额提供依据。

d. 自觉接受继续教育，更新知识，积极参加职业培训，不断提高业务技术水平。
e. 不得参与经办工程有关的单位事关本项工程的经营活动。
f. 严格保守执业中得知的技术和经济秘密。

4.8.5 注册建筑师制度

注册建筑师是指依法取得注册建筑师证书并从事房屋建筑设计及相关业务的人员。我国注册建筑师分为一级和二级。

注册建筑师的执业范围包括建筑设计、建筑设计技术咨询、建筑物调查与鉴定、对本人主持设计的项目进行施工指导和监督以及国务院建设行政主管部门规定的其他业务。

4.8.6 关键岗位从业资格管理

(1) 关键岗位持证上岗制度　所谓关键岗位，是指建筑业、房地产业、市政公用事业等企事业单位中关系着工程质量、产品质量、服务质量、经济效益、生产安全和人民财产安全的重要岗位。为此，我国实行了建设企事业单位关键岗位持证上岗的制度。规定凡需在关键岗位上工作的人员，必须经过有关部门或机构的培训和考试，并通过业绩考核后才能领取相应的岗位合格证书。未取得岗位合格证的人员，一律不得在关键岗位上工作。同时，在各建设企事业的资质等级评定标准中，对持证上岗方面的要求也作出了明确规定，凡达不到规定要求的，将被降低资质等级并不得参加企业升级和先进企事业单位评选。

(2) 关键岗位持证上岗制度管理机构

① 主管部门　国务院建设行政主管部门主管全国建设企事业单位关键岗位持证上岗工作。省、自治区、直辖市建设行政主管部门负责本行政区域内建设企事业单位的关键岗位持证上岗工作。国务院有关部门负责本部门建设企事业单位关键岗位持证上岗工作。

② 发证机关　省、自治区、直辖市建设行政主管部门为本地区岗位合格证的发证机关。国务院各有关部门可以为其本部门所属的建设企事业单位颁发岗位合格证，也可委托建设企事业单位所在地的发证机关代其审查和颁发岗位合格证。上述发证机关应设立资格考核机构，负责组织管理岗位资格培训、考试及资格考核。

(3) 岗位合格证的申请与复检

① 岗位合格证的申请　由申请人向本单位提出申请，再由其单位将有关材料统一报送所对应的发证机关审查，在考核机构对申请人的文化程度、工作能力、岗位实习、工作经历及培训考试和职业道德等情况进行审查合格后，核发岗位合格证书。该证书在全国同行业、同专业、同类型的建设企事业单位中有效。

② 岗位合格证的复检　持证人员岗位合格证的复检，由发证机关随企业资质晋升、审查定期进行。持证人调离本岗位工作的，原单位应在其岗位合格证上注明，当其新任职岗位与原岗位性质相同时，岗位合格证继续有效。当脱离原岗位并改变任职性质五年以上的，岗位合格证书失效；脱离原岗位并改变任职性质五年以下三年以上的，要由原单位进行适应性培训后方可重新上岗。

为了保证建设企事业单位关键岗位人员的素质，我国实行了建设企事业单位关键岗位持证上岗制度，建设部、国家计委、人事部1991年7月29日发布了《建设企事业单位关键岗位持证上岗管理规定》。

基础测试

我国工程建设程序共分为_____、_____、_____、_____、_____五个阶段。

思考提高

1. 什么是工程建设？
2. 什么是工程建设程序？
3. 什么是关键岗位？

综合运用

如果选取一个执业资格作为未来执业目标，试简要说明该资格的执业范围、权利、责任和义务。

第 5 章

建设工程招标投标法规

```
                    ┌ 概述 ┬ 《招标投标法》相关背景介绍
                    │      ├ 招标投标活动的作用及基本特性
                    │      └ 招标投标活动的原则及适用范围
                    │
                    │         ┌ 工程项目招标应当具备的条件
                    │         ├ 招标组织形式和招标代理
                    │         ├ 工程项目招标方式
                    ├ 工程项目招标 ┼ 资格审查
建设工程招标投标法规 ┤         ├ 招标文件
                    │         ├ 组织现场考察和标前会议
                    │         └ 关于招标的相关法律责任
                    │
                    │         ┌ 投标人的条件
                    │         ├ 资格预审
                    ├ 工程项目投标 ┼ 投标前的准备工作
                    │         ├ 投标文件
                    │         └ 关于投标的相关法律责任
                    │
                    │                        ┌ 开标
                    └ 工程项目的开标、评标、中标 ┼ 评标
                                             └ 推荐中标候选人与定标
```

5.1 概述

　　招标：是指招标人依法提出招标项目及其相应的要求和条件，通过发布招标公告或发出投标邀请书吸引潜在投标人参加投标的行为。

　　投标：是指投标人响应招标文件的要求，参加投标竞争的行为。

　　建设工程招标投标制度，是建设单位对拟建的建设工程项目通过法定的程序和方法吸引承包单位进行公平竞争，并从中选择条件优越者来完成建设工程任务的行为。招标投标一般由若干施工单位参与工程投标，招标单位（建设单位）择优入选，谁的工期短、造价低、质量高、信誉好，就把工程任务包给谁，由承建单位与发包单位签订合同，按交钥匙的方式组织建设。我国招标承包制的组织程序和工作环节主要有：

（1）编制招标文件　建设单位在招标申请批准后，需要编制招标文件，其主要内容包括：工程综合说明（工程范围、项目、工期、质量等级和技术要求等）、施工图说明、实物工程量清单、材料供应方式、工程价款结算办法、对工程材料的特殊要求、踏勘现场日期等。

（2）确定标底　由建设单位组织专业人员按施工图纸并结合现场实际，匡算出工程总造价和单项费用，然后报建设主管部门等审定。标底一经确定，应严格保密，任何人不得泄露。如果有的招标单位不掌握和不熟悉编制标底业务，可以借助招标代理机构承担为招标单位编制标底等业务。标底不能高于项目批准的投资总额。

（3）进行招标投标　一般分为招标和报送标函、开标、评标、决标等几个步骤。

（4）签订工程承包合同　投标人按中标标函规定的内容，与招标人签订包干合同。合同签订后要由有关方面监督执行。可以将合同经当地公证单位公证，受法律监督；也可以由建设主管部门和建设银行等单位进行行政监督。

5.1.1　《招标投标法》相关背景介绍

招标投标最早起源于英国，我国最早于1902年采用招标比价（招标投标）方式承包工程，我国招标投标制度发展至今主要经历了四个阶段：

（1）探索初创阶段　这一时期从改革开放初期到社会主义市场经济体制改革目标的确立为止。1980年10月，国务院发布《关于开展和保护社会主义竞争的暂行规定》，提出对一些合适的工程建设项目可以试行招标投标。随后，吉林省和深圳市于1981年开始工程招标投标试点。1982年，鲁布革水电站引水系统工程是我国第一个利用世界银行贷款并按世界银行规定进行项目管理的工程，极大地推动了我国工程建设项目管理方式的改革和发展。1983年，城乡建设环境保护部出台《建筑安装工程招标投标试行办法》。20世纪80年代中期以后，根据党中央有关体制改革精神，国务院及国务院有关部门陆续进行了一系列改革，企业的市场主体地位逐步明确。这一阶段的招标投标制度有以下几个特点：

① 基本原则初步确立，但未能有效落实。受当时关于计划和市场关系认识的限制，招标投标的市场交易属性尚未得到充分体现，招标工作大多由有关行政主管部门主持，有的部门甚至规定招标公告发布、招标文件和标底编制，以及中标人的确定等重要事项，都必须经过政府主管部门审查同意。

② 招标领域逐步扩大，但进展很不平衡。招标投标制度的应用由最初的建筑行业，逐步扩大到铁路、公路、水运、水电、广电等专业工程；由最初的建筑安装项目，逐步扩大到勘察设计、工程设备等工程建设项目的各个方面；由工程招标逐步扩大到机电设备、科研项目、土地出让、企业租赁和承包经营权转让。但由于没有明确具体的强制招标范围，不同行业之间招标投标活动开展很不平衡。

③ 相关规定涉及面广，但在招标方式的选择上过于简略。大多没有规定公开招标、邀请招标、议标的适用范围和标准，在评标方面，缺乏基本的评标程序，也没有规定具体评标标准，难以实现择优选择的目标。

（2）快速发展阶段　这一时期从确立社会主义市场经济体制改革目标到《招标投标法》颁布为止。1992年10月，党的十四大提出了建立社会主义市场经济体制的改革目标。1994年6月，国家计委牵头启动列入八届人大立法计划的《招标投标法》起草工作。1997年11月1日，全国人大常委会审议通过了《中华人民共和国建筑法》，在法律层面上对建筑工程实行招标发包进行了规范。这一阶段招标投标制度有以下几个特点：

① 当事人市场主体地位进一步加强。1992年11月，国家计委发布了《关于建设项目实行业主责任制的暂行规定》，明确由项目业主负责组织工程设计、监理、设备采购和施工的招标工作，自主确定投标、中标单位。

② 对外开放程度进一步提高。在利用国际组织和外国政府贷款援助资金项目招标投标办法之外，专门规范国际招标的规定明显增多。

③ 招标的领域和采购对象进一步扩大。除施工、设计、设备等招标外，还推行了监理招标。

④ 对招标投标活动的规范进一步深入。除了制定一般性的招标投标管理办法外，有关部门还针对招标代理、资格预审、招标文件、评标专家、评标等关键环节，出台了专门的管理办法，大大增强了招标投标制度的规范性。

就政府采购而言，随着我国社会主义市场经济体制和财政体制改革的不断深入，迫切需要国家加强财政支出管理，规范政府采购行为，并在此基础上建立和实行政府采购制度。为此，从1996年起，一些地区开始按照国际上通行做法开展政府采购试点工作，财政部也陆续颁布了《政府采购管理暂行办法》等部门规章，以推动和规范政府采购试点工作。实践表明，推行政府采购制度在提高财政支出管理水平、节约财政资金、规范政府采购行为、促进廉政建设等方面效果比较显著。

(3) 里程碑阶段　我国引进招标投标制度以后，经过一段时间的发展，一方面积累了丰富的经验，为国家层面的统一立法奠定了实践基础；另一方面，招标投标活动中暴露的问题也越来越多，如招标程序不规范。针对上述问题，第九届全国人大常委会于1999年8月30日审议通过了《招标投标法》，2000年1月1日正式施行，这是我国第一部规范公共采购和招标投标活动的专门法律，标志着我国招标投标制度进入了一个新的发展阶段。按照公开、公平、公正和诚实信用原则，《招标投标法》对此前的招标投标制度做了重大改革：一是改革了缺乏明晰范围的强制招标制度。《招标投标法》从资金来源、项目性质等方面，明确了强制招标范围。同时允许法律、法规对强制招标范围做出新的规定，保持强制招标制度的开放性。二是改革了政企不分的管理制度。按照充分发挥市场配置资源决定性作用的要求，大大减少了行政审批事项和环节。三是改革了不符合公开原则的招标方式。规定了公开招标和邀请招标两种招标方式，取消了议标方式。四是改革了分散的招标公告发布制度，规定招标公告应当在国家指定的媒介上发布，并规定了招标公告应当具备的基本内容，提高了招标采购的透明度，降低了潜在投标人获取标的信息成本。五是改革了以行政为主导的评标制度。规定评标委员会由招标人代表以及有关经济、技术专家组成，有关行政监督部门及其工作人员不得作为评标委员会成员。六是改革了不符合中介定位的招标代理制度。明确规定招标代理机构不得与行政机关或其他国家机关存在隶属关系或者其他利益关系，使招标代理从工程咨询、监理、设计等业务中脱离出来，成为一项独立的专业化中介服务。随着政府采购工作的深入开展，政府采购工作遇到了许多难以克服和解决的困难和问题，在一定程度上阻碍了政府采购制度的进一步发展。为将政府采购纳入法治化管理，维护政府采购市场的竞争秩序，并依法实现政府采购的各项目标，最终建立起适应我国社会主义市场经济体制并与国际惯例接轨的政府采购制度。2002年6月29日由全国人大常委会审议通过了《政府采购法》，自2003年1月1日起施行。这部法律的颁布，对于规范政府采购行为，提高政府采购资金的使用效益，维护国家利益和社会公共利益，保护政府采购当事人的合法权益，促进廉政建设，有着重要意义。

(4) 规范完善阶段　《招标投标法》和《政府采购法》是规范我国境内招标采购活动的两大基本法律，在总结我国招标采购实践经验和借鉴国际经验的基础上，《招标投标法实施条例》和《政府采购法实施条例》作为两大法律的配套行政法规，对招标投标制度做了补充、细化和完善，进一步健全和完善了我国招标投标制度。另外，国务院各相关部门结合本部门、本行业的特点和实际情况相应制定了专门的招标投标管理的部门规章、规范性文件及政策性文件。地方人大及其常委会、人民政府及其有关部门也结合本地区的特点和需要，相继制定了招标投标方面的地方性法规、规章和规范性文件。总的看来，这些规章和规范性文件使招标采购活动的主要方面和重点环节实现了有法可依、有章可循，已经构成了我国整个招标采购市场的重要组成部分，形成了覆盖全国各领域、各层级的招标采购制度体系，对扩大招投标领域，创造公平竞争的市场环境，规范招标采购行为，发挥了积极作用。随着招标投标法律体系和行政监督、社会监督体制的建立健全以及市场主体诚信自律机制的逐步完善，招标投标制度必将获得更加广阔的运用和健康、持续的发展。

《招标投标法》的立法目的在于规范招标投标活动，保护国家利益、社会公共利益和招标投标活动当事人的合法权益，提高经济效益，保证项目质量。

5.1.2　招标投标活动的作用及基本特性

5.1.2.1　招标投标活动的作用

招投标制度是为合理分配招标、投标双方的权利、义务和责任建立的管理制度，加强招投标制度的建设是市场经济的要求。招投标制度的作用主要体现在以下四个方面：

（1）通过招标投标提高经济效益和社会效益　我国社会主义市场经济的基本特点是要充分发挥竞争机制作用，使市场主体在平等条件下公平竞争，优胜劣汰，从而实现资源的优化配置。招标投标是市场竞争的一种重要方式，最大优点就是能够充分体现"公开、公平、公正"的市场竞争原则，通过招标采购，让众多投标人进行公平竞争，以最低或较低的价格获得最优的货物、工程或服务，从而达到提高经济效益和社会效益、提高招标项目的质量、提高资金使用效率的目的。

（2）通过招标投标提升企业竞争力　促进企业转变经营机制，提高企业的创新活力，积极引进先进技术和管理，提高企业生产、服务的质量和效率，不断提升企业市场信誉和竞争力。

（3）通过招标投标健全市场经济体系　维护和规范市场竞争秩序，保护当事人的合法权益，提高市场交易的公平、满意和可信度，促进社会和企业的法治、信用建设，促进政府转变职能，提高行政效率，建立健全现代市场经济体系。

（4）通过招标投标打击贪污腐败　有利于保护国家和社会公共利益，保障合理、有效使用国有资金和其他公共资金，防止其浪费和流失，构建从源头预防腐败交易的社会监督制约体系。在世界各国的公共采购制度建设初期，招标投标制度由于其程序的规范性和公开性，往往能对打击贪污腐败起到立竿见影的效果。

5.1.2.2　招标投标活动的基本特性

（1）公平竞争　招标人公布项目需求，通过投标人公平竞争，择优选择交易对象和客体。

（2）规范交易　招标投标双方通过规范邀约和承诺，确立双方权利、义务和责任，规范合同的交易方式。

（3）一次机会　招标投标双方不得在招标投标过程中协商谈判和随意修改招标项目需求、交易规则以及合同价格、质量标准、进度等实质内容。招标要约邀请、投标要约和中标承诺只有一次机会，这是保证招标投标双方公平和投标人之间公平竞争的基本要求。

(4) 定制方案 招标项目的需求目标、投标资格能力、需求解决方案与报价、投标文件评价、合同权利和义务配置等方案均具有单一性和复杂性的特点，因此，必须采用书面定制描述，并通过对投标人竞争能力、技术、报价、财务方案等进行书面综合评价比较，才能科学判断和正确选择有能力满足项目需求的中标人。仅仅通过简单价格比较无法判断交易主体及客体是否能够符合项目需求。这也是大多数招标项目无法采用拍卖、竞价方式选择交易对象的主要限制条件。

(5) 复合职业 招标投标是按照法律程序，经过技术、管理、经济等要素的竞争和评价实现项目需求目标的交易活动，因此招标投标职业是一个包含法律、政策、技术、经济和管理专业知识能力的复合型职业。

5.1.3 招标投标活动的原则及适用范围

5.1.3.1 招标投标活动所应遵循的基本原则

应当遵循公开、公平、公正和诚实信用的原则。

(1) 公开原则 公开原则，即要求招标投标活动必须保证充分的透明度，招标投标程序、投标人的资格条件、评标标准和方法、评标和中标结果等信息要公开，保证每个投标人能够获得相同信息，公平参与投标竞争并依法维护自身的合法权益。同时招标投标活动的公开透明，也为当事人、行政和社会监督提供了条件。公开是公平、公正的基础和前提。

(2) 公平原则 公平原则，即要求招标人在招标投标各程序环节中一视同仁地给予潜在投标人或者投标人平等竞争的机会，并使其享有同等的权利和义务。例如，招标人不得在资格预审文件和招标文件中含有倾向性内容或者以不合理的条件限制和排斥潜在投标人；不得对潜在投标人或者投标人采取不同的资格审查或者评标标准，依法必须进行招标的项目不得以特定行政区域或者特定行业的业绩、奖项作为评标加分条件或者中标条件等。公平原则主要体现在两个方面：一方面，机会均等，即潜在投标人具有均等的投标竞争机会；另一方面，各方权利和义务平等，即招标人和所有投标人之间权利和义务均衡并合理承担民事责任。

(3) 公正原则 公正原则，即要求招标人必须依法设定科学、合理和统一的程序、方法和标准，并严格据此接收和客观评审投标文件，真正择优确定中标人，不倾向、不歧视、不排斥各投标人，保证各投标人的合法平等权益。为此，招标投标法及其配套规定对招标、投标、开标、评标、中标、签订合同等过程作了相关规定，以保证招标投标的程序、方法、标准、权益及其实体结果的公正。例如，评标委员会必须按照招标文件事先确定并公开的评标标准和方法客观评审投标文件和推荐中标候选人，并明确否决投标的法定情形等。

(4) 诚实信用原则 诚实信用原则，即要求招标投标各方当事人在招标投标活动和履行合同中应当以守法、诚实、守信、善意的意识和态度行使权利和履行义务，不得故意隐瞒真相或者弄虚作假，不得串标、围标和恶意竞争，不能言而无信甚至背信弃义，在追求自己合法利益的同时不得损害他人的合法利益和社会利益，依法维护双方利益以及与社会利益的平衡。诚实信用是市场经济的基石和民事活动的基本原则。

5.1.3.2 必须招标的项目范围和规模标准

(1) 必须招标的工程建设项目范围 根据2018年3月30日国家发展改革委公布的《必须招标的工程项目规定》其中第二条至第五条。具体包括：

第二条 全部或者部分使用国有资金投资或者国家融资的项目包括：（一）使用预算资金 200 万元人民币以上，并且该资金占投资额 10% 以上的项目；（二）使用国有企业事业单位资金，并且该资金占控股或者主导地位的项目。

第三条 使用国际组织或者外国政府贷款、援助资金的项目包括：（一）使用世界银行、亚洲开发银行等国际组织贷款、援助资金的项目；（二）使用外国政府及其机构贷款、援助资金的项目。

第四条 不属于本规定第二条、第三条规定情形的大型基础设施、公用事业等关系社会公共利益、公众安全的项目，必须招标的具体范围由国务院发展改革部门会同国务院有关部门按照确有必要、严格限定的原则制订，报国务院批准。

第五条 本规定第二条至第四条规定范围内的项目，其勘察、设计、施工、监理以及与工程建设有关的重要设备、材料等的采购达到下列标准之一的，必须招标：（一）施工单项合同估算价在 400 万元人民币以上；（二）重要设备、材料等货物的采购，单项合同估算价在 200 万元人民币以上；（三）勘察、设计、监理等服务的采购，单项合同估算价在 100 万元人民币以上。同一项目中可以合并进行的勘察、设计、施工、监理以及与工程建设有关的重要设备、材料等的采购，合同估算价合计达到前款规定标准的，必须招标。

(2) 必须招标项目的规模标准

① 工程建设项目　按照《工程建设项目招标范围和规模标准规定》第七条规定，在规定范围内的各类工程建设项目，包括项目的勘察、设计、施工、监理以及与工程建设有关的重要设备、材料等的采购，达到下列标准之一的，必须进行招标：

a. 施工单项合同估算价在 200 万元人民币以上的；

b. 重要设备、材料等货物的采购，单项合同估算价在 100 万元人民币以上的；

c. 勘察、设计、监理等服务的采购，单项合同估算价在 50 万元人民币以上的；

d. 单项合同估算价低于第 a、b、c 项规定的标准，但项目总投资额在 3000 万元人民币以上的。

国家发展改革委根据实际需要，会同国务院有关部门对已经确定的必须进行招标的具体范围和规模标准进行部分调整。按照《招标投标法实施条例》第二十九条规定，以暂估价形式包括在总承包范围内的工程、货物、服务属于依法必须进行招标的项目范围且达到国家规定规模标准的，应当依法进行招标。

② 机电产品国际招标项目　按照商务部《机电产品国际招标投标实施办法》的规定，机电产品国际招标的规模标准是：一次采购产品合同估算价格超过 100 万元人民币。

③ 政府采购项目　根据《政府采购法》规定，采购人采购货物或者服务应当采用公开招标方式的，其具体数额标准，属于中央预算的政府采购项目，由国务院规定；属于地方预算的政府采购项目，由省、自治区、直辖市人民政府规定。

(3) 可以不进行招标的工程建设项目　根据《工程建设项目勘察设计招标投标办法》第四条：

按照国家规定需要政府审批的项目，有下列情形之一的，经批准，项目的勘察设计可以不进行招标：

① 涉及国家安全、国家秘密的；

② 抢险救灾的；

③ 主要工艺、技术采用特定专利或者专有技术的；

④ 技术复杂或专业性强，能够满足条件的勘察设计单位少于三家，不能形成有效竞争的；

⑤ 已建成项目需要改、扩建或者技术改造，由其他单位进行设计影响项目功能配套性的。

5.2 工程项目招标

5.2.1 工程项目招标应当具备的条件

应当在满足法律规定的前提条件下方能进行，项目招标至少必须具备下列条件：

（1）招标人已经依法成立　招标人已经依法成立是招标前提。因为招标人属于合同的一方，应当独立承担民事责任，如果企业尚在筹备中，或者仅是企业或其他单位的一个部门并且没有获得单位授权，则一般不能进行项目招标。

（2）项目已经审批通过　项目已经审批通过，包括项目本身已经通过立项审批，同时，如果国家规定该招标项目的招标需要审批，还必须经过招标审批。《招标投标法实施条例》第七条进一步细化了审批的内容，"按照国家有关规定需要履行项目审批、核准手续的依法必须进行招标的项目，其招标范围、招标方式、招标组织形式应当报项目审批、核准部门审批、核准。项目审批、核准部门应当及时将审批、核准确定的招标范围、招标方式、招标组织形式通报有关行政监督部门。"

（3）项目资金或其来源已经落实　项目资金或其来源已经落实，即招标人应当有进行招标项目的相应资金或者资金来源已经落实，并应当在招标文件中如实载明。当然，对于以BOT、PPP等融资项目的招标，则不需要具备该条件。如《市政公用事业特许经营管理办法》第八条规定，对于市政公用事业特许经营项目，呈报直辖市、市、县人民政府批准后，即可以向社会公开发布招标条件，受理投标。

（4）建设工程施工招标项目还必须有招标所需的设计图纸及技术资料，货物采购项目招标应当提出货物的使用与技术要求　工程项目可以进行EPC即交钥匙总承包招标，也可以就勘察、设计、设备采购、施工分别招标。《建筑法》第二十四条规定，"建筑工程的发包单位可以将建筑工程的勘察、设计、施工、设备采购一并发包给一个工程总承包单位，也可以将建筑工程勘察、设计、施工、设备采购的一项或者多项发包给一个工程总承包单位；但是，不得将应当由一个承包单位完成的建筑工程肢解成若干部分发包给几个承包单位。"根据国家规定，进行建设工程施工项目招标时，必须具有招标所需的设计图纸及技术资料，否则，投标人无法据以报价、编制工期，即使中标，也无法按图施工。货物采购项目招标，应当能够提出货物的使用与技术要求，否则，无法对投标人的投标进行有效的比较。

（5）法律、法规、规章规定的其他条件　对于招标项目需要其他条件的，应当由法律、法规或者规章予以具体规定，但是，规定条件时，应当坚持平等与公平原则，不能以不合理的条件限制部分投标人投标。

5.2.2 招标组织形式和招标代理

5.2.2.1 招标组织形式

招标组织形式包括自行招标和委托招标。

（1）自行招标　自行招标是指招标人自身具有编制招标文件和组织评标能力，依法可以自行办理招标。

招标人自行办理招标事宜所应具备的具体条件：
① 具有项目法人资格（或者法人资格）。
② 具有与招标项目规模和复杂程度相适应的工程技术、概预算、财务和工程管理等方面专业技术力量。
③ 有从事同类工程建设项目招标的经验。
④ 设有专门的招标机构或者拥有 3 名以上专职招标业务人员。
⑤ 熟悉和掌握招标投标法及有关法规规章。依法必须进行招标的项目，招标人自行办理招标事宜的，应当向有关行政监督部门备案。

（2）委托招标　委托招标，就是招标人委托招标代理机构，在招标代理权限范围内，以招标人的名义组织招标工作。

委托招标的基本程序：
① 确定招标代理机构。即招标人根据自愿原则，对业内招标代理机构的资格予以确认，在此基础上根据项目情况选择确定一家招标代理机构为受托人。
② 招标人与选定的招标代理机构按照自愿、平等、协商的原则，签订委托招标的代理协议，明确委托方和受托方各自的权利义务、工作对象和工作方法、职权范围、服务标准、违约责任以及其他需要确定的事项。
③ 在招标代理机构按照委托代理协议组织招标的过程中，招标人可以依法在不影响受托人工作的前提下，对受托人的工作进行监督。如果发现存在违法或者违约的行为，招标人有权要求其立即予以更正或停止。如果该违法或违约行为对招标人产生了损害后果，招标人还有权要求招标代理机构予以赔偿。

5.2.2.2　招标代理机构

根据规定，招标代理机构是"依法设立、从事招标代理业务并提供相关服务的社会中介组织"。招标代理机构与行政机关和其他国家机关不得存在隶属关系或者其他利益关系。

招标代理机构与招标人之间，是代理人和被代理人的关系，因此应当遵守有关代理的法律规定。

5.2.3　工程项目招标方式

《中华人民共和国招标投标法》明确规定招标分为公开招标和邀请招标两种方式。

（1）公开招标　公开招标也称无限竞争招标，是指招标人以招标公告的方式吸引不特定的法人或者其他组织投标。凡国有资金（含企事业单位）投资或国有资金投资占控股或者占主导地位的建设项目必须公开招标。

（2）邀请招标　邀请招标也称有限竞争招标，是指招标人以投标邀请书的方式邀请特定的法人或者其他组织投标。非国有资金（含民营、私营、外商投资）投资或非国有资金投资占控股或占主导地位且关系社会公共利益、公众安全的建设项目可以邀请招标，但招标人要求公开招标的可以公开招标。

5.2.4　资格审查

在招标公告或者招标邀请书中要求投标申请人提供有关资质、业绩和能力等的证明，并对投标申请人进行审查。

（1）资格审查的目的和作用

① 资格审查的目的　资格审查的目的是了解投标单位的技术和财务实力及管理经验，限制不符合要求条件的单位盲目参加投标。

② 资格审查的作用　资格审查既是招标人的权利，也是招标项目的必要程序，它对于保障招标人和投标人的利益具有重要作用。

（2）资格审查的内容

① 具有独立订立合同的权利；

② 具有履行合同的能力，包括专业、技术资格和能力，资金、设备和其他物质设施状况，管理能力，经验、信誉和相应的从业人员；

③ 没有处于被责令停业、投标资格被取消、财产被接管或冻结、破产等状态；

④ 在最近几年内没有骗取中标和严重违约及重大工程质量问题；

⑤ 法律、行政法规规定的其他资格条件。

（3）资格预审　是指投标前对获取资格预审文件并提交资格预审申请文件的潜在投标人进行资格审查的一种方式。其内容包括：

① 招标人的名称和地址；

② 招标项目的性质和数量；

③ 招标项目的地点和时间要求；

④ 获取资格预审文件的办法、地点和时间；

⑤ 对资格预审文件收取的费用；

⑥ 提交资格预审申请书的地点和截止时间；

⑦ 资格预审的日常安排。

5.2.5　招标文件

招标文件是招标工程建设的大纲，是建设单位实施工程建设的工作依据，是向投标单位提供参加投标所需要的一切情况。因此，招标文件的编制质量和深度，关系着整个招标工作的成败。招标文件的繁简程度，要视招标工程项目的性质和规模而定。招标文件内容，应根据招标方式和范围的不同而异。工程项目全过程总招标，同勘察设计、设备材料供应和施工分别招标，其特点性质都是截然不同的，应从实际需要出发，分别提出不同内容要求。

5.2.5.1　对招标文件出售的规定

（1）招标人应当按照招标公告或者投标邀请书规定的时间、地点出售招标文件。自招标文件出售之日起至停止出售之日止，最短不得少于5个工作日。

（2）招标人可以通过信息网络或者其他媒介发布招标文件，通过信息网络或者其他媒介发布的招标文件与书面招标文件具有同等的法律效力，但出现不一致时以书面招标文件为准，招标人应当保持书面招标文件原始正本的完好。

（3）对招标文件的收费应当合理，不得以营利为目的。对于所附的设计文件，招标人可以向投标人酌收押金；对于开标后投标人退还设计文件的，招标人应当向投标人退还押金。

（4）招标人在发布招标公告、发出投标邀请书后或者售出招标文件（或资格预审文件）后不得擅自终止招标。

5.2.5.2 招标文件的组成要素

招标文件按照功能可以分成三部分：

（1）招标公告或投标邀请书、投标人须知、评标办法、投标文件格式等，主要阐述招标项目需求概况和招标投标活动规则，对参与项目招标投标活动各方均有约束力，但一般不构成合同文件；

（2）工程量清单、设计图纸、技术标准和要求、合同条款等，全面描述招标项目需求，既是招标活动的主要依据，也是合同文件构成的重要内容，对招标人和中标人具有约束力；

（3）参考资料，供投标人了解分析与招标项目相关的参考信息，如项目地址、水文、地质、气象、交通等参考资料。

5.2.5.3 招标文件的内容

招标文件至少应包括以下内容：

（1）招标公告　招标公告是指招标单位或招标人在进行工程建设时，公布标准和条件，提出价格和要求等项目内容，以期从中选择承包单位或承包人的一种文书。在市场经济条件下，招标有利于促进竞争，加强横向经济联系，提高经济效益。对于招标者来说，通过招标公告择善而从，可以节约成本或投资，降低造价，缩短工期或交货期，确保工程或商品项目质量，促进经济效益的提高。

招标公告的特点有：

① 公开性　这是由招标的性质决定的。因为招标本身就是横向联系的经济活动，凡是招标者应公开的内容，诸如招标时间、招标要求、注意事项，都应在招标公告中予以公开说明。

② 紧迫性　因为招标单位和招标者只有在遇到难以完成的任务和解决的问题时，才需要外界协助解决，而且要在短期内尽快解决，如果拖延，势必影响工作任务的完成，这就决定了招标公告是具有紧迫性特点的。

招标公告的种类有：

① 按照招标内容来划分，可以分为建筑工程招标公告、劳务招标公告、大宗商品交易公告、设计招标公告、企业承包招标公告、企业租赁招标公告等。

② 按照招标的范围来划分，可以分为国际招标公告、国内招标公告、系统内部招标公告和单位内部招标公告等。

③ 按照合同期限来划分，可分为长期招标公告和短期招标公告两类。

④ 按照招标环节来划分，可以分为招标公告、招标通知书、招标章程等。

（2）投标人须知　即具体制定投标的规则，使投标商在投标时有所遵循。投标须知的主要内容包括：

① 资金来源。

② 如果没有进行资格预审的，要提出投标商的资格要求。

③ 货物原产地要求。

④ 招标文件和投标文件的澄清程序。

⑤ 投标文件的内容要求。

⑥ 投标语言。如国际性招标，由于参与竞标的供应商来自世界各地，必须对投标语言作出规定。

⑦ 投标价格和货币规定。对投标报价的范围作出规定，即报价应包括哪些方面，统一报价口径便于评标时计算和比较最低评标价。

⑧ 修改和撤销投标的规定。
⑨ 标书格式和投标保证金的要求。
⑩ 评标的标准和程序。
⑪ 国内优惠的规定。
⑫ 投标程序。
⑬ 投标有效期。
⑭ 投标截止日期。
⑮ 开标的时间、地点等。
⑯ 品牌要求等。

（3）其他　合同条件、工程技术规范、图纸和技术资料、工程量清单。

5.2.5.4　招标文件的强制性要求

为了规范招标人的行为，保证招标文件的公正合理，我国《招标投标法》及其相关规定还要求招标人编制招标文件，应当遵守如下规定：

（1）招标文件的内容要体现公平。《招标投标法》第二十条规定："招标文件不得要求或者标明特定的生产供应者以及含有倾向或者排斥潜在投标人的其他内容。"《工程建设项目施工招标投标办法》第二十六条进一步规定，招标文件中规定的各项技术标准均不得要求或标明某一特定的专利、商标、名称、设计、原产地或生产供应者，不得含有倾向或者排斥潜在投标人的其他内容。如果必须引用某一生产供应者的技术标准才能准确或清楚地说明拟招标项目的技术标准时，则应当在参照后面加上"或相当于"的字样。

（2）招标文件的澄清、修改和答疑。《招标投标法》第二十三条规定，招标人对已发出的招标文件进行必要的澄清或者修改的，应当在招标文件要求提交投标文件截止时间至少十五日前，以书面形式通知所有招标文件收受人。该澄清或者修改的内容为招标文件的组成部分。此外，根据《工程建设项目施工招标投标办法》第三十三条规定，对于潜在投标人在阅读招标文件和现场踏勘中提出的疑问，招标人可以书面形式或召开投标预备会的方式解答，同时将解答以书面方式通知所有购买招标文件的潜在投标人。该解答的内容为招标文件的组成部分。

（3）确定编制招标文件的合理时间。

（4）招标文件应当规定一个适当的投标有效期。

5.2.5.5　标底

标底是招标投标的术语，指内部掌握的建设单位对拟发包的工程项目准备付出全部费用的额度。

标底一般先由设计单位、工程咨询服务部门或专门从事建筑预算定额的部门，编制出设计概算或施工预算，然后经建设单位和主管机关、建设银行等共同审查后确定。标底是选择中标企业的一个重要指标，在开标前要严加保密，防止泄露，以免影响招标的正常进行。标底确定得是否合理、切合实际，是选择最有利的投标企业的关键环节，是实施建设项目的重要步骤。确定标底时，不能认为把标价压得越低越好，要定得合理，要让中标者有利可图，才能调动其积极性，努力完成建设任务。

招标项目编制标底的，应根据批准的投资估算、设计概算，依据有关计价办法，参照有关工期定额，结合市场供求状况，综合考虑投资、工期和质量等方面的因素合理确定；标底由招标人自行编制或委托中介机构编制，一个工程只能编制一个标底；任何单位和个人不得强制招标人编制或者报审标底，也不得干预其确定标底；招标人设有标底的，标底在评标中应当作为参考，但不得作为评标的唯一依据。

(1) 标底编制概述　在建设工程招投标活动中，标底的编制是工程招标中重要的环节之一，是评标、定标的重要参考，且工作时间紧、保密性强，是一项比较繁重的工作。标底的编制一般由招标单位委托，由建设行政主管部门批准，具有与建设工程相应造价资质的中介机构代理编制，标底应客观、公正地反映建设工程的预期价格，是招标单位掌握工程造价的重要依据。因此，标底编制的合理性、准确性直接影响工程造价。

(2) 标底的主要作用　标底是招标工程的预期价格，能反映出拟建工程的资金额度，以明确招标单位在财务上应承担的义务。按规定，我国国内工程施工招标的标底，应在批准的工程概算或修正概算以内，招标单位用它来控制工程造价，并以此为尺度来参考投标者的报价是否合理，但不能以是否接近标底作为投标人的加分或减分项。中标都要按照报价签订合同。这样，业主就能掌握控制造价的主动权。标底的使用可以相对降低工程造价；标底是衡量投标单位报价的准绳，有了标底，才能正确判断投标报价的合理性和可靠性；标底是评标、定标的重要依据。科学合理的标底能为业主在评标、定标时正确选择出标价合理、质量有保障、工期适当、企业信誉良好的施工企业。招投标体现了优胜劣汰、公开公平的竞争机制。一份好的标底，应该从实际出发，体现科学性和合理性，它把中标的机会摆在众多企业的面前，他们可以凭借各自的人员、技术、管理、设备等方面的优势参与竞标，最大限度地获取合法利润，而业主也可以得到优质服务，节约投资。可见，编制好标底是控制工程造价的重要基础工作。

(3) 标底的编制原则

① 标底编制应遵循客观、公正的原则　由于招投标时各单位的经济利益不同，招标单位希望投入较少的费用，按期、保质、保量地完成工程建设任务。而投标单位的目的则是以最少投入尽可能获取较多的利润。这就要求工程造价专业人员要有良好的职业道德，站在客观的、公正的立场上，兼顾招标单位和投标单位的双方利益，以保证标底的客观、公正性。

② 严格"量准价实"的原则　在编制标底时，由于设计图纸的深度不够，对材料用量的标准及设备选型等内容交底较浅，就会造成工程量计算不准确，设备、材料价格选用不合理。因此要求设计人员力求做细、严格按照技术规范和有关标准进行精心设计；而专业人员必须具备一定的专业技术知识，只有技术与各专业配合协调一致，才可避免技术与经济脱节，从而达到"量准价实"的目的。

(4) 标底的使用条件

① 标底是由业主组织专门人员为准备招标的工程或设备而计算出的一个合理的基本价格。它不等于工程（或设备）的概（预）算，也不等于合同价格。招标项目设有标底的，招标人应当在开标时公布。标底只能作为评标的参考，不能以投标报价在标底上下浮动范围作为否决投标的条件。

② 标底价格是招标人的期望价格，招标人以此价格作为衡量投标人的投标价格的一个尺度，也是招标人控制投资的一种手段。招标人设置标底价格有两种目的：一是在坚持最低价中标时，标底价可以作为招标人自己掌握的招标底数，起参考作用，而不作评标的依据；二是为避免因招标价太低而损害质量，使靠近标底的报价评为最高分（中标），高于或低于标底的报价均递减评分，则标底价格可作为评标的依据，使招标人的期望价成为成本控制的手段之一。

5.2.6　组织现场考察和标前会议

(1) 现场考察　踏勘现场是指招标人组织投标申请人对工程现场场地和周围环境等客观条件进行的现场勘察，招标人根据招标项目的具体情况，组织投标申请人踏勘项目现场，但招标人不得单独或者分别组织任何一个投标人进行现场踏勘。投标人到现场调查，可进一步了解招标人的意图和现场周围的环境情况，以获取有用的信息并据此作出是否投标或投标策略以及投标报价。招标人应主动向投标申请人介绍所有施工现场的有关情况。投标申请人对影响工程施工的现场条件进行全面考察，包括经济、地理、地质、气候、环境等情况，对工程项目一般应至少了解下列内容：

① 施工现场是否达到招标文件规定的条件；

② 施工的地理位置和地形、地貌、管线设置情况；

③ 施工现场的地质、土质、地下水位、水文等情况；

④ 施工现场的气候条件，如气温、湿度、风力等；

⑤ 现场的环境，如交通、供水、供电、污水排放等；

⑥ 临时用地、临时设施搭建等，即工程施工过程中临时使用的工棚，堆放材料的库房以及这些设施所占的地方等。

潜在投标人依据招标人介绍情况作出的判断和决策，由投标人自行负责。投标人在踏勘现场中如有疑问，应在招标人答疑前以书面形式向招标人提出，以便于得到招标人的解答。投标人踏勘现场发现的问题，招标人可以书面形式答复，也可以在投标预备会上解答。

（2）标前会议　标前会议也称为投标预备会或招标文件交底会，是招标人按投标须知规定的时间和地点召开的会议，也是招标投标前的一次非常重要的会议，一般由参加现场考察的人员参加标前会议。

① 标前会议目的　对于较大的工程项目招标，通常在报送投标报价前由招标机构召开一次标前会议，以便向投标人澄清他们提出的各种问题。一般来说，投标人应当在规定的标前会议日期之前将问题用书面形式寄给招标机构，然后招标机构将其汇集起来研究，提出统一的解答。公开招标的规则通常规定，招标机构不得向任何投标人单独回答其提出的问题，只能统一解答，而且要将所有问题的解答发给每一个购买了招标文件的投标人，以显示其公平对待。

② 标前会议的时间和地点　标前会议通常在工程所在国境内召开，开会日期和时间在招标文件的"投标人须知"中写明；在标前会议期间，招标机构往往会组织投标人到拟建工程现场参观和考察，投标人也可以在该会议后到现场专门考察当地建设条件，以便正确作出投标报价。标前会议和现场考察的费用通常由投标人自行负担。如果投标人不能参加标前会议，可以委托其当地的代理人参加，也可以要求招标机构将标前会议的记录寄给投标人。

③ 标前会议的注意事项　标前会议是招标人给所有投标人提供的一次质疑的机会。在标前会议前，应将招标文件中的得到的各类问题，整理成书面文件，及时寄往招标单位指定地点要求答复，或在标前会议上要求澄清。招标人在回答问题的同时，展示工程勘察资料，供投标单位参考。标前会议上提出的问题和解答的概要情况，应记录作为招标文件的组成部分发给所有投标人。投标人参加标前会议提出的质疑，要注意如下几点：

a. 对工程范围不清的问题提出，应要求进行说明。

b. 对招标文件中图纸和规范有矛盾之处，请求说明以何为准。针对以上两点，投标人不宜提出修改意见。

c. 对含糊不清的合同条件，要求进行澄清、解释。

d. 注意不要让业主或竞争对手通过自己提出的问题推测和了解自己的施工方案或投标设想。

e. 注意提问的方式方法。

f. 所有疑问一定要求业主书面作答，并列入招标文件或书面证明，与招标文件具有同等效力。

5.2.7　关于招标的相关法律责任

（1）必须依法招标，而不招标的、规避招标的，处项目合同金额 0.5%～1% 的罚款，对全部或者部分使用国有资金的可暂停资金拨付，对负责人给予依法处分。

（2）泄密、串通损害国家利益的，处 5 万～25 万元罚款，对单位直接负责人和其他责任人处单位罚款数额 5%～10% 的罚款，有违法所得的，并处没收违法所得；严重的，停止一定时期内相关领域招投标代理业务；构成犯罪的，追究刑事责任；造成损失的承担赔偿责任。

（3）限制或者排斥潜在投标人的，处 1 万～5 万元罚款。

（4）透露已获取招标文件或者泄露标底的，警告并处 1 万～5 万元罚款，对责任人依法处分，构成犯罪的追究刑事责任。

（5）以不正当理由终止招标的，警告并处 3 万元以下罚款，造成损失的应当赔偿。

（6）有以下情形之一的处 3 万元以下罚款；情节严重的，招标无效。

① 未在指定的媒介发布招标公告的；
② 邀请招标不依法发出投标邀请书的；
③ 自招标文件或资格预审文件出售之日起至停止出售之日止，少于五个工作日的；
④ 依法必须招标的项目，自招标文件开始发出之日起至提交投标文件截止之日止，少于二十日的；
⑤ 应当公开招标而不公开招标的；
⑥ 不具备招标条件而进行招标的；
⑦ 应当履行核准手续而未履行的；
⑧ 不按项目审批部门核准内容进行招标的；
⑨ 在提交投标文件截止时间后接收投标文件的；
⑩ 投标人数量不符合法定要求不重新招标的。

5.3　工程项目投标

投标是指投标人应招标人的邀请，根据招标公告或投标邀请书所规定的条件，在规定的期限内，向招标人递盘的行为。

5.3.1　投标人的条件

《招标投标法》明确投标人有 3 个条件，第一个条件是响应招标，也就是指符合投标资格条件并有可能参加投标的人获得了招标信息，购买了招标文件，编制投标文件，准备参加投标活动的潜在投标人，这是一个有实际意义的条件，因为不响应招标，就不会成为投标人，没有准备投标的实际表现，就不会进入投标人的行列；第二个条件是参加投标竞争的行列，也就是指按照招标文件的要求提交投标文件，实际参与投标竞争，作为投标人进入招标投标法律关系之中；第三个条件是具有法人资格或者是依法设立的其他组织。

（1）投标人应当具备承担招标项目的能力，对于建设工程投标来讲，其实质就是投标人应当具备法律法规规定的资质等级。

（2）投标人应符合的其他条件。招标文件对投标人的资格条件有规定的，投标人应当符合该规定的条件。

5.3.2 资格预审

资格预审，是指投标前对获取资格预审文件并提交资格预审申请文件的潜在投标人进行资格审查的一种方式。《招标投标法实施条例》规定，招标人采用资格预审办法对潜在投标人进行资格审查的，应当发布资格预审公告、编制资格预审文件。招标人应当合理确定提交资格预审申请文件的时间。依法必须进行招标的项目提交资格预审申请文件的时间，自资格预审文件停止发售之日起不得少于5日。

（1）编制资格预审文件　由业主组织有关专家人员编制资格预审文件，也可委托设计单位、咨询公司编制。资格预审文件的主要内容有：

① 工程项目简介；

② 对投标人的要求；

③ 各种附表，资格预审文件须报招标管理机构审核。

（2）资格预审公告　在建设工程交易中心及政府指定的报刊、网络发布工程招标信息，刊登资格预审公告。资格预审公告的内容应包括：工程项目名称，资金来源，工程规模，工程量，工程分包情况，投标人的合格条件，购买资格预审文件日期、地点和价格，递交资格预审投标文件的日期和地点。

（3）报送资格预审文件　投标人应在规定的截止时间前报送资格预审文件。

（4）评审资格预审文件　由业主负责组织评审小组，包括财务、技术方面的专门人员对资格预审文件进行完整性、有效性及正确性的资格预审。

① 财务方面　是否有足够的资金承担本工程。投标人必须有一定数量的流动资金。投标人的财务状况将根据其提交的经审计的财务报表以及银行开具的资信证明来判断，其财务状况必须是良好的，对承诺的工程量不应超出本人的能力。不具备充足的资金执行新的工程合同将导致其资格审查不合格。

② 施工经验　是否承担过类似工程项目，特别是具有特别要求的施工项目；近年来施工的工程数量、规模。投标人要提供近几年中令业主满意的完成过的相似类型和规模及复杂程度相当的工程项目的施工情况。同时还要考虑投标人过去的履约情况，包括过去的项目委托人的调查书。过去承担的工程中如有因投标人的责任而导致工程没有完成，将构成取消其资格的充分理由。

③ 人员　投标人所具有的工程技术和管理人员的数量、工作经验、能力是否满足本工程的要求。投标人应认真填报拟选派的主要工地管理人员和监督人员及有关资料供审查，应选派在工程项目施工方面有丰富经验的人员，特别是作工程项目负责人的经验、资历非常重要。投标人不能派出有足够经验的人员将导致被取消资格。

④ 设备　投标人所拥有的施工设备是否能满足工程的要求。投标人应清楚地填报拟投入该项目的主要设备，包括设备的类型、制造厂家、型号，设备是自有的还是租赁的，设备的类型要与工程项目的需要相适合，数量和能力要满足工程施工的需要。

经过上述四方面的评审，对每一个投标人统一打分，得出评审结果。投标人对资格预审申请文件中所提供的资料和说明要负全部责任。如提供的情况有虚假或不能提供令业主满意的解释，业主将保留取消其资格的权力。

（5）向投标人通知评审结果　业主应向所有参加资格预审的申请人公布评审结果。

（6）资格预审跟踪　做好递交资格预审跟踪工作。

5.3.3　投标前的准备工作

（1）投标环境的调查。
（2）工程项目情况的调查。调查内容：
① 工程的性质、规模、发包范围；
② 工程的技术规模和对材料性能及工人技术水平的要求；
③ 对总工期和分批竣工交付使用的要求；
④ 工程所在地的气象和水文资料；
⑤ 施工现场的地形、土质、地下水、交通运输、给水排水、供电、通信条件等情况；
⑥ 工程项目的资金来源和业主的资信状况；
⑦ 工程价款的支付方式；
⑧ 业主、监理工程师的资历和工作作风等；
⑨ 其他，如竞争对手的状况、数量等。

5.3.4　投标文件

（1）投标文件的编制　投标文件一般包括下列内容：
① 投标函；
② 投标报价；
③ 施工组织设计；
④ 商务和技术偏差表。

（2）投标文件的提交　投标人应当在招标文件要求提交投标文件的截止时间前，将投标文件送到规定地点；在截止时间后送达的投标文件，招标人应当拒收。招标人收到投标文件后，应当签收保存，不得开启。投标人少于三个的，招标人应当依法重新招标。

（3）投标保证金　是为了防止投标人不审慎投标而由招标人在招标文件中设定的一种担保形式。以下情况可没收保证金：
① 投标人在投标有效期内撤回其投标文件；
② 中标未能在规定期限内提交履约保证金或签署合同协议。

（4）联合体投标　某承包单位为了承揽不适于自己单独承包的工程项目而与其他单位联合，以一个投标人的身份去投标的行为。

5.3.5　关于投标的相关法律责任

（1）关于投标人串通投标报价的范围。
① 投标人之间相互约定抬高或降低投标报价；

② 投标人之间相互约定，在招标项目中分别以高、中、低价位报价；
③ 投标人之间先相互进行内部竞价，内定中标人，然后再参加投标；
④ 投标人之间其他串通投标报价行为。

（2）投标人与招标人串通投标的范围。

① 招标人在开标前开启投标文件，并将投标情况告知其他投标人，或者协助投标人撤换投标文件，更改报价；

② 招标人向投标人泄露标底；

③ 招标人与投标人商定，投标时压低或抬高标价，中标后再给投标人或招标人额外补偿；

④ 招标人预先内定中标人；

⑤ 其他串通投标行为。

（3）串通投标的、以行贿的手段谋取中标的，中标无效，并处中标金额5‰～10‰的罚款，责任人处单位罚款数额5％～10％的罚款；有违法所得的，违法所得没收；情节严重取消一至二年投标资格并公告，直至吊销营业执照；构成犯罪追究刑事责任；造成损失的依法赔偿。

（4）弄虚作假，骗取中标的，中标无效，给招标人造成损失的，依法承担赔偿责任；构成犯罪的，依法追究刑事责任。

（5）违法与投标人就投标价格、投标方案等实质性内容进行谈判的，给予警告，对单位主管责任人依法处分，中标无效。

5.4 工程项目开标、评标、中标

5.4.1 开标

所谓开标，就是投标截止时间后，招标人依据招标文件规定的时间和地点，开启投标人提交的投标文件，公开宣布投标人的名称、投标价格及投标文件中的其他主要内容。

（1）开标的时间和地点

① 开标时间

a. 开标时间应当在提供给每一个投标人的招标文件中事先确定，以使每一投标人都能事先知道开标的准确时间，以便届时参加，确保开标过程的公开、透明。

b. 开标时间应与提交投标文件的截止时间相一致。关于开标的具体时间，实践中可能会有两种情况，如果开标地点与接受投标文件的地点相一致，则开标时间与提交投标文件的截止时间应一致；如果开标地点与提交投标文件的地点不一致，则开标时间与提交投标文件的截止时间应有一个合理的间隔。《招标投标法》关于开标时间的规定，与国际通行做法大体是一致的。

c. 开标应当公开进行。所谓公开进行，就是开标活动都应当向所有提交投标文件的投标人公开。应当使所有提交投标文件的投标人到场参加开标。通过公开开标，投标人可以发现竞争对手的优势和劣势，可以判断自己中标的可能性大小，以决定下一步应采取什么行动。法律这样规定的目的是保护投标人的合法权益。只有公开开标，才能体现和维护公开透明、公平公正的原则。

② 开标地点 为了使所有投标人都能事先知道开标地点，并能够按时到达，开标地点应当在招标文件中事先确定，以便使每一个投标人都能事先为参加开标活动做好充分的准备，如根据情况选择适当的交通工具，并提前做好机票、车票的预订工作，等等。招标人如果确有特殊原因，需要变动开标地点，则应当按照《招标投标法》第二十三条的规定对招标文件作出修改，作为招标文件的补充文件，书面通知每一个提交投标文件的投标人。

（2）开标的过程 由投标人或者其推选的代表检查投标文件的密封情况，也可以由招标人委托的公证机构检查并公证。投标人数较少时，可由投标人自行检查；投标人数较多时，也可以由投标人推举代表进行检查。招标人也可以根据情况委托公证机构进行检查并公证。所谓公证，是指国家专门设立的公证机构根据法律的规定和当事人的申请，按照法定的程序证明法律行为、有法律意义的事实和文书的真实性、合法性的非诉讼活动。公证机构是国家专门设立的，依法行使国家公证职权，代表国家办理公证事务，进行公证证明活动的司法证明机构。按照《公证暂行条例》的规定，公证处是国家公证机关。是否需要委托公证机关到场检查并公证，完全由招标人根据具体情况决定。招标人或者其推选的代表或者公证机构经检查发现密封被破坏的投标文件，应当予以拒收。经确认无误的投标文件，由工作人员当众拆封。投标人或者投标人推选的代表或者公证机构对投标文件的密封情况进行检查以后，确认密封情况良好，没有问题，则可以由现场的工作人员在所有在场的人的监督之下进行当众拆封。宣读投标人名称、投标价格和投标文件的其他主要内容。即拆封以后，现场的工作人员应当高声唱读投标人的名称、每一个投标的投标价格以及投标文件中其他主要内容。其他主要内容，主要是指投标报价有无折扣或者价格修改等。如果要求或者允许报替代方案，还应包括替代方案投标的总金额。比如建设工程项目，其他主要内容还应包括：工期、质量、投标保证金等。这样做的目的在于，使全体投标者了解各家投标者的报价和自己在其中的顺序，了解其他投标的基本情况，以充分体现公开开标的透明度。

一般情况下开标的程序是：

① 所有参加开标会的人员签到；
② 投标人提交投标文件同时缴纳投标保证金；
③ 由招标人或委托招标代理机构的代表主持开标会议；
④ 邀请所有投标人参加，并邀请主管部门、行政监督部门、监理单位、设计单位等派代表参加；
⑤ 检查投标文件的密封情况；
⑥ 按投标文件提交顺序拆封正本；
⑦ 唱标，宣读投标价格、折扣价格等；
⑧ 会议结束，编写会议纪要，并向相关部门备案。

招标文件有下列情形之一的，招标人不予受理：

① 逾期送达的或者未送达指定地点的；
② 未按招标文件要求密封的。

5.4.2　评标

评标是指评标委员会和招标人依据招标文件规定的评标标准和方法对投标文件进行审查、评审和比较的行为。评标是招标投标活动中十分重要的阶段，评标是否真正做到公开、公平、公正，决定着整个招标投标活动是否公平和公正；评标的质量决定着能否从众多投标竞争者中选出最能满足招标项目各项要求的中标者。

5.4.2.1 详细评审

详细评审是指评标委员会根据招标文件确定的评标标准和方法，对经过初步评审合格的投标文件的技术部分、商务部分做进一步的评审和比较，确定投标文件的竞争性。详细评审通常分为两个部分：技术标评审和商务标评审。评标方法包括经评审的最低投标标价法、综合评估法或者法律、行政法规循序的其他评价方法。其中，经评审的最低投标价法一般适用于具有通用技术、性能标准或者招标人对其技术、性能没有特殊要求的招标项目。不宜采用经评审的最低投标价法的招标项目，应当采用综合评估法。根据综合评估法，最大限度地满足招标文件中规定的各项评价标准，可以采取折算为货币的方法、打分的方法或者其他方法。需量化的因素以及权重应当在招标文件中明确规定。

5.4.2.2 投标文件的澄清、说明和补正

澄清、说明和补正是指评标委员会在评审投标文件过程中，遇到投标文件中不明确或存在细微偏差的内容时，要求投标人作出书面澄清、说明或补正，但投标人不得借此改变投标文件的实质性内容。投标人不得主动提出澄清、说明或补正的要求。若评标委员会发现投标人的投标价或主要单项工程报价明显低于同标段其他投标人报价或者在设有参考标底时明显低于参考标底价时，应要求该投标人作出书面说明并提供相关证明材料。如果投标人不能提供相关证明材料证明该报价能够按招标文件规定的质量标准和工期完成招标项目，评标委员会应当认定该投标人以低于成本价竞标，作废标处理。如果投标人提供了证明材料，评标委员会也没有充分的证据证明投标人低于成本价竞标，评标委员会应当接受该投标人的投标报价。通常而言，应注意以下几点：第一，澄清是投标人应评标委员会要求作出的。只有评标委员会能够启动澄清程序，并书面通知该投标人。其他相关主体，不论是招标人、招标代理机构，或是行政监督部门，均无权发动澄清。第二，评标委员会只有在投标文件出现法定状况时才能要求澄清。即，出现投标文件中有含义不明确、明显文字或者计算错误，报价明显低于其他投标报价或者在设有标底时明显低于标底等情况，评标委员会认为需要投标人作出必要澄清、说明时。第三，评标委员会澄清要求不得违法。评标委员会不得暗示或者诱导投标人作出澄清、说明，不得接受投标人主动提出的澄清、说明。评标委员会不得提出带有暗示性或者诱导性的问题，更不能以澄清之名要求投标人对实质性偏差进行澄清或者后补。第四，投标人的澄清不得超出投标文件范围或者改变投标文件实质性内容。首先，投标人只能针对评标委员会要求，进行澄清、说明或者补正。其次，澄清、说明或者补正的内容，不得超出投标文件的范围，不能提出投标文件中没有的新投标内容。再次，不能改变投标文件的实质性内容。第五，澄清应当采用书面形式。评标委员会以书面方式提出澄清要求，投标人也以书面方式提供澄清、说明或者补正。

5.4.2.3 评标报告

评标报告是评标委员会根据全体评标成员签字的原始评标记录和评标结果编写的报告。依据《政府采购货物和服务招标投标管理办法》第五十八条规定，评标委员会根据全体评标成员签字的原始评标记录和评标结果编写评标报告。评标报告应当包括以下内容：

（1）招标公告刊登的媒体名称、开标日期和地点；
（2）投标人名单和评标委员会成员名单；
（3）评标方法和标准；

（4）开标记录和评标情况及说明，包括无效投标人名单及原因；

（5）评标结果，确定的中标候选人名单或者经采购人委托直接确定的中标人；

（6）其他需要说明的情况，包括评标过程中投标人根据评标委员会要求进行的澄清、说明或者补正，评标委员会成员的更换等。

5.4.3 推荐中标候选人与定标

5.4.3.1 中标人的条件

（1）能够最大限度满足招标文件中规定的各项综合评价标准；

（2）能够满足招标文件的实质性要求，并且经评审的投标价格最低；但是投标价格低于成本的除外。

5.4.3.2 定标

评标委员会推荐的中标候选人为一至三人，须有排列顺序。对于法定采购项目，招标人应确定排名第一的中标候选人为中标人。若第一中标候选人放弃中标，因不可抗力提出不能履行合同，或招标文件规定应提交履约保证金而未在规定期限内提交的，招标人可以确定第二中标候选人为中标人。第二中标候选人因前述同样原因不能签订合同的，招标人可以确定第三中标候选人为中标人。无论采用何种定标途径、定标模式、评标方法，对于法定采购项目（依据《政府采购法》或《招标投标法》及其配套法规、规章规定必须招标采购的项目），招标人都不得在评标委员会依法推荐的中标候选人之外确定中标人，也不得在所有投标被评标委员会否决后自行确定中标人，否则中标无效，招标人还会受到相应处理，对于非法定采购项目，若采用公开招标或邀请招标，那么招标人如果在评标委员会依法推荐的中标候选人之外确定中标人的，也将承担法律责任。

5.4.3.3 中标通知与签订合同

根据《招标投标法》第四十五条规定，中标人确定后，招标人应当向中标人发出中标通知书，并同时将中标结果通知所有未中标的投标人。中标通知书对招标人和中标人具有法律效力。中标通知书发出后，招标人改变中标结果的，或者中标人放弃中标项目的，应当依法承担法律责任。第四十六条规定，招标人和中标人应当自中标通知书发出之日起三十日内，按照招标文件和中标人的投标文件订立书面合同。招标人和中标人不得再行订立背离合同实质性内容的其他协议。招标文件要求中标人提交履约保证金的，中标人应当提交。

5.4.3.4 招标投标情况的书面报告

招标投标情况书面报告的主要内容基本包括：

（1）招标范围；

（2）招标方式和发布招标公告的媒介；

（3）招标文件中投标人须知、技术条款、评标标准和方法、合同主要条款等内容；

（4）评标委员会的组成和评标报告；

（5）中标结果。

基础测试

1. 招标投标活动应当遵循 _____、_____、_____、_____ 的原则。
2. 招标分为 _____、_____ 两种方式。

思考提高

1. 什么是招标？什么是投标？
2. 招标投标制度的作用主要体现在哪几个方面？
3. 招标投标活动的基本特性。
4. 招标组织有哪些形式？
5. 什么是招标文件？
6. 什么是标底？

综合运用

某承包商通过资格预审后，对招标文件进行了仔细分析，发现业主所提出的工期要求过于苛刻，且合同条款中规定每拖延1天工期罚合同价的0.1%。若要保证实现该工期要求，必须采取特殊措施，从而大大增加成本。还发现原设计结构方案采用框架剪力墙体系过于保守。因此，该承包商在投标文件中说明业主的要求难以实现，因而按自己认为的合理工期（比业主要求的工期增加6个）编制施工进度计划并据此报价。还建议将框架剪力墙体系改为框架体系，并对这两种结构体系进行了技术经济分析和比较，证明框架体系不仅能保证工程结构的可靠性和安全性、增加使用面积、提高空间利用的灵活性，而且可降低造价约3%。该承包商将技术标和商务标分别封装，在封口处加盖本单位公章和项目经理签字后，在投标截止日期前1天上午将投标文件报送业主。次日（即投标截止日当天）下午，在规定的开标时间前1小时，该承包商又递交了一份补充材料，其中声明将原报价降低4%。但是，招标单位的有关工作人员认为，根据国际上"一标一投"的惯例，一个承包商不得递交两份投标文件，因而拒绝承包商的补充材料。开标会由市招投标办的工作人员主持，市公证处有关人员到会，各投标单位代表均到场。开标前，市公证处人员对各投标单位的资质进行审查，并对所有投标文件进行审查，确认所有投标文件均有效后，正式开标。主持人宣读投标单位名称、投标价格、投标工期等有关投标文件的重要说明。试讨论：

① 该承包商运用了哪几种报价技巧？其运用是否得当？逐一加以说明。
② 从所介绍的背景资料来看，在该项目招标程序中存在哪些问题？分别做简单说明。

第6章 城乡规划法规

```
                  ┌ 相关概念及法规
            概述  ┤ 城乡规划和城乡规划管理的作用与意义
                  └ 城乡规划法规相关的法律法规

                         ┌ 城镇体系规划
                         │ 城市规划
城乡规划法规 ┤ 城乡规划体系┤ 镇规划
                         │ 乡规划、村庄规划
                         └ 规划区

            城市规划中城市新区开发和旧区改建
            《城乡规划法》配套行政法规与规章
```

6.1 概述

6.1.1 相关概念及法规

（1）城乡规划　城乡规划是城镇体系规划、城市规划、镇规划、乡规划和村庄规划的统称；对一定时期内城乡社会和经济发展、土地利用、空间布局以及各项建设的综合部署、具体安排和实施管理。

城乡规划编制是指各级人民政府根据一定时期城市的经济和社会发展目标，依法编制规划文件，以确定城市性质、规模和发展方向，合理利用城市土地，协调城市空间功能布局，综合部署各项建设。

（2）城乡规划法规　指由国家权力机关或其他授权机构制定的，规范城乡规划活动，指导和调控城乡建设和发展的有关城市和乡村规划管理的法律、行政法规的总和。

6.1.2 城乡规划和城乡规划管理的作用与意义

6.1.2.1 城乡规划的作用与意义

（1）城乡规划的作用

① 完善城乡建设体系。城乡规划建设体制完善与否，深刻地影响着城乡规划建设的协调稳定发展，因此，进一步建立健全城乡规划建设体制至关重要。城乡建设在实际过程中，需要遵循国家制定的相关法律法规和城乡建设基础任务，从而使得城乡建设更加符合城乡居民和经济发展的实际需求，提高城乡建设的可靠性。传统的城乡建设过程中，一些不合理的问题始终影响城乡建设的质量和城乡建设的水平，许多城乡的相关建设体系已经不能满足现阶段的城乡建设需求，而城乡规划可以有效地为城乡完善建设体系。城乡规划站在城乡建设全局的角度，科学地对城乡建设的职能划分、城乡经济发展、基础设施建设等进行规划，能有效改善城乡居民的居住情况和生活情况。

② 调控城乡建设平衡。在城乡发展的过程中，普遍存在各级政府比较注重城市的基础设施建设、产业结构的调整、投资环境的改善等，城乡规划则能通过对农村资源的有效开发，提升农村的创业热潮，增加农民的经济收入，来推动城乡经济又好又快发展，促使农村人口的生活质量和生活品质得到全面提升，最大限度缩短城市与农村之间的差距。

③ 使城乡建设更为科学合理。城乡规划对城市建设具有宏观和微观的调控作用。因为城乡建设涉及的内容非常广泛，不仅涉及城乡的政治、经济，还包含科教、基础设施、公共服务设施等内容。宏观调控方面，需要国家制定科学合理的宏观调控措施，使城乡建设能够与现阶段国家的基本发展目标和发展势头相符合，满足科学发展观的基本需求。微观调控方面，在实际的城乡建设中，城乡规划需要站在城乡建设的全局角度，科学地对城乡的各类资源进行分析，并制定合理的应用计划。合理的空间布局是确保城乡建设有序、环境整洁、特色鲜明的重要组成部分。通过城乡规划的有效实施，可以对城乡的空间资源进行合理利用，对建筑物、构筑物等进行科学设计，从而建设一个健康舒适的居住空间。

④ 保护城乡历史文化传承。在时间的历史长河中，文化的传承伴随着时代的更迭，大量代表历史文化的遗迹流传至今。城乡规划在建设期前便可以针对性地制定建设方案，在保护历史遗迹、文化传承的同时，对城乡的建设做好相应的规划。

（2）城乡规划的意义

城乡规划是城市和乡镇的建设和管理的基本依据，是保证城市和乡镇土地合理利用和开发经营活动协调进行的前提和基础，是实现城乡经济和社会发展目标的重要手段。

6.1.2.2 城乡规划管理的作用和意义

通过科学合理的城乡规划管理活动，使各级政府可以依靠法律的权威，运用法律的、经济的、行政的手段，保证科学合理地制定城乡规划，并有效地实施城乡规划，从而推动城乡经济和社会的协调发展。

6.1.3 城乡规划相关的法律法规

《建设项目选址规划管理办法》（1991年）；

《城市规划编制单位资质管理规定》（2001年）；

《城市国有土地使用权出让和转让规划管理办法》(1993年);
《村庄和集镇规划建设管理条例》(1993年);
《城镇体系规划编制审批办法》(1994年);
《城市规划编制办法》(2006年);
《中华人民共和国城乡规划法》(2008年,以下简称《城乡规划法》);
《城市用地分类与规划建设用地标准》GB 50137—2011 (2011年)。

6.2 城乡规划体系

城乡规划体系是一个相对独立完整的规划体系,是由全国城镇体系规划、省域城镇体系规划、城市规划、镇规划、乡和村庄规划等不同区域层次规划组成。城市规划、镇规划分为总体规划和详细规划。详细规划分为控制性详细规划和修建性详细规划。

6.2.1 城镇体系规划

(1) 城镇体系规划　是针对城镇发展战略的研究,是在一个特定范围内合理进行城镇布局,优化区域环境,配置区域基础设施,明确不同层次的城镇地位、性质和作用,综合协调相互的关系,以实现区域经济、社会、空间的可持续发展。城镇体系规划是指一定地域范围内,以区域生产力合理布局和城镇职能分工为依据,确定不同人口规模等级和职能分工的城镇的分布和发展规划。根据建设部颁布的《城市规划编制办法》,在城市总体规划、市域和县域城镇体系规划的内容包括:分析区域发展条件和制约因素,提出区域城镇发展战略,确定资源开发、产业配置和保护生态环境、历史文化遗产的综合目标;预测区域城镇化水平,调整现有城镇体系的规模结构、职能分工和空间布局,确定重点发展的城镇;原则确定区域交通、通信、能源、供水、排水、防洪等设施的布局;提出实施规划的措施和有关技术经济政策的建议。纲要阶段,即应该原则确定市(县)域城镇体系的结构和布局。

(2) 城镇体系规划要达到的目标　通过合理组织体系内各城镇之间、城镇与体系之间以及体系与其外部环境之间的各种经济、社会等方面的相互联系,运用现代系统理论与方法探究整个体系的整体效益。

(3) 市域城镇体系规划的主要内容

① 提出市域城乡统筹的发展战略。中心城市应当根据需要,提出与相邻行政区域在空间发展布局、重大基础设施和公共服务设施建设、生态环境保护、城乡统筹发展等方面进行协调的建议。

② 确定生态环境、土地和水资源、能源、自然和历史文化遗产等方面的保护与利用的综合目标和要求,提出空间管制原则和措施。

③ 预测市域总人口及城镇化水平,确定各城镇人口规模、职能分工、空间布局和建设标准。

④ 提出重点城镇的发展定位、用地规模和建设用地控制范围。

⑤ 确定市域交通发展策略;原则确定市域交通、通信、能源、供水、排水、防洪、垃圾处理等重大基础设施,重要社会服务设施,危险品生产储存设施的布局。

⑥ 根据城市建设、发展和资源管理的需要划定城市规划区。城市规划区的范围应当位

于城市的行政管辖范围内。

⑦ 提出实施规划的措施和有关建议。

(4) 城镇体系规划的编制层次　编制城镇体系规划应具备区域城镇的历史、现状和经济社会发展基础资料以及必要的勘察测量资料。资料由承担编制任务的单位负责收集，有关城市和部门协助提供。承担编制城镇体系规划任务的单位，应当符合国家有关规划设计单位资格的规定。

6.2.2　城市规划

我国对城市规划的定义：城市规划是为了实现一定时期内城市的经济和社会发展目标，确定城市性质、规模和发展方向，合理利用城市土地，协调城市空间布局和各项建设所作的综合部署和具体安排。城市规划建设主要包含两方面的含义，即城市规划和城市建设。所谓城市规划是指根据城市的地理环境、人文条件、经济发展状况等客观条件制定适宜城市整体发展的计划，从而协调城市各方面发展，并进一步对城市的空间布局、土地利用、基础设施建设等进行综合部署和统筹安排的一项具有战略性和综合性的工作。所谓城市建设是指政府主体根据规划的内容，有计划地实现能源、交通、通信、信息网络、园林绿化以及环境保护等基础设施建设，是将城市规划的相关部署切实实现的过程，一个成功的城市建设要求在建设的过程中实现人工与自然完美结合，追求科学与美感的有机统一，实现经济效益、社会效益、环境效益的共赢。

城市规划的作用：城市规划又叫作都市计划或都市规划，是指对城市的空间和实体发展进行的预先考虑。其作用具体包括：①是宏观经济调控的手段；②保障社会公共利益；③协调社会利益，维护公平；④改善人居环境。

6.2.3　镇规划

按照《中华人民共和国城乡规划法》的规定，镇的规划分为总体规划和详细规划，镇的详细规划分为控制性详细规划和修建性详细规划。

镇总体规划是指对一定时期内镇的性质、发展目标、发展规模、土地利用、空间布局以及各项建设的综合部署、具体安排和实施措施，是管制镇的空间资源开发、保护生态、环境和历史文化遗产、创造良好生活环境的重要手段。镇总体规划包括县人民政府所在地的镇的总体规划和其他镇的总体规划。

镇详细规划是指以镇的总体规划为依据，对一定时期内镇的局部地区的土地利用、空间布局和建设用地所作的具体安排和设计。镇的控制性详细规划，即以镇的总体规划为依据，确定镇内建设地区的土地使用性质和使用强度的控制指标、道路和工程管线控制性位置以及空间环境控制的规划要求。镇的修建性详细规划，是指以镇的总体规划和控制性详细规划为依据，制定的用以指导镇内各项建筑及其工程设施和施工的规划设计。

6.2.4　乡规划、村庄规划

乡规划、村庄规划分别是指对一定时期内乡、村庄的经济和社会发展、土地利用、空间布局以及各项建设的综合部署、具体安排和实施措施。由于乡规划、村庄规划范围较小、建设活动形式单一，要求其既编制总体规划又编制详细规划的必要性不大，因此，《城乡规划法》没有对乡规划、村庄规划再作总体规划和详细规划的分类，而是规定由乡规划或村庄规划统一安排。

乡规划和村庄规划是做好农村地区各项建设工作的先导和基础，是各项建设管理工作的基本依据。乡规划、村庄规划应当充分考虑农民的生产、生活方式及居住习惯对规划的要求，从农村实际出发，尊重村民意愿，体现地方和农村特色，依法保护耕地，节约和集约利用资源，保护生态环境，促进广大乡村地区的可持续发展。乡规划和村庄规划的内容应当包括：规划区范围，住宅、道路、供水、排水、供电、垃圾收集、畜禽养殖场所等农村生产、生活服务设施、公益事业等各项建设的用地布局、建设要求，以及对耕地等自然资源和历史文化遗产保护、防灾减灾等的具体安排。乡规划还应当包括本行政区域的村庄发展布局。

6.2.5 规划区

规划区是指城市、镇和村庄的建成区以及因城乡建设和发展需要，必须实行规划控制的区域。其中分为两个部分：一是建成区，即实际已经成片开发建设、市政公用设施和公共设施基本具备的地区；二是尚未建成但由于进一步发展建设的需要必须实行规划控制的区域。规划区的具体范围由有关人民政府在组织编制的城市总体规划、镇总体规划、乡规划和村庄规划中划定。

6.3 城市规划中城市新区开发和旧区改建

（1）新区开发　城市新区开发是指按照城市总体规划，在城市现有建成区以外的一定地段，进行集中成片、综合配套的开发建设活动。

（2）旧区改建　在城市建成区内进行的各项经济、社会、文化设施等建设活动和旧住宅的改建。

（3）城市新区开发的主要原则　①坚持规划先行的原则；②坚持可持续发展的原则；③坚持有利于生产、方便生活的原则；④坚持以人为本、保证生态环境的原则。

（4）旧区改建主要原则　《城乡规划法》第三十一条规定，旧城区的改建，应当保护历史文化遗产和传统风貌，合理确定拆迁和建设规模，有计划地对危房集中、基础设施落后等地段进行改建。历史文化名城、名镇、名村的保护以及受保护建筑物的维护和使用，应当遵守有关法律、行政法规和国务院的规定。

6.4 《城乡规划法》配套行政法规与规章

（1）《村庄和集镇规划建设管理条例》于 1993 年 6 月 29 日国务院颁布，同年 11 月 1 日施行。村庄和集镇规划原则包括：

① 根据经济、社会发展，结合现状要求，统筹兼顾。
② 处理好近期建设与远景发展、改造与新建的关系。
③ 合理用地，节约用地，充分利用原有建设用地。
④ 有利生产，方便生活。

⑤ 保护和改善生态环境。

(2)《历史文化名城名镇名村保护条例》保护规划要求：

① 历史文化名城批准公布后，政府应当组织编制历史文化名城保护规划。

② 历史文化名镇、名村批准公布后，所在地县级人民政府应当组织编制历史文化名镇、名村保护规划。

③ 保护规划应当自历史文化名城、名镇、名村批准公布之日起1年内编制完成。

④ 历史文化名城、名镇保护规划的规划期限应当与城市、镇总体规划的规划期限相一致；历史文化名村保护规划的规划期限应当与村庄规划的规划期限相一致。

⑤ 经依法批准的保护规划，不得擅自修改；确需修改的，保护规划的组织编制机关应当向原审批机关提出专题报告，经同意后，方可编制修改方案。修改后的保护规划，应当按照原审批程序报送审批。

历史文化名城、名镇、名村保护规划内容：

① 保护原则、保护内容和保护范围；

② 保护措施、开发强度和建设控制要求；

③ 传统格局和历史风貌保护要求；

④ 历史文化街区、名镇、名村的核心保护范围和建设控制地带；

⑤ 保护规划分期实施方案。

基础测试

1. 城乡规划体系包括_____、_____、_____、_____、_____。

2. 市政交通工程规划管理的特点有_____、_____、_____。

思考提高

1. 城乡规划编制的一般工作原则包括什么？
2. 城乡规划的意义是什么？
3. 城市新区开发的主要原则是什么？
4. 什么是城镇体系规划？
5. 城镇体系规划的编制层次分为哪些？
6. 建筑工程规划管理的内容主要包括什么？
7. 简述城市新区开发的主要原则。

综合运用

一市区内有一座古桥，属市级文物保护单位，以该古桥为中心半径100m内规划了文物保护区，规定保护区不能开发，只能绿化，并交由专门的绿化队负责管理。某投资商看中了该保护区的环境和位置，私下以每年支付佣金的方式与绿化队达成协议，在距离古桥60m处修建2栋高层住宅，工程刚开始动工，就被该市城乡规划行政主管部门规划监督执法队发现，立即责令停工。试讨论分析：该工程属于什么性质？该如何处理？

第 7 章

建设工程合同管理法规

建设工程合同管理法规
- 合同法概述
  - 合同与合同法
  - 合同的订立
  - 合同的效力
  - 合同的履行
  - 合同的变更、转让和终止
  - 违约责任
- 建设工程合同法律规范
  - 建设工程合同法律规范的概述
  - 建设工程勘察、设计合同
  - 建设工程施工合同
  - 建设工程委托监理合同
- 建设工程合同的示范文本

7.1 合同法概述

7.1.1 合同与合同法

7.1.1.1 合同的概念

《民法典》规定，合同是民事主体之间设立、变更、终止民事法律关系的协议。

广义上的合同，则泛指一切确立权利义务关系的协议，除了包括民法上的物权合同、债权合同、身份合同外，还包括劳动法中的劳动合同、行政法中的行政合同等。广义合同指所有法律部门中确定权利、义务关系的协议。如民法上的民事合同、行政法上的行政合同、劳动法上的劳动合同、国际法上的国际合同等。

狭义上的合同，仅指具有直接财产内容的民事合同，不包括有关人身关系的协议。狭义合同指一切民事合同。

最狭义合同仅指民事合同中的债权合同，包括：①买卖合同；②供用电、水、气、热力合同；③赠与合同；④借款合同；⑤保证合同；⑥租赁合同；⑦融资租赁合同；⑧保理合同；⑨承揽合同；⑩建设工程合同；⑪运输合同；⑫技术合同；⑬保管合同；⑭仓储合同；⑮委托合同；⑯物业服务合同；⑰行纪合同；⑱中介合同；⑲合伙合同。

7.1.1.2 合同的法律特征

（1）合同是一种法律行为。
（2）合同是两个或两个以上当事人意思表示一致的法律行为。
（3）合同当事人的法律地位平等。
（4）合同是当事人的合法行为。
（5）合同以产生、变更或终止债权债务关系为目的。

7.1.1.3 合同法的概念

为了保护合同当事人的合法权益，维护社会经济秩序，促进社会主义现代化建设制定合同法，由中华人民共和国第九届全国人民代表大会第二次会议于1999年3月15日通过，于1999年10月1日起施行，共计二十三章四百二十八条。2020年5月28日，十三届全国人大三次会议表决通过了《中华人民共和国民法典》，自2021年1月1日起施行。《中华人民共和国合同法》同时废止。

7.1.2 合同的订立

合同的订立是指订约当事人就合同的主要条款达成合意，合同当事人依法就合同内容经过协商，达成协议的法律行为。

（1）当事人的主体资格　主体资格，是指主体从事某项工作、职业、活动时依照法律或专业规范应当具备的相应的资质。合同的主体资格是对民事法律关系主体而言的，是指依法享有权利和承担义务的法律关系的参与人。民事法律关系主体简称民事主体，是指法律规定的能够参与民事法律关系从而享有民事权利、承担民事义务的人，包括自然人和法人。作为民事法律关系的主体，必须具有民事权利能力。根据我国《民法典》的规定，可以作为民事法律关系主体的，有自然人、法人和其他组织等。

（2）合同的形式　合同形式，是指当事人合议的外在表现形式，是合同内容的载体。我国《民法典》第一百三十五条："民事法律行为可以采用书面形式、口头形式或者其他形式；法律、行政法规规定或者当事人约定采用特定形式的，应当采用特定形式。"现代各国对合同形式采用以不要式为原则，一般不加限制，法律只规定特定种类的合同必须具备书面形式或其他形式。

① 口头形式　口头合同又称口头协议，是指当事人面对面地谈话或者以电话交谈等方式达成的协议。口头订立合同的特点是直接、简便、快速，数额较小或者现款交易通常采用口头形式。当事人在使用口头形式时，应注意只能是即时履行的经济合同，才能使用口头形式，否则不宜采用这种形式。

② 书面形式　书面合同是"口头合同"的对称。以文字表述形式按一定格式记载当事人之间协议的合同。书面合同一般适用于计划的、规范性的、标的数量比较大的、内容比较复杂的、法人之间订立的难于即时结清的合同。它具有权利义务关系明确，有据可查，便于

预防和处理纠纷的优点。可作如下分类:

a. 一般书面形式和特殊书面形式。前者指行为人采用普通文字形式进行意思表示。如书面合同、授权委托书、书信和电报等。后者指行为人除采用普通文字进行外,还须履行法律所规定的其他形式,才能完成意思表示。如经公证、鉴证、审核、登记等。

b. 法定书面形式和约定书面形式。前者指由法律规定当事人必须以文字形式进行意思表示,后者指由双方当事人协商确定以某种书面形式进行意思表示。我国对民事法律行为的成立重视书面形式。

③ 公证形式　公证形式是当事人约定或者依照法律规定,以国家公证机关对合同内容加以审查公证的方式,所采取的一种合同形式。公证机关一般均以合同的书面形式为基础,对合同内容的真实性和合法性进行审查确认后,在合同书上加盖公证印鉴,以资证明。经过公证的合同具有最可靠的证据力,当事人除有相反的证据外,不能推翻。我国法律对合同的公证采取自愿原则。合同是否须经公证,一般由当事人自行约定。当事人要求必须公证的合同就必须公证,不经公证不生效。但对一些重要的合同种类,法律也可以规定必须进行公证。

④ 鉴证形式　鉴证形式是当事人约定或依照法律规定,以国家合同管理机关对合同内容的真实性和合法性进行审查订立合同的一种合同形式。鉴证是国家对合同进行管理和监督的行政措施,只能由国家行政主管机关进行。鉴证的作用在于加强合同的证明,提高合同的可靠性。鉴证也采取自愿原则。除国家规定必须鉴证的合同外,鉴证机关根据当事人的申请进行鉴证。对于地方性法规规定必须予以鉴证的合同,在作出鉴证规定的行政区域内签订时应从其规定。

⑤ 批准形式　批准形式是指法律规定某些类别的合同须采取经国家有关主管机关审查批准的一种合同形式。这类合同,除应由当事人达成意思表示一致而成立外,还应将合同书及有关文件提交国家有关主管机关审查批准才能生效。这类合同的生效,除应具备一般合同的生效要件外,在合同形式上还须同时具备书面形式和批准形式这两个特殊要件。合同的批准形式是国家对某些特殊类别合同的特殊要求。法律不要求合同批准形式的,当事人不能约定或要求国家进行批准。须经批准而未经批准的合同,自始就无法律效力。即使当事人之间意思表示一致,也不能认为他们之间成立了合同。这是合同的批准形式与其他几种法定形式的重要区别。

⑥ 登记形式　登记形式是指当事人约定或依照法律规定,采取将合同提交国家登记主管机关登记的方式订立合同的一种合同形式。登记形式一般用于不动产的买卖合同。某些特殊的动产,如船舶等,在法律上视为不动产,其转让也采取登记形式。合同的登记形式可由当事人自行约定,也可以由法律加以规定。

⑦ 其他形式合同　是指根据当事人的行为或者特定情形推定成立的合同,也称之为默示合同。此类合同是指当事人未用语言明确表示成立,而是根据当事人的行为推定合同成立。如房屋租赁合同,租赁期满后,出租人未提出让承租人退房,承租人也未表示退房而是继续交房屋租金,出租人仍然接受租金。尽管当事人没有重新签订合同,但是可以依当事人的行为推定合同仍然有效,继续履行。

7.1.2.1 合同的内容

合同内容,即当事人在合同中约定的权利义务。合同内容通过合同条款来具体表现。合同条款(Contract Terms/Contractual Conditions)是合同条件的表现和固定化,是确定合同当事人权利和义务的根据。即从法律文书而言,合同的内容是指合同的各项条款。因此,合同条款应当明确、肯定、完整,而且条款之间不能相互矛盾,否则将影响合同成立、生效和履行,以及实现订立合同的目的,所以准确理解条款含义有重要作用。合同的内容由当事人约定,一般包括以下条款:

(1) 当事人的名称或者姓名与住所　当事人是合同中权利义务的承受者,没有当事人,合同中权利义务就失去存在的意义，给付和受领给付便无从谈起，因此，订立合同须有当事人这一条款。当事人由其名称或者姓名及住所加以特定化、固定化，所以，具体合同条款的草拟必须写清当事人的名称或者姓名和住所。

（2）标的　标的是合同法律关系的客体，是合同当事人权利和义务共同指向的对象。标的是合同成立的必要条件，没有标的，合同不能成立。标的条款必须清楚地写明标的名称，以使标的特定化，从而能够界定权利义务。

（3）质量与数量　标的（物）的质量和数量是确定合同标的（物）的具体条件，是这一标的（物）区别于同类另一标的（物）的具体特征。标的（物）的质量需制订得详细具体，如标的（物）的技术指标、质量要求、规格、型号等要明确。标的（物）的数量要确切。首先应选择双方共同接受的计量单位；其次要确定双方认可的计量方法；再次应允许规定合理的磅差或尾差。

（4）价款或者酬金　价款是取得标的物所应支付的代价，酬金是获得服务所应支付的代价。价款，通常指标的物本身的价款，但因商业上的大宗买卖一般是异地交货，便产生了运费、保险费、装卸费、保管费、报关费等一系列额外费用。它们由哪一方支付，需在价款条款中写明。

（5）履行期限、地点和方式

① 履行期限直接关系到合同义务完成的时间，涉及当事人的期限利益，也是确定违约与否的因素之一，十分重要。履行期限可以规定为即时履行，也可以规定为定时履行，还可以规定为在一定期限内履行。如果是分期履行，尚应写明每期的准确时间。

② 履行地点是确定验收地点的依据，是确定运输费用由谁负担、风险由谁承受的依据，有时是确定标的物所有权是否转移、何时转移的依据，还是确定诉讼管辖的依据之一，对于涉外合同纠纷，它是确定法律适用的一项依据，十分重要。

③ 履行方式，例如是一次交付还是分期分批交付，是交付实物还是交付标的物的所有权凭证，是铁路运输还是空运、水运等，同样事关人的物质利益，合同应写明，但对于大多数合同来说，它不是主要条款。履行的期限、地点、方式若能通过有关方式推定，则合同即使欠缺它们也不影响成立。

（6）解决争议的方法　解决争议的方法，是指有关解决争议运用什么程序、适用何种法律、选择哪家检验或者鉴定的机构等内容。当事人双方在合同中约定的仲裁条款、选择诉讼法院的条款、选择检验或者鉴定机构的条款、涉外合同中的法律适用条款、协商解决争议的条款等，均属解决争议的方法的条款。合同条款依其作用可分为合同的主要条款和普通条款。

7.1.2.2 合同订立

合同的订立是指缔约当事人相互为意思表示并达成合意而成立了合同。合同的订立由"订"和"立"两个阶段组成。"订"强调缔约的行为和过程，是缔约各方的接触、洽商直至达成最终协议前的整个讨价还价的过程。此阶段由要约邀请、要约、反要约诸制度加以规范和约束，产生先合同义务及缔约过失责任。而"立"强调缔约的结果，指的是双方合意的达成，即双方当事人就合同条款至少是合同的主要条款已经形成一致意见，各方当事人享有的权利和承担的义务得以确定，简言之，合同成立了。

（1）合同订立的基本原则

订立合同时，谈判双方都应遵循一定的原则，只有这样，合同的订立才有意义。

① 公平原则。在签订合同过程中，任何一方不得把自己的意志强加给对方，任何单位和个人不得非法干预，这一原则主要强调了三点：

a. 强调了签约双方在法律上的平等地位，在利益上的互相兼顾。不允许以上压下，以大欺小，以强凌弱，也不允许以小讹大、以穷吃富。

b. 强调了签约双方在订立合同时，必须充分协商，在意思表示真实的前提下，达成一致协议（凡是采取欺诈、胁迫手段把自己的意志强加给对方，订立违反对方真实意愿的合同，都属无效合同）。

c. 强调了签约双方权利义务的对等，坚持商品交换的基本原则。由于合同不同于行政调拨，一般来说它应是有偿的。因此，订立合同，必须将公平、公正贯穿始终。当事人订立合同，应将公平作为出发点，这是合同顺利履行的前提条件。

② 诚实信用的原则。讲诚实，守信用，是合同当事人在经济往来中应遵守的原则，也是市场经济条件下的准则。不诚实，不讲信用是经济交往中的大忌。例如，全国各级政府组织企业开展的"重合同守信誉"活动，就是为了促进合同当事人的诚实信用度，进而促进企业依法管理，提高市场竞争能力。

(2) 合同订立的方式

① 要约

a. 要约是一方当事人以缔结合同为目的，向对方当事人提出合同条件，希望对方当事人接受的意思表示。发出要约的一方称要约人，接受要约的一方称受要约人。

b. 要约的成立条件

要约人应是具有缔约能力的特定人；

要约的内容须具体、确定；

要约具有缔结合同的目的，并表示要约人受其约束；

要约必须发给要约人希望与其订立合同的受要约人；

要约应以明示方式发出；

要约必须送达于受要约人。

c. 要约撤回与要约撤销

要约的撤回，是指要约人在发出要约后，于要约到达受要约人之前取消其要约的行为。

要约的撤销，是指在要约发生法律效力后，要约人取消要约从而使要约归于消灭的行为。要约的撤销不同于要约的撤回（前者发生于生效后，后者发生于生效前）。

② 承诺

a. 含义　所谓承诺，是指要约人同意要约的意思表达。换言之，承诺是指受要约人同意接受要约的条件以缔结合同的意思。

b. 承诺的成立条件

承诺必须由受要约人向要约人作出；

承诺必须在规定的期间内达到要约人；

承诺的内容必须与要约的内容一致。

c. 承诺可以撤回　承诺撤回是指承诺人在承诺生效前有权取消承诺。是受要约人（承诺人）在发出承诺之后并且在承诺生效之前采取一定的行为将承诺取消，使其失去效力。《民法典》第四百八十五条、一百四十一条规定："承诺可以撤回。"行为人可以撤回意思表示。撤回意思表示的通知应当在意思表示到达相对人前或者与意思表示同时到达相对人。

d. 受要约人对要约内容的实质性变更和非实质性变更　实质性变更主要是对要约中合同的主要内容进行的变更，包括：标的、数量和质量、价款或者酬金、履行期限、地点和方式、违约责任、解决争议的办法等。除此之外的可视为非实质性变更。

受要约人对要约的内容作出实质性变更的，为新要约，导致原要约失效。受要约人对要约的内容作出非实质性变更的，除要约人及时表示反对或者要约表明承诺不得对要约的内容作出任何变更的以外，该承诺有效，合同的内容以承诺的内容为准。

7.1.2.3 合同订立的其他规定

（1）合同成立的地点　承诺生效的地点为合同成立的地点。当事人采用数据电文形式订立合同的，收件人的主营业地为合同成立的地点；没有主营业地的，其经常居住地为合同成立的地点。当事人另有约定的，按照其约定。当事人采用书面形式订立合同的，双方当事人签字或者盖章的地点为合同成立的地点。

（2）对合同形式要求的例外规定　《中华人民共和国民法典》第四百九十条规定："当事人采用合同书形式订立合同的，自当事人均签名、盖章或者按指印时合同成立。在签名、盖章或者按指印之前，当事人一方已经履行主要义务，对方接受时，该合同成立。"

（3）违反合同先义务的法律责任——缔约过错责任

① 先合同义务　先合同义务又称前合同义务或先契约义务，是指在要约生效后合同生效前的缔约过程中，缔约双方基于诚信原则而应负有的告知、协力、保护、保密等的合同附随义务。

② 缔约过失责任　缔约过失责任是指在合同订立过程中，一方因违背其依据的诚实信用原则所产生的义务，而导致另一方的信赖利益的损失，并应承担损害赔偿责任。《民法典》第五百条规定在订立合同过程中有下列情形之一，造成对方损失的，应承担赔偿责任：

a. 假借订立合同，恶意进行磋商；

b. 故意隐瞒与订立合同有关的重要事实或者提供虚假情况；

c. 有其他违背诚信原则的行为。

7.1.3 合同的效力

合同效力是法律赋予依法成立的合同所产生的约束力。合同的效力可分为四大类，即有效合同，无效合同，效力待定合同，可变更、可撤销合同。

合同的效力，有狭义概念与广义概念之分。

（1）狭义的合同的效力　是指有效成立的合同，依法产生了当事人预期的法律效果。依合同法的建构逻辑，合同的订立是规范缔约当事人之间如何达成合意，合同的效力则是进一步规范当事人的合意应具有怎样的法律效力。合同自由是合同法的基本原则和灵魂，只要当事人间的合意不违反国家法律的规定，当事人的意志即发生法律效力。一般而言，我们所讲的合同的效力，通常指的是狭义的效力概念。

（2）广义的合同的效力　是泛指合同所产生的所有私法效果。在合同法上，不仅有效成立的合同能产生一定的法律效果，无效的合同、效力待定的合同、可撤销的合同，也会产生一定的法律效果，附条件或附期限的合同在条件或期限成就前也具有一定的法律效力。广义的合同的效力，还可以包括有效的合同违反时所产生的法律效果。依法成立的合同对当事人具有法律拘束力，当事人应当履行其所承担的义务，如果当事人不履行其义务，应依法承担民事责任。此一责任的产生虽然不是当事人所预期的效果，但也是基于合同所产生的，应属于广义的合同的效力的范畴。

7.1.3.1 合同的生效

合同的成立和生效为两个性质不同的法律概念，尽管其二者具有较强的联系，但是其区别也是显而易见的，不论是在合同法理论上还是司法实践中都有着极其重要的作用。《民法典》第五百零二条规定：依法成立的合同，自成立时生效。合同成立的条件，一般认为应具备以下条件：

(1) 订约主体应为双方或多方当事人；

(2) 具备法律规定的要约与承诺这两个阶段或过程；

(3) 对主要条款达成一致的意思表达（有些情形还需要某种形式作为载体来进行表现）。此外，对于实践性合同来说还应把实际交付物作为成立要件。如果具备以上条件，合同就能成立。至于成立的合同是否有效，还得看其是否"依法"成立。只要是依法成立的合同，都应有效。

7.1.3.2 有效合同

所谓有效合同，是指具备了合同的生效要件，能够产生合同当事人预期法律效果的合同。根据《民法典》第五百零二条，依法成立的合同，自成立时生效，但是法律另有规定或者当事人另有约定的除外。有效合同主要应具有以下条件：

(1) 行为人具有相应的民事行为能力；

(2) 意思表示真实；

(3) 不违反法律或者社会公共利益。

合同如果成立后生效，则会在合同当事人之间产生法律约束力。我国《民法典》第一百九十一条规定，依法成立的合同对当事人具有法律约束力，当事人应当按照约定全面履行自己的义务，不得擅自变更或者解除合同。而且依法成立的合同，受法律保护。如果一方当事人不履行合同义务，另一方当事人可以依照本条规定及合同的具体内容要求对方履行或承担违约责任。由于目前我国还没有建立起第三人侵害债权制度，所以如果第三人侵害合同债权时，另一方当事人只能依据《民法典》第五百九十三条的规定要求违约方承担违约责任，当事人一方和第三人之间的纠纷，依照法律规定或者按照约定处理。

7.1.3.3 无效合同

有学者认为，无效合同"是相对有效合同而言的，它是指合同虽然成立，但因其违反法律、行政法规或公共利益，因此被确认无效"。其主要特征有：

① 违法性；

② 无效合同的不得履行性；

③ 无效合同自始无效；

④ 无效合同自然无效，无须当事人主张而可由法院或仲裁机构主动审查。无效合同由于没有法律约束力，因此应不属于合同的范畴。

另外有的学者认为"无效合同是指不具备合同的有效要件且不能补救，对当事人自始即不应具有法律约束力的应由国家予以取缔的合同"。并据此认为其存在以下三个特征或要件：

① 不具备合同的有效要件且不能补救；

② 对当事人自始不应发生法律效力；

③ 由国家予以取缔。

(1) 无效合同的行为原因 根据《民法典》第一百四十四条、第一百四十六条、第一百五十三条、第一百五十四条的规定，有下列情形之一的，合同无效：

① 无民事行为能力人实施的民事法律行为无效；

② 行为人与相对人以虚假的意思表示实施的民事法律行为无效；

③ 违反法律、行政法规的强制性规定的民事法律行为无效；

④ 违背公序良俗的民事法律行为无效；

⑤ 行为人与相对人恶意串通，损害他人合法权益的民事法律行为无效。

(2) 无效合同的撤销

根据《民法典》第一百四十七条至第一百五十一条的规定，有下列情形之一的，可请求人民法院或者仲裁机构予以撤销合同：

① 基于重大误解实施的民事法律行为，行为人有权请求人民法院或者仲裁机构予以撤销；

② 一方以欺诈手段，使对方在违背真实意思的情况下实施的民事法律行为，受欺诈方有权请求人民法院或者仲裁机构予以撤销；

③ 第三人实施欺诈行为，使一方在违背真实意思的情况下实施的民事法律行为，对方知道或者应当知道该欺诈行为的，受欺诈方有权请求人民法院或者仲裁机构予以撤销；

④ 一方或者第三人以胁迫手段，使对方在违背真实意思的情况下实施的民事法律行为，受胁迫方有权请求人民法院或者仲裁机构予以撤销；

⑤ 一方利用对方处于危困状态、缺乏判断能力等情形，致使民事法律行为成立时显失公平的，受损害方有权请求人民法院或者仲裁机构予以撤销。

（3）合同无效请求权的行使　对于合同无效的行使，根据民法典理论及《民法典》中对合同效力的相关规定来看，在人民法院或者仲裁机构作出合同无效的认定之前，该合同应该是有效的。因此可以认为只有当事人一方向法院或者仲裁机构提出认定合同无效的请求或主张时，人民法院或仲裁机构才能确认合同无效。必须经当事人的申请或请求，主要是认为人民法院或仲裁机构不要主动去否认合同的效力。只要是不存在损害国家、集体或社会公共利益的，都应充分尊重当事人的意愿，对于某些不符合法定形式而又已履行或正在履行的合同，并无必要去宣告其无效。但如果合同损害了国家、集体或者社会公共利益的，由于缺乏合同无效的请求权主体，所以允许人民法院或仲裁机构主动认定其无效。这并不是说人民法院或仲裁机构对任何合同都可以主动干预其效力，而是由于请求权主体缺位而造成的。

7.1.3.4　效力待定合同

所谓效力待定的合同，是指合同虽然已经成立，但因其不完全符合法律有关生效要件的规定，因此其发生效力与否尚未确定，一般须经有权人表示承认或追认才能生效。主要包括三种情况："一是无行为能力人订立的和限制行为能力人依法不能独立订立的合同，必须经其法定代理人的承认才能生效；二是无权代理人以本人名义订立的合同，必须经过本人追认，才能对本人产生法律拘束力；三是无处分权人处分他人财产权利而订立的合同，未经权利人追认，合同无效。"

（1）合同的主体不合格，其中分为无行为能力人订立的合同和限制民事行为能力人依法不能独立订立的合同。

（2）因无权代理而订立的合同，其中包括四种情形：

① 根本无权代理；

② 授权行为无效的代理；

③ 超越代理权限范围进行的代理；

④ 代理权消灭后的代理；

（3）无处分权人处分他人财产的合同。

以上三种情形只有当法定代理人追认、本人追认或者有处分权人追认后方才生效，否则就不会发生法律效力。效力待定的合同已经成立，但由于其不符合合同生效的条件（亦即未"依法"成立），因此在《民法典》中将其归类到无效合同的范畴。所以《民法典》在制定的过程中，充分考虑到如经相关权利的追认便具备了合同有效的条件。这样既不损害国家、社会及公共利益，又充分尊重了当事人或相关权利人的意愿，应当是符合客观事实要求的，也促进了社会经济的发展。

7.1.3.5　可变更或可撤销的合同

可变更或可撤销的合同，是指合同已经成立，因为存在法定事由，允许当事人申请变更或撤销全部合同或部分条款的合同。

可变更合同是指合同中的部分内容违背当事人的真实意思表示，当事人可依法要求对该部分内容作出变更的合同。

可撤销合同即指合同中的内容违背当事人的真实意思表示，当事人可依法请求按照自己的真实意思，使合同效力归于消灭的合同。所谓可撤销合同是指合同因欠缺一定的生效要件，其有效与否，取决于有撤销权的一方当事人是否行使撤销权的合同。可撤销合同是一种相对有效的合同，在有撤销权的一方行使撤销权之前，合同对双方当事人都是有效的。它是一种相对无效的合同，但又不同于绝对无效的无效合同。

（1）撤销权的行使　撤销权通常由因意思表示不真实而受损害的一方当事人享有。撤销权的行使，不一定必须通过诉讼的方式。如果撤销权人主动向对方作出撤销的意思表示，而对方未表示异议，则可以直接发生撤销合同的后果；如果对撤销问题，双方发生争议，则必须提起诉讼或仲裁，要求人民法院或仲裁机关予以裁决。撤销权人有权提出变更合同，请求变更的权利也是撤销权人享有的一项权利。撤销权人必须在规定的期限内行使撤销权。具有撤销权的当事人自知道或者应当知道撤销事由之日起一年内没有行使撤销权或具有撤销权的当事人知道撤销事由后明确表示或者以自己的行为放弃撤销权，则撤销权消灭。

（2）《民法典》规定，合同当事人一方有权请求人民法院或者仲裁机构变更或者撤销：
① 因重大误解订立的合同；
② 在订立合同时显失公平的合同；
③ 因欺诈、胁迫而订立的合同；
④ 乘人之危而订立的合同。

7.1.3.6　合同无效和被撤销后的处理

合同被确认无效或撤销后将导致合同自始无效，这也就是效力溯及既往的原则。《民法典》第一百五十七条规定：民事法律行为无效、被撤销或者确定不发生效力后，行为人因该行为取得的财产，应当予以返还；不能返还或者没有必要返还的，应当折价补偿。有过错的一方应当赔偿对方由此所受到的损失；各方都有过错的，应当各自承担相应的责任。法律另有规定的，依照其规定。无效的合同或者被撤销的合同自始没有法律约束力，过错方应当依法承担缔约过失责任。根据我国《民法典》的规定，当事人应当承担的责任类型主要有：

（1）返还财产（包含不能返还或者没有必要返还时的折价补偿这一特殊方式）；
（2）赔偿损失；
（3）收归国有或返还集体、第三人。特别是第三种责任有时会超出民事责任的范畴，有可能会让行为人承担行政甚至是刑事责任。因此，人民法院或者仲裁机构应当根据案件的实际情况来进行处理。

7.1.4　合同的履行

合同履行，指的是合同规定义务的执行。任何合同规定义务的执行，都是合同的履行行为；相应地，凡是不执行合同规定义务的行为，都是合同的不履行。因此，合同的履行，表现为当事人执行合同义务的行为。当合同义务执行完毕时，合同也就履行完毕。

合同履行，是指合同债务人按照合同的约定或法律的规定，全面、适当地完成合同义务，使债权人的债权得以实现。合同履行不是一个单纯的动态概念，而是一种包含了动态和静态的综合概念。首先，合同的履行是债务人完成合同义务的行为。这是合同目的的起码要求。这种特定行为既可以表现为积极的作为，比如支付价款、交付标的物、提供劳务等，也可以表现为消极的不作为，比如不以某种价格出售商品。其次，合同的履行要求达到实现债权之结果。因为合同关系存在的法律目的，就是使债权转变成物权或与物权具有相等价值的权利。

7.1.4.1 合同履行的基本规则

（1）合同某些条款不明确时的履行规则

① 质量要求不明确的，按照国家标准、行业标准履行；没有国家标准、行业标准的，按照通常标准或者符合合同目的的特定标准履行。

② 价款或者报酬不明确的，按照订立合同时履行地的市场价格履行；依法应当执行政府定价或者政府指导价的，按照规定履行。

③ 履行地点不明确，给付货币的，在接受货币一方所在地履行；交付不动产的，在不动产所在地履行；其他标的，在履行义务一方所在地履行。

④ 履行期限不明确的，债务人可以随时履行，债权人也可以随时要求履行，但应当给对方必要的准备时间。

⑤ 履行方式不明确的，按照有利于实现合同目的的方式履行。

⑥ 履行费用的负担不明确的，由履行义务一方负担。

（2）合同的价格发生变化时的履行规则

① 对于执行政府定价或者政府指导价，在合同约定的交付期限内政府价格调整时，按照交付时的价格计价。

② 逾期交付标的，遇价格上涨时，按照原价格执行；价格下降时，按照新价格执行。

③ 逾期提取标的物或者逾期付款的，遇价格上涨时，按照新价格执行；价格下降时，按照原价格执行。

7.1.4.2 合同履行中的抗辩权

在双方合同中，合同当事人都承担义务，往往一方的权利与另一方的义务之间具有相互依存、互为因果的关系。为了保证双务合同中当事人利益关系的公平，法律作出了规定：当事人一方在对方未履行或者不能保证履行时，一方可以行使不履行的保留性权利，这就是对抗对方当事人要求履行的抗辩权。合同履行中的抗辩权有下列几种：

（1）同时履行抗辩权　当事人互负债务没有先后履行顺序的，应当同时履行。一方在对方履行之前或对方履行债务不符合约定时，有权拒绝其履行的要求。同时履行抗辩权的适用条件为：

① 由同一双务合同产生的互负债务，且双方债务有对价关系。

② 债务同时到期，可以同时履行；双方的对等给付是可能履行的义务。

③ 当事人一方的履行不符合约定，即瑕疵履行的另一方可对有瑕疵的履行部分行使抗辩权。

（2）先履行抗辩权　当事人互负债务，有先后履行顺序，先履行一方未履行的，后履行一方有权拒绝其履行要求。先履行一方履行债务不符合约定的，后履行一方有权拒绝其相应的履行要求。先履行抗辩权的适用条件为：

① 由同一双务合同产生的互负债务。

② 债务有先后履行顺序，这种顺序一般由当事人在合同中约定，或按交易习惯能够确定。应先履行的债务有履行可能。

③ 应先履行一方未履行或履行不符合约定，即全部或部分瑕疵履行。

（3）不安抗辩权　应当先履行债务的当事人，有确切证据证明对方有下列情形之一的，可以终止履行：

① 经营状况严重恶化；
② 转移财产、抽逃资金以逃避债务；
③ 丧失商业信誉；
④ 有丧失或者可能丧失履行债务能力的其他情形。当事人没有确切证据中止履行的，应当承担违约责任。

由上述规定可见，不安抗辩权的使用条件为：

① 双务合同，且后履行债务的一方当事人的债务尚未至履行期限。
② 后履行债务的当事人有丧失或者可能丧失履行债务能力的情形。不安抗辩权是预防性的保护措施，当一方情况发生变化，另一方先履行会造成损失时，法律依据公平原则作出上述规定。为防止不安抗辩权的滥用，法律规定当事人在行使此项权力时，一定要有确切的证据。

7.1.4.3 合同履行中债权人的代位权与撤销权

（1）债权人的代位权　债权人的代位权，是债的保全制度的一种。我国《中华人民共和国合同法》第一次明确规定了代位权制度。所谓债权人的代位权，是指债务人应当行使却不行使其对第三人（次债务人）享有的权利而有害于债权人的债权时，债权人为保全自己的债权，可以自己的名义代位行使债务人的权利。它是债权人所固有的实体法上的一种权利。它的效力及于债权人、债务人和次债务人。

① 成立条件　债权代位权的成立应满足以下条件：

a. 债权人与债务人之间须有合法的债权债务关系存在。债权的存在是代位权存在的基础，如果债权债务关系并不成立，债权即不存在，债权人自然不享有代位权。

b. 债务人须有权利存在。此处所说的权利，第一，是指非专属于债务人本身的权利。第二，债务人的权利主要是债权，但又不完全限于债权，还包括其他权利，如用益物权、担保物权、优先权等。第三，此种权利必须是可以依法请求的。

c. 须债务人怠于行使其权利。所谓怠于行使，是指应当而且能够行使而不行使。所谓应当行使，是指若不及时行使权利，权利即有可能消灭或减少其财产价值。所谓能够行使，是指债务人不存在任何妨碍其行使权利的障碍。怠于行使权利的表现主要是根本不主张权利或迟延行使权利。

d. 须债务人怠于行使权利的行为有害于债权人的到期债权。如果债务人虽怠于行使权利，但并不影响满足债权人的到期债权，则债权人不得行使代位权。应当指出，在债权人与债务人的关系中，如果债务未到履行期，则不发生债权人的代位权。在这一点上，代位权不同于撤销权。撤销权可以在履行期到来之前由债权人行使。

② 行使效力

a. 对债权人的效力。代位权的行使对债权人的效力主要有两方面：其一，债权人因行使代位权所支出的必要费用，有权要求债务人予以支付。其二，债权人有权从债务人的债务人即次债务人处直接受领所履行之债。当然，上述债权人的权利以法院确认其代位权成立为前提。

b. 对债务人的效力。代位权行使的直接效果应归属于债务人。一旦法院通过裁判允许债权人行使代位权，则债务人不能就其被债权人代位行使的权利作出处分，也不得妨碍债权人行使代位权。

c. 对债务人的债务人的效力。债权人代债务人行使权利，一般不会影响债务人的债务人的权利和利益。因为即使不行使代位权，他们也要履行其应尽的义务。在债权人行使代位权后，次债务人对债务人所享有的一切抗辩权，如同时履行抗辩权等均可以对抗债权人。尤其应当指出，在债权人行使代位权的情况下，次债务人不能以债权人与其无法律关系为由拒绝履行自己的义务，而必须应债权人的请求及时向债权人作出履行。

（2）债权人的撤销权　债权人撤销权，是指债权人对于债务人所实施的危害债权的行为，可请求法院予以撤销的权利。《民法典》第五百三十八条规定：债务人以放弃其债权、放弃债权担保、无偿转让财产等方式无偿处分财产权益，或者恶意延长其到期债权的履行期限，影响债权人的债权实现的，债权人可以请求人民法院撤销债务人的行为。因此，债权人的撤销权也为债的关系对第三人效力的表现之一。

① 成立条件　债权人撤销权的成立要件可分为客观要件与主观要件，并且依债务人所为的行为是否有偿而有所不同。

a. 客观条件。撤销权成立的客观要件为债务人实施了危害债权的行为。该要件包含以下含义：

首先，债务人须于债权成立后实施行为。债务人的行为是合同行为还是单方法律行为，是有偿还是无偿，在所不问。但事实行为与无效民事行为，不在此列。因为事实行为无从撤销，无效民事行为无须撤销。其他的行为，诸如诉讼上的和解等凡属于处分债务人财产的行为又是可撤销的，皆属之。

其次，债务人的行为须为使其财产减少的财产行为。债务人所为的不以财产为标的的行为，或者虽以财产为标的，但不为使其财产减少的行为（如放弃受遗赠），不得撤销。

再次，须债务人的行为有害债权。所谓有害债权，是指债务人的行为足以减少其一般财产而使债权不能完全受清偿。若债务人为其行为虽使其财产减少但仍不影响其对债权的清偿时，债权人自不能干涉债务人的行为。债务人的行为是否害及债权，应从两方面考察。一方面债务人因其行为而使其无资力清偿债权。何为债务人无资力，一般说来，于债务人为行为时，债务人的其他资产不足以满足一般债权人的要求，即为无资力。债务人有无资力应以客观上存在不能支付的事实为标准，而不能以债权人的主观认识为标准。另一方面，债权人的债权因债务人的行为不能受完全清偿。但债权人的债权附有担保物权的，债权人只能于担保物的价值不足清偿的债权数额限度内行使撤销权。若担保物的价值足以担保债权的受偿，债务人的行为不害及债权，债权人不能行使撤销权。

b. 主观条件。债权人撤销权成立的主观要件，是债务人与第三人主观上有恶意。对于撤销权的主观要件，依债务人所为的行为是有偿或无偿而有所不同。若为有偿行为，则须债务人为恶意，债权人的撤销权才成立，受益人为恶意时，债权人才得以行使撤销权。而对于无偿行为，则不以债务人和第三人的恶意为要件。因债务人无资力而为无偿行为，其有害债权，至为明显，况且无偿行为的撤销，仅使受益人失去无偿所得的利益，并未受其他损害，法律理应先考虑保护债权受危害的债权人利益而不应先保护无偿取得利益的第三人。债务人有无恶意，一般应实行推定原则，即只要债务人实施行为而使其无资力，就推定为有恶意。至于受益人的恶意，则应由债权人证明。受益人的恶意以其知道其所为有偿行为会害及债权为已足，而不须对债务人有害及债权的串通。

② 行使效力。债权人撤销权的行使，其撤销的效力依判决撤销而发生效力。其效力及于债务人、受益人及债权人。

对于债务人，债务人的行为一经被撤销，视为自始无效。例如，为财产赠与的，视为未赠与；为放弃债权的，视为未放弃。

对于受益人，已受领债务人的财产的，应当返还之。原物不能返还的，应当折价返还其利益。受益人已向债务人支付对价的，得向债务人主张返还不当得利。

对于债权人，行使撤销权的债权人得请求受益人将所得利益返还给债务人，也得请求直接返还给自己。但是撤销权的行使，其效力及于全体债权人。由受益人返还的财产为债务人的所有债权的一般担保。因此行使撤销权的债权人不得从受领的给付物中优先受偿。如该债权人依强制执行程序请求受偿时，全体债权人得申请参与按比例分配。但若行使撤销权的债权人的债权与返还的财产发生抵销状态时，债权人得依抵销方式受偿。

7.1.5 合同的变更、转让和终止

（1）合同的变更　合同变更是在不改变主体而使权利义务发生变化的现象。合同变更不仅在实践中司空见惯，也是合同制度的重要内容。《民法典》第四百六十四条规定：合同是民事主体之间设立、变更、终止民事法律关系的协议。合同变更有依法律行为变更、依裁判变更以及依法律规定变更三种方式。合同的变更有广狭二义，广义合同变更包括合同主体与合同内容的变更，狭义合同变更仅指合同内容的变更，我国法律取狭义的合同变更之意，即《民法典》上合同的变更仅指合同内容的变更，而合同主体的变更实际上是合同权利义务的转让。合同的变更，是指在合同成立以后，基于当事人的法律行为、法院或仲裁机构的裁判行为或法律规定，不改变合同主体而使合同内容发生变化的现象。

① 合同变更的基本特性

a. 合同主体不变，内容改变。合同变更并非消灭原合同、设立新合同，而仅仅是在原合同继续存续的基础上对原合同某些权利义务的内容作出修改，变更后的合同与原合同在本质上具有"同一性"。合同变更的"同一性"决定了合同的变更只能是内容的改变而不包括主体的变化。如果是主体的变化，则变更后合同失去了同一性，相当于合同的转让，主体改变后的合同与改变前的合同本质上是两个合同。

b. 合同的变更必须是非要素变更。合同的变更必须是非要素变更，此特点将合同变更与合同更改相区分。我国民法中没有合同更改的概念。

② 合同变更的类型　合同的变更属于法律关系的变更，遵循法律关系变更的一般规则，即合同的变更由法律规范所规定的一定的法律事实所引起，包括法律行为以及法律事件。在合同变更中，法律行为包括双方法律行为以及单方法律行为，而法律事件则包括依裁判变更和依法律规定变更，以下分而述之。

a. 依法律行为变更。一是依双方法律行为变更，合同变更遵循意思自治的原则，当然可以依双方法律行为发生，即《民法典》第六章规定的协议变更；二是依单方法律行为变更，一般而言，合同当事人不得擅自变更或解除合同（《民法典》第四百六十五条），但有两种例外情形。其一，一方依己意变更合同内容而无需承担法律责任或不利后果，形成权的行使即为此种情形之著例，另外，如双方在原合同中约定了当某种情形出现时一方可以变更合同，则当此情形出现时，一方可直接依据合同约定单方变更合同条款而无需承担法律责任。其二，一方依己意变更合同虽无法律支持，但在其执意变更时须承担相应法律责任，例如：在承揽合同中，定作人可以中途变更承揽工作的要求，但给承揽人造成损失的，应当赔偿损失（《民法典》第七百七十七条）。因发包人变更计划，提供的资料不准确，或者未按照期限提供必需的勘察、设计工作条件而造成勘察、设计的返工、停工或者修改设计，发包人应当按照勘察人、设计人实际消耗的工作量增付费用（《民法典》第八百零五条）。在承运人将货物交付收货人之前，托运人可以要求承运人中止运输、返还货物、变更到达地或者将货物交给其他收货人，但应当赔偿承运人因此受到的损失（《民法典》第八百二十九条）。

b. 依裁判变更。依裁判变更是指当事人依照法律规定请求法院或仲裁机构通过裁决来对合同进行变更，但最终是否变更由法院或仲裁机构审理决定。根据我国现行法律，裁判变更有如下几种类型：一是可撤销、可变更的合同。依《民法典》第一百四十七至一百五十一条的规定，因重大误解订立的，订立合同时显失公平的，以及一方以欺诈、胁迫的手段或者乘人之危，使对方在违背真实意思的情况下订立的合同，当事人一方有权请求人民法院或者仲

裁机构变更或者撤销。由于此种变更权或撤销权的存在会使得合同效力处于不确定的状态，因而有存续期间的限制。二是违约金的变更。如允许违约金可由当事人任意约定而无法调整，有可能使违约金被滥用而有违合同正义的理念。因此，《民法典》第五百八十五条规定了当约定的违约金数额低于或者过分高于造成的损失时，当事人可以请求人民法院或者仲裁机构予以适当减少。三是租赁合同中承租人在特定情况下有权请求变更租金。此特定情况有两种：其一，承租人自行维修租赁物影响承租人使用的，可以请求相应减少租金或者延长租期（《民法典》第七百一十三条）；其二，因第三人主张权利致使承租人不能对租赁物使用、收益的，承租人可以请求减少租金或者不支付租金（《民法典》第七百二十三条）。以上减少租金、延长租期以及不支付租金都是法律规定的可请求变更合同的情形。四是在合同履行过程中，发生不可抗力造成合同履行困难的，当事人可以请求变更合同的内容。《民法典》第五百六十三条规定，因不可抗力致使不能实现合同目的的，当事人可以解除合同。但是不可抗力对于合同履行的影响，并非总能达到"不能实现合同目的"的程度，此时合同无需解除，而是需要变更。另外，《民法典》第五百九十条规定，"当事人一方因不可抗力不能履行合同的，根据不可抗力的影响，部分或者全部免除责任。"关于可变更合同，《民法典》第五百三十三条对此作出了明确规定：合同成立后，合同的基础条件发生了当事人在订立合同时无法预见的、不属于商业风险的重大变化，继续履行合同对于当事人一方明显不公平的，受不利影响的当事人可以与对方重新协商；在合理期限内协商不成的，当事人可以请求人民法院或者仲裁机构变更或者解除合同。人民法院或者仲裁机构应当结合案件的实际情况，根据公平原则变更或者解除合同。

c. 依法律规定变更。此处的依法律规定变更与上述当法律规定的情形出现时当事人请求法院或仲裁机构的变更不同，而是指当法律规定的情形出现时，合同无需当事人请求而当然地发生变更的效力。例如，当事人无免责事由而不履行债务时，原债务变更为损害赔偿债务，此时的变更之所以属于合同变更的内容，是基于债的同一性理论，具体而言，"债务不履行之损害赔偿请求权，为本来之债权的扩张（迟延赔偿之场合）或者内容的变更（填补赔偿之场合），与本来的债权具有同一性。"在维持债的同一性的前提下，原来债的内容发生的变化当然属于合同变更，即依法律规定的合同变更。

③ 合同变更的条件

a. 原合同关系成立且有效。合同变更蕴含着一个前提，即原合同关系的成立且有效。如果原合同关系不存在，则合同的变更就丧失了赖以存在的基础。由于原合同效力状态的复杂性，其对合同变更的影响需分别加以讨论，具体而言，有如下几种情形：一是无效合同由于当然无效、自始无效、确定无效的特点，毫无疑问，无效合同不发生变更问题。二是可撤销合同的效力取决于当事人是否请求撤销，一经撤销，则原合同溯及既往地消灭，如变更发生在合同被撤销后，则变更当然无效；如变更发生在合同被撤销前，由于撤销前的合同有效，可作为合同变更的基础。三是效力待定合同的效力取决于当事人是否追认，追认后合同有效，追认前效力待定。但在原合同被追认前，仍然可作为变更的基础，只是变更的效力与原合同一样，必须得到当事人的追认方能产生。如追认后，当事人对合同作出变更，仍然需要得到再次追认，因为合同当事人这一决定合同效力待定的本质因素并未发生变化，在主体未变而仅仅是合同内容发生变化的情况下，效力待定这一特点亦会与变更如影相随。

b. 合同内容发生非要素的变化。合同变更，顾名思义，合同的内容需发生变化，包括对合同条款的修改与补充。修改是指对原合同条款的改变，补充是指在原合同中增加新的条款。在补充的情形下，尽管原合同内容未发生变化，但增加了新的合同条款，所以原合同依然发生了变更。对于变更的要求，前已论及必须是不改变合同同一性的非要素变更，否则就属于合同更改而非合同变更。一般而言，合同标的物种类的更换、履行条件的变化、价款的增减、期限的提前或延长等变化都属于合同变更。

c. 合同变更本身得明确且有效。法定变更或裁判变更当然具有法律效力，此处变更的有效性专指依协议变更的情形，由于协议变更遵循意思自治的原则，与新合同的成立和生效规则相同，合同变更首先应当具备明确性要求，其次，应当满足相应的生效要件。

对于有效性要求，《民法典》第五百四十三条规定：当事人协商一致，可以变更合同。

对于明确性要求，《民法典》第五百四十四条规定：当事人对合同变更的内容约定不明确的，推定为未变更。

④ 合同变更的效力

a. 合同变更对权利义务关系的影响。合同变更的效力在于使原合同的内容发生变化。原合同并未消灭，仅是被变更部分的效力发生变化，即原合同未变更的部分依然有效，被变更的部分不再有效，而是代由变更后的部分发生效力。换言之，合同效力的一般规定适用于原合同未变更的部分以及变更后的部分。任何一方对原合同未变更部分以及变更后部分的违反均构成违约。

b. 合同变更的效力指向将来。根据合同效力产生的一般法理，合同变更仅对未来产生效力，不溯及原合同生效后变更前的时间。如变更前一方已经做出履行，另一方无法要求返还，但当事人另有约定的除外。

(2) 合同的转让　合同转让，是指合同权利、义务的转让，亦即当事人一方将合同的权利或义务全部或部分转让给第三人的现象，也就是说由新的债权人代替原债权人，由新的债务人代替原债务人，不过债的内容保持同一性的一种法律现象。合同转让，有的基于法律的直接规定而发生，此类转让称为法律上的转让，如被继承人死亡，作为遗产内容将合同权利义务移转于继承人由法院裁决而发生，此类转让称为裁判上的转让。基于法律行为而发生的转让称为法律行为上的转让，如遗赠人通过遗嘱将其合同权利义务转让继承人或受遗赠人，或转让人与受让人通过订立转让合同而转让合同权利义务。其中，通过转让合同而转让合同权利，属于债权让与；通过转让合同而转让合同义务，称为债务承担。

① 合同转让的生效　合同转让必须符合法律所规定的条件和要求才能生效，否则无效。

a. 必须以合法有效的合同关系存在为前提。如果该合同根本不存在或者被宣告无效，或者已经被解除，在此种情况下发生的转让行为都是无效的。

b. 必须符合法律所规定的转让程序，需要通知的依法通知；需要征得对方同意的先经其同意；应当办理批准、登记等手续的，依照其规定办理相应手续。

c. 必须符合社会公共利益，且所转让的内容要合法。

d. 转让人与受让人之间达成合同转让的合议，具备民事法律行为的有效条件。

② 合同权利转让的意义　合同权利的转让（即债权转让），是指合同债权人通过协议将其债权全部或者部分转让给第三人的行为。具体包括三方面的含义：

a. 合同权利转让是指不改变合同权利的内容，由债权人将权利转让给第三人。因此，权利转让的主体是债权人和第三人，债务人不能成为合同权利转让的当事人。

b. 合同权利转让的对象是合同债权，与物权转让有着本质的区别。

c. 合同权利的转让既可以是全部的转让，也可以是部分的转让。在权利部分转让的情况下，受让人作为第三人将加入原合同关系中，与原债权人共同享有债权；当权利全部转让时，受让人则完全取代转让人的地位而成为合同当事人，原合同关系消亡，产生了一个新的合同关系。

③ 合同转让的禁止　从保护社会公共利益和维护交易秩序，兼顾转让双方的利益出发，《民法典》第五百四十五条对合同转让的范围作了限制。即规定了三种情况下禁止转让：

a. 根据债权性质不得转让。比如根据个人信誉关系而发生的债权；以特定债权人的行为为内容的权利；合同权利的设定是针对特定当事人的不作为义务；单独转让合同债权中的从权利。

b. 按照当事人约定不得转让。

c. 依照法律规定不得转让。合同权利转让生效除遵守合同转让的一般条件和要求外，应当通知债务人。未经通知，该转让对债务人不发生效力。

当事人约定非金钱债权不得转让的，不得对抗善意第三人。当事人约定金钱债权不得转让的，不得对抗第三人。

合同义务的转让包括合同义务的全部转让和部分转让两种形态。合同义务的全部转让是指债权人或者债务人与第三人之间达成转让债务的协议，由第三人取代原债务人承担全部债务。其特点在于：

a. 它并不消灭原债务而成立新债务，只是由新的债务人承担原债务人的全部债务。

b. 原债务人已经脱离了原来的合同关系，新的债务人代替了原债务人的地位。所以，合同义务的全部转让属于免责的债务承担。合同义务的部分转让被称为"并存的债务承担"，是指原债务人并没有脱离原有合同关系，而是由第三人加入合同关系，并与原债务人一起共同向同一债权人承担合同义务。合同义务的转让除遵守合同转让的一般条件和要求外，必须经债权人同意，否则无效。

（3）合同的终止　合同终止，是指因发生法律规定或当事人约定的情况，使合同当事人之间的权利义务关系消灭，使合同的法律效力终止。合同当事人双方在合同关系建立以后，因一定的法律事实的出现，使合同确立的权利义务关系消灭的法律名词。

① 合同终止的原因　《民法典》第五百五十七条规定，有下列情形之一的，债权债务终止：（一）债务已经履行；（二）债务相互抵销；（三）债务人依法将标的物提存；（四）债权人免除债务；（五）债权债务同归于一人；（六）法律规定或者当事人约定终止的其他情形。合同解除的，该合同的权利义务关系终止。

另外，债权人免除债务人部分或全部债务的，合同的权利义务部分或者全部终止；债权和债务同归于一人的，合同的权利义务终止，但涉及第三人利益的除外。

② 合同终止的法律后果　合同终止引起以下法律后果：

a. 当事人之间的合同关系消灭；

b. 合同双方产生新的权利义务关系；

c. 原合同当事人一方与第三人之间产生权利义务关系。

（4）合同的解除　合同解除，是指合同当事人一方或者双方依照法律规定或者当事人的约定，依法解除合同效力的行为。合同一旦签约，具有国家法律保护。合同解除分为合意解除和法定解除两种情况。解除是合同之债终止的事由之一，它也是一种法律制度。在适用情势变更原则时，合同解除是指履行合同实在困难，若履行即显失公平，法院裁决合同消灭的现象。这种解除与一般意义上的解除相比，有一个重要的特点，就是法院直接基于情事变更原则加以认定，而不是通过当事人的解除行为。

① 合同解除的分类

a. 单方解除和协议解除。单方解除，是指解除权人行使解除权将合同解除的行为。它不必经过对方当事人的同意，只要解除权人将解除合同的意思表示直接通知对方，或经过人民法院或仲裁机构向对方主张，即可发生合同解除的效果。

协议解除，是指当事人双方通过协商同意将合同解除的行为。它不以解除权的存在为必要，解除行为也不是解除权的行使。

b. 法定解除与约定解除。合同解除的条件由法律直接加以规定者，其解除为法定解除。在法定解除中，有的以适用于所有合同的条件为解除条件，有的则仅以适用于特定合同的条件为解除条件。前者为一般法定解除，后者称为特别法定解除。中国法律普遍承认法定解除，不但有关于一般法定解除的规定，而且有关于特别法定解除的规定。

约定解除，是指当事人以合同形式，约定为一方或双方保留解除权的解除。其中，保留解除权的合意,称之为解约条款。解除权可以保留给当事人一方,也可以保留给当事人双方。保留解除权,可以在当事人订立合同时约定,也可以在以后另订立保留解除权的合同。

② 合同解除的条件　合同的法定解除:《民法典》第五百六十三条规定,有下列情形之一的,当事人可以解除合同:

a. 因不可抗力致使不能实现合同目的。不可抗力致使合同目的不能实现,该合同失去意义,应归于消灭。在此情况下,允许当事人通过行使解除权的方式消灭合同关系。

b. 在履行期限届满之前,当事人一方明确表示或者以自己的行为表明不履行主要债务。此即债务人拒绝履行,也称毁约,包括明示毁约和默示毁约。作为合同解除条件,它一是要求债务人有过错,二是拒绝行为违法(无合法理由),三是有履行能力。

c. 当事人一方迟延履行主要债务,经催告后在合理期限内仍未履行。此即债务人迟延履行。根据合同的性质和当事人的意思表示,履行期限在合同的内容中非属特别重要时,即使债务人在履行期届满后履行,也不致使合同目的落空。在此情况下,原则上不允许当事人立即解除合同,而应由债权人向债务人发出履行催告,给予一定的履行宽限期。债务人在该履行宽限期届满时仍未履行的,债权人有权解除合同。

d. 当事人一方迟延履行债务或者有其他违约行为致使不能实现合同目的。对某些合同而言,履行期限至为重要,如债务人不按期履行,合同目的即不能实现,于此情形,债权人有权解除合同。其他违约行为致使合同目的不能实现时,也应如此。

e. 法律规定的其他情形。法律针对某些具体合同规定了特别法定解除条件的,从其规定。

③ 合同解除的效力　《民法典》第五百六十六条规定,合同解除后,尚未履行的,终止履行;已经履行的,根据履行情况和合同性质,当事人可以请求恢复原状或者采取其他补救措施,并有权请求赔偿损失。该条规定,确立了合同解除的两方面效力:一是向将来发生效力,即终止履行;二是合同解除可以产生溯及力(即引起恢复原状的法律后果)。学者认为,非继续性合同的解除原则上有溯及力,继续性合同的解除原则上无溯及力。

7.1.6　违约责任

违约责任,是指当事人不履行合同义务或者履行合同义务不符合合同约定而依法应当承担的民事责任。违约责任是合同责任中一种重要的形式,违约责任不同于无效合同的后果,违约责任的成立以有效的合同存在为前提。违约责任也不同于侵权责任,其可以由当事人在订立合同时事先约定;其属于一种财产责任。

7.1.6.1　承担违约责任的条件

违约责任条件是违约方承担民事责任所应具备的条件。包括:
① 须有客观存在的违约事实,即债务人有不履行或不适当履行的行为;
② 违约方主观上存有过错,但法律另有规定或双方另有约定者除外;
③ 违约行为给当事人一方造成了损失;
④ 违约行为与所造成的损失之间有因果关系。

以上四项条件中,前两项是承担违约责任的一般条件,后两项是承担民事赔偿责任的必备条件。违法主观方面是行为人主观上的过错,包括故意和过失两种主观状态。只有客观上的危害,而无主观上的过错,不构成违法。因不可抗力或不能预见的原因,正当防卫或紧急避险而造成的损害,因为主观上没有过错,不承担法律责任。

7.1.6.2 承担违约责任的方式

违约责任承担方式,是指通过瑕疵修复来尽量达成交易,属于鼓励交易的做法,贯彻了效益原则,因而有其积极意义。《中华人民共和国民法典》第五百八十二条规定,履行不符合约定的,应当按照当事人的约定承担违约责任。对违约责任没有约定或者约定不明确,依据本法第五百一十条的规定仍不能确定的,受损害方根据标的的性质以及损失的大小,可以合理选择请求对方承担修理、重作、更换、退货、减少价款或者报酬等违约责任。违约责任承担方式主要有:

(1) 继续履行合同;
(2) 采取补救措施;
(3) 赔偿损失;
(4) 支付违约金或适用定金罚则。

7.1.6.3 合同违约责任的免责

(1) 如果不是当事人一方的过错引起,而是由于不可抗力原因造成的,违约者可向对方请求部分或全部免除责任,但法律另有规定的除外。当事人迟延履行后发生不可抗力的,不能免除责任。

(2) 发生下列情况之一的,当事人有权请求免除责任:
① 因国家指令性计划有重大修改,对合同不履行或不完全履行作出了免责规定的;
② 法律规定或当事人约定在某种情况下不履行可以免除责任的;
③ 当事人一方过错造成合同不能履行,对方可以免除责任。

7.2 建设工程合同法律规范

7.2.1 建设工程合同法律规范概述

7.2.1.1 建设工程合同

建设工程合同指建设单位(业主、发包方或投资责任方)与勘察、设计、建筑安装单位(承包方或承包商)依据国家规定的基本建设程序和有关合同法规,以完成建设工程为内容,明确双方的权利与义务关系而签订的书面协议。

7.2.1.2 建设工程合同的分类

(1) 建设工程勘察合同　建设工程勘察合同是承包方进行工程勘察,发包人支付价款的合同。建设工程勘察单位称为承包方,建设单位或者有关单位称为发包方(也称为委托方)。建设工程勘察合同的标的是为建设工程需要而作的勘察成果。工程勘察是工程建设的第一个环节,也是保证建设工程质量的基础环节。为了确保工程勘察的质量,勘察合同的承包方必须是经国家或省级主管机关批准,持有"勘察许可证",具有法人资格的勘察单位。建设工程勘察合同必须符合国家规定的基本建设程序,勘察合同由建设单位或有关单位提出委托,经与勘察部门协商,双方取得一致意见,即可签订,任何违反国家规定的建设程序的勘察合同均是无效的。

（2）建设工程设计合同　建设工程设计合同是承包方进行工程设计，委托方支付价款的合同。建设单位或有关单位为委托方，建设工程设计单位为承包方。工程设计是工程建设的第二个环节，是保证建设工程质量的重要环节。工程设计合同的承包方必须是经国家或省级主要机关批准，持有"设计许可证"，具有法人资格的设计单位。只有具备了上级批准的设计任务书，建设工程设计合同才能订立；小型单项工程必须具有上级机关批准的文件方能订立。如果单独委托施工图设计任务，应当同时具有经有关部门批准的初步设计文件方能订立。

（3）建设工程施工合同　建设工程施工合同是工程建设单位与施工单位，也就是发包方与承包方以完成商定的建设工程为目的，明确双方相互权利义务的协议。建设工程施工合同的发包方可以是法人，也可以是依法成立的其他组织或公民，而承包方必须是法人。

7.2.1.3　建设工程合同的特征

建设工程合同是以完成特定不动产的工程建设为主要内容的合同。建设工程合同与承揽合同一样，在性质上属以完成特定工作任务为目的的合同，但其工作任务是工程建设，不是一般的动产承揽，当事人权利义务所指向的工作物是建设工程项目，包括工程项目的勘察、设计和施工成果，这也是我国建设工程合同不同于承揽合同的主要特征。在建设工程合同的订立和履行各环节，均体现了国家较强的干预，具体来说，立法对建设工程合同的干预体现在以下诸方面：

① 对缔约主体的限制在中国，自然人基本上被排除在建设工程合同承包人的主体之外，只有具备法定资质的单位才能成为建设工程合同的承包主体。

② 对合同的履行有一系列的强制性标准，建设工程的质量动辄涉及民众生命财产安全，因此对其质量进行监控显得非常重要。为确保建设工程质量监控的可操作性，在建设工程质量的监控过程中需要适用大量的标准。

③ 合同责任的法定性。与通常的合同立法多任意性规范不同，关于建设工程合同的立法中强制性规范占了相当的比例，相当部分的合同责任因此成为法定责任，使得建设工程合同的主体责任呈现出较强的法定性。

建设工程合同具有下述主要特征：

(1) 合同主体（合同当事人）的特定性。

(2) 合同标的特殊性。

(3) 合同形式的特殊性。

(4) 建设工程合同监督管理的特定性。

(5) 建设工程合同主体之间有严密的协作性关系。

7.2.1.4　调整建设工程合同的法律规范

我国调整建设工程合同的法律规范主要体现为下列几个层次：

(1) 调整建设工程合同的法律；

(2) 调整建设工程合同的行政法规和部门规章；

(3) 规范建设工程合同的地方性法规及规章；

(4) 规范建设工程合同的示范文本；

(5) FIDIC 合同条件等。

7.2.2　建设工程勘察、设计合同

7.2.2.1　建设工程勘察、设计合同的概念

建设工程勘察、设计合同是指委托方与承包方为完成特定的勘察设计任务，明确相互权

利义务关系而订立的合同。建设单位称为委托方；勘察设计单位称为承包方。

7.2.2.2 建设工程勘察、设计合同的订立

（1）建设工程勘察、设计合同的主体资格　当事人双方一般应具有法人资格，勘察、设计合同的当事人双方应当具有民事权利能力和民事行为能力。

（2）建设工程勘察、设计合同的订立形式与程序　建设工程勘察、设计任务通过招标或设计方案的竞投确定勘察、设计单位后，应遵循工程项目建设程序，签订勘察、设计合同。签订勘察合同，由建设单位、设计单位或有关单位提出委托，经双方协商同意，即可签订。签订设计合同除双方协商同意外，还必须具有上级机关批准的设计任务书。小型单项工程必须具有上级机关批准的设计文件。

建设工程勘察、设计合同必须采用书面形式，并参照国家推荐使用的合同文本签订。

（3）建设工程勘察、设计合同应具备的主要条款

① 建设工程的名称、规模、投资额、建设地点；

② 发包人提供的资料内容、技术要求及期限，承包人勘察范围、进度与质量、设计阶段的进度、质量和设计文件的份数；

③ 勘察、设计取费的依据，取费标准及拨付办法；

④ 双方责任；

⑤ 违约责任；

⑥ 其他约定条款。

7.2.2.3 建设工程勘察、设计合同的履行

建设工程勘察、设计合同属于双务合同，当事人双方都享有合同规定的权利，同时也都承担和履行一定的义务。

（1）发包人的主要义务

① 向勘察人、设计人提供开展工作所需的基础资料和技术要求，并对提供的时间、进度和资料的可靠性负责；

② 为勘察人、设计人提供必要的工作和生活条件；

③ 按照合同规定向勘察人、设计人支付勘察、设计费；

④ 维护勘察人、设计人的工作成果，不得擅自修改，不得转让给第三人重复使用。

（2）勘察、设计人主要义务

① 按照勘察、设计合同规定的进度和质量要求向发包人提交勘察、设计成果；

② 配合施工进行技术交底，解决施工过程中有关设计的问题，负责设计修改，参加工程竣工验收。

7.2.2.4 设计的修改与停止

（1）设计文件批准后，不得任意修改和变更。如昊必须修改，也需经有关部门批准，其批准权限，视修改的内容所涉及的范围而定。

（2）发包人因故要求修改工程设计，经承包方同意后，除设计文件的提交时间另定外，发包人还应按承包方实际返工修改的工作量增加设计费。

（3）原定设计任务书或初步设计如有重大变更而需重做或修改设计时，须经设计任务书或初步设计批准机关同意，并经双方当事人协商后另订合同。发包人负责支付已经进行了的设计的费用。

（4）发包人因故要求中途停止设计时，应及时通知承包方，已付的设计费不退，并按该

阶段实际所耗工时，结算付清设计费，同时结束合同关系。

7.2.3 建设工程施工合同

7.2.3.1 建设工程施工合同的概念

建设工程施工合同是指发包方（建设单位）和承包方（施工人）为完成商定的施工工程，明确相互权利、义务的协议。依照施工合同，施工单位应完成建设单位交给的施工任务，建设单位应按照规定提供必要条件并支付工程价款。建设工程施工合同是承包人进行工程建设施工，发包人支付价款的合同，是建设工程的主要合同，同时也是工程建设质量控制、进度控制、投资控制的主要依据。施工合同的当事人是发包方和承包方，双方是平等的民事主体。

7.2.3.2 建设工程施工合同的订立

（1）施工合同的主体资格

① 发包方的主体资格　具有独立财产，能够对外独立承担民事责任的民事主体都可以成为发包方，包括法人单位、其他组织、公民、个体工商户、个人合伙、联营体等。

② 承包方的主体资格　一是必须具备企业法人资格；二是必须具有履行合同的能力，即必须具有营业执照和由建设行政主管部门核准的资质等级。

（2）订立施工合同应具备的条件

① 初步设计已经批准；

② 项目已列入年度建设计划；

③ 有能够满足施工需要的设计文件、技术资料；

④ 建设资金与主要设备来源已基本落实；

⑤ 招投标的工程中标通知书已下达。

（3）施工合同订立的程序与形式

① 施工合同订立的程序

a. 订立准备阶段。订立准备阶段是全部合同工作的基础，加强这一阶段的调查工作对风险控制和合同管理具有特别重要的意义。

b. 订立协商阶段。协商是就未来将要订阅的合同的主要条款交换意见，达成合同的过程，这一过程在法律上称为要约和承诺。

c. 合同条款确定阶段。建筑施工合同是法定书面合同，必须注意运用妥善的词句将协商座谈过程中的条款用书面形式确定下来。

d. 合同审定签字阶段。这是合同签订的最后阶段，建设工程合同关系虽经承诺，但一般需要经过签字盖章才能正式生效。

② 施工合同订立的形式

a. 总承包合同。总承包，又称为"交钥匙承包"，亦即发包人将建设工程的勘察、设计、施工等工程建设的全部任务一并发包给一个具备相应的总承包资质条件的承包人。总承包合同是发包人与总承包人签订的由承包人负责工程的全部建设工作的合同。

b. 分承包合同。分承包合同是指总承包人就工程的勘察、设计、建筑安装任务分别与勘察人、设计人、施工人订立的勘察、设计、施工承包合同。

（4）建设工程施工合同应具备的主要条款

① 工程概况；

② 工程量清单、单位工程量报价及工程总价；
③ 开工日期、竣工日期、中间交工工程的开竣工日期；
④ 设计文件，概、预算和技术资料提供日期；
⑤ 材料设备的供应方式；
⑥ 工程价款的结算方式；
⑦ 工程竣工验收的办法；
⑧ 双方相互协作的其他事项；
⑨ 违约责任与索赔；
⑩ 纠纷的解决方式；
⑪ 工程的保修。

7.2.3.3 建设工程施工合同的违约责任

（1）发包方的违约责任

① 未按照约定的时间和要求提供原材料、设备、场地、资金、技术资料的，除工程竣工日期顺延外，还应赔偿承包方因此发生的停工、窝工等损失。

② 工程中途停建、缓建或由于设计变更以及设计错误造成的返工，应采取措施弥补或者减少损失。

③ 工程未经验收，发包方提前使用或擅自动用，由此而发生的质量或其他问题由发包方承担责任。

④ 超过合同规定日期验收或支付工程价款的，按合同违约责任条款的规定承担违约责任。

⑤ 发包人未按约定支付工程款的，承包人可以催告发包人在合理期限内支付价款。

（2）承包方的违约责任

① 因施工方的原因致使建设工程质量不符合约定的，发包人有权要求施工人在合理期限内无偿修理或者返工、改建。经过修理或者返工、改建后，造成逾期交付的，应当承担违约责任。

② 工程交工的时间不符合约定，承包方应按双方的约定承担违约责任。

③ 因承包人的原因致使建设工程在合理使用期限内造成人身和财产损害的，承包人应当承担损害赔偿责任。

7.2.4 建设工程委托监理合同

7.2.4.1 建设工程委托监理合同的概念

建设工程委托监理合同又称为监理合同，是指业主方（承担直接投资责任方）和监理方（监理单位）为了工程建设监理过程明确双方的权利与义务关系而签订的一种书面协议。

7.2.4.2 建设工程委托监理合同的订立

监理合同的主要内容：

（1）监理的范围与内容；
（2）业主方的权利与义务；
（3）监理方的权利与义务；
（4）监理酬金的计取与支付办法；
（5）双方责任；

(6) 双方协议的其他事项。

7.2.4.3 建设工程委托监理合同的履行

(1) 监理人义务

① 监理人按合同约定派出监理工作需要的监理机构及监理人员。向委托人报送委派的总监理工程师及其监理机构的主要成员名单、监理规划，完成监理合同专用条件中约定的监理工程范围内的监理业务。在履行合同义务期间，应按合同约定定期向委托人报告监理工作。

② 监理人在履行本合同的义务期间，应认真勤奋地工作，为委托人提供与其水平相适应的咨询意见，公正维护各方面的合法利益。

③ 监理人使用委托人提供的设施和物品属委托人的财产。在监理工作完成或中止时，应将其设施和剩余的物品按合同约定的时间和方式移交委托人。

④ 在合同期内和合同终止后，未征得有关方同意，不得泄露与本工程、本合同业务有关的保密资料。

(2) 委托人义务　应当负责工程建设的所有外部关系的协调，应当将授予监理人的监理权利，以及监理人主要成员的职能分工、监理权限及时书面通知已选定的承包合同的承包人，并在与第三人签订的合同中予以明确：

① 承担后果的义务。

② 承担处理事务费用的义务。

③ 支付代理佣金的义务。

④ 提供相关资料的义务。

(3) 监理人权利

① 选择工程总承包人的建议权。

② 选择工程分包人的认可权。

③ 对工程建设有关事项包括工程规模、设计标准、规划设计、生产工艺设计和使用功能要求，向委托人提出的建议权。

④ 工程上使用的材料和施工质量的检验权。

⑤ 工程施工进度的检查、监督权，以及工程实际竣工日期提前或超过工程施工合同规定的竣工期限的签认权。

⑥ 在工程施工合同约定的工程价格范围内，工程款支付的审核和签认权，以及工程结算的复核确认权与否决权。未经总监理工程师签字确认，委托人不支付工程款。

(4) 委托人权利

① 有权要求监理人按合同约定实施监理行为。监理人必须满足合同规定和约定的事项及要求，如监理人不能履行其约定义务，委托人有权拒绝支付酬金。

② 有权要求监理人赔偿因其违约行为而造成的损失。

7.2.4.4 合同双方责任

(1) 监理人责任

① 委托监理合同有效期。

② 在责任期内，应当履行约定的义务。

③ 对承包人违反合同规定的质量要求和完工（交图、交货）时限，不承担责任。

④ 向委托人提出赔偿要求不能成立时，监理人应当补偿由于该索赔所导致委托人的各种费用支出。

(2) 委托人责任

① 委托人应当履行委托监理合同约定的义务，如有违反则应当承担违约责任，赔偿监理人造成的经济损失。监理人处理委托业务时，因非监理人的原因受到损失，可以向委托人要求补偿损失。

② 委托人如果向监理人提出赔偿的要求不能成立，则应当补偿由该索赔所引起的监理人的各种费用支出。

7.2.4.5 监理报酬

（1）正常的监理工作、附加工作和额外工作的报酬，按照监理合同专用条件中约定的方法计算，并按约定的时间和数额支付。

（2）如果委托人在规定的支付期限内未支付监理报酬，自规定之日起，还应向监理人支付滞纳金。滞纳金从规定支付期限最后一日起计算。

7.3 建设工程合同的示范文本

7.3.1 合同示范文本制度

合同示范文本是由工商行政管理部门单独与有关行业主管部门联合制定的具有规范性、指导性的合同文本格式，在合同示范文本中一般都包含了合同的主要条款内容和样式，这样就可以供当事人签约时使用。也就是说，合同示范文本基本是一个现成的合同，标准性的合同。

《建设工程施工合同（示范文本）》中的通用条款，基本适用于各类建设工程。其中主要包括：

（1）词语含义及合同文件；
（2）双方的一般权利和义务；
（3）施工组织设计与工期；
（4）质量与验收；
（5）安全施工；
（6）合同价款与支付；
（7）材料设备的供应；
（8）工程变更；
（9）竣工验收与结算；
（10）违约、索赔和争议；
（11）其他。

7.3.2 合同示范文本的内容组成

建设工程合同示范文本一般由以下内容组成：

（1）合同协议书

合同协议书主要包括：工程概况、合同工期、质量标准、签约合同价和合同价格形式、项目经理、合同文件构成、承诺以及合同生效条件等重要内容，集中约定了合同当事人基本的合同权利义务。

（2）通用合同条款

通用合同条款是合同当事人根据《建筑法》《民法典》等法律法规的规定，就工程建设的实施及相关事项，对合同当事人的权利义务作出的原则性约定。

（3）专用合同条款

专用合同条款是对通用合同条款原则性约定的细化、完善、补充、修改或另行约定的条款。合同当事人可以根据不同建设工程的特点及具体情况，通过双方的谈判、协商对相应的专用合同条款进行修改补充。

基础测试

1. 合同订立的基本原则是_____、_____。
2. 合同的效力可分为_____、_____、_____、_____。
3. 合同履行中的抗辩权有_____、_____、_____。

思考提高

1. 什么是合同？
2. 合同的法律特征是什么？
3. 什么是先合同义务？
4. 什么是效力待定的合同？

综合运用

某建设公司与业主签订了一个建设工程施工合同。合同约定工期为18个月，2020年3月1日开工，合同固定总价为2000万元。2020年6月2日，监理工程师私自决定，要求建设公司于2020年12月1日竣工，建设公司没有给予答复。2020年6月30日，业主以建设公司不能如期竣工和工程质量不可靠为由发文通知该施工企业："本公司决定解除原施工合同，望贵公司予以谅解和支持。"致使承包方无法继续履行原合同义务，由此给建设公司带来了800万元的损失。问：该事件中，监理工程师是否是建设合同的当事人？监理单位未经业主授权能否擅自变更与承建单位签订的承包合同？违约责任在哪方？建设公司应该怎样挽回损失？

第8章 建设工程勘察设计法规

建设工程勘察设计法规
- 建设工程勘察设计概述
  - 建设工程勘察设计的概念
  - 建设工程勘察设计的要求
  - 建设工程勘察设计的发包与承包
- 设计文件的编制
  - 工程设计的原则和依据
  - 各设计阶段的内容和深度
  - 设计文件的审批与修改
- 施工图设计文件审查
  - 施工图审查的范围
  - 施工图审查的内容
  - 施工图审查机构
  - 施工图审查的程序
  - 施工图审查各方的责任

8.1 建设工程勘察设计概述

8.1.1 建设工程勘察设计的概念

(1) 建设工程勘察的概念 是指为满足工程建设的规划、设计、施工、运营及综合治理等需要,对地形、地质及水文等状况进行测绘、勘探、测试,并提供相应成果和资料的活动。建设工程勘察的基本内容是工程测量、水文地质勘察和工程地质勘察。勘察任务在于查明工程项目建设地点的地形地貌、地层土壤岩性、地质构造、水文条件等自然地质条件资料,作出鉴定和综合评价,为建设项目的选址、工程设计和施工提供科学可靠的依据。

① 工程测量 工程测量包括平面控制测量、高程控制测量、地形测量、摄影测量、线路测量和绘图制图等工作,其任务是为建设项目的选址(选线)设计和施工提供有关地形地貌的科学依据。

② 水文地质勘察 一般包括水文地质测绘、地球物理勘探、钻探、抽水试验,地下水动态观测、水文地质参数计算、地下水资源评价和地下水资源保护方案等方面的工作。其任

务是为建设项目的设计提供有关地下水源的详细资料。水文地质勘察通常分为初步勘察和详细勘察两个阶段。初步勘察阶段，应在拟建可能多水的地段，察明水文地质条件，初步评价地下水资源，进行水源地方案比较。详细勘察阶段，应在拟建水源范围详细察明水文地质文件，进一步评价地下水资源，提出合理开发方案。如果水文地质条件简单，勘察工作量不大，或只有一个水源地方案时，两阶段勘察工作可以合并进行。勘察工作的深度和成果，应能满足各个设计阶段的设计要求。

③ 工程地质勘察　工程地质勘察的任务在于为建设项目的选址、设计和施工提供工程地质方面的详细资料。勘察阶段一般分为选址勘察、初步勘察、详细勘察。选址勘察阶段，应对拟选厂址的稳定性和适宜性作出工程地质评价，并为建筑总平面布置和各主要建筑物地基基础工程方案以及不良地质现象的防治工程方案提供地质资料，以满足初步设计的要求。初步勘察阶段，是在选定的建设场地上进行的，根据选址报告书了解建设项目类型、规模、建筑物高度、基础的形式及埋置深度和主要设备等情况，对场地内建筑地段的稳定性作出评价，对建筑物总平面布置、主要建筑物地基基础设计方案以及不良地质现象的防治方案作出工程地质论证。详细勘察阶段，应对建筑地段作出工程地质评价，并为地基基础设计、地基处理、加固与不良地质条件的防治工程，提供工程地质资料，以满足施工图设计的要求。工程地质勘察工作结束后，应及时按规定编写勘察报告，绘制各种图表。勘察报告的内容一般包括：任务要求和勘察工作概况，场地的地理位置，地形地貌，地质构造，不良地质现象，地层成长条件，岩石和土的物理力学性质，场地的稳定性和适宜性，岩石和土的均匀性及允许承载力，地下水的影响，土的最大冻结深度，地震基本烈度，以及由工程建设可能引起的工程地质问题，供水水源地的水质水量评价，供水方案，水源的污染及发展趋势，不良地质现象和特殊地质现象的处理和防治等方面的结论意见、建议和措施等。

（2）建设工程设计　是指根据工程建设的要求，对工程建设所需技术、经济、资源、环境等条件进行综合分析、论证，编制工程建设设计文件的活动。

设计是基本建设的重要环节。在建设项目的选址和设计任务书已定的情况下，建设项目是否技术上先进和经济上合理，设计将起着决定作用。按我国现行规定，一般建设项目按初步设计和施工图设计两个阶段进行。对于技术复杂而又缺乏经验的项目，经主管部门指定，需增加技术设计阶段，对一些大型联合企业、矿区和水利枢纽，为解决总体部署和开发问题，还需进行总体规划设计或总体设计。总体规划设计须能满足初步设计的开展、主要大型设备和材料的预先安排以及土地征用准备工作的要求。其内容包括下列文字说明和必要的图纸：①建设规模；②产品方案；③原料来源；④工艺流程等概况；⑤主要设备配置；⑥主要建筑物和构筑物；⑦公用及辅助工程；⑧"三废"治理和环境保护方案；⑨占地面积估算；⑩总图布置及运输方案；⑪生产组织概况和劳动定员估计；⑫生活区规划设想；⑬施工基地的部署和地方材料的来源；⑭建设总进度及进度配合要求；⑮投资估算。

8.1.2　建设工程勘察设计的要求

（1）市场准入　单位实行资质管理制度，人员实行执业资格注册管理制度。

（2）科学设计　坚持先勘察、后设计、再施工的原则，采用先进技术、先进工艺、先进设备、新型材料和现代管理方法。

（3）依法设计　必须依法勘察、设计，严格执行工程建设强制性标准，并对工程建设勘察设计的质量负责。

8.1.3　建设工程勘察设计的发包与承包

依据《建设工程勘察设计管理条例》第三章规定：

(1) 建设工程勘察、设计发包依法实行招标发包或者直接发包。

(2) 建设工程勘察、设计应当依照《中华人民共和国招标投标法》的规定，实行招标发包。

(3) 建设工程勘察、设计方案评标，应当以投标人的业绩、信誉和勘察、设计人员的能力以及勘察、设计方案的优劣为依据，进行综合评定。

(4) 建设工程勘察、设计的招标人应当在评标委员会推荐的候选方案中确定中标方案。但是，建设工程勘察、设计的招标人认为评标委员会推荐的候选方案不能最大限度满足招标文件规定的要求的，应当依法重新招标。

(5) 下列建设工程的勘察、设计，经有关主管部门批准，可以直接发包：

① 采用特定的专利或者专有技术的；

② 建筑艺术造型有特殊要求的；

③ 国务院规定的其他建设工程的勘察、设计。

(6) 发包方不得将建设工程勘察、设计业务发包给不具有相应勘察、设计资质等级的建设工程勘察、设计单位。

(7) 发包方可以将整个建设工程的勘察、设计发包给一个勘察、设计单位；也可以将建设工程的勘察、设计分别发包给几个勘察、设计单位。

(8) 除建设工程主体部分的勘察、设计外，经发包方书面同意，承包方可以将建设工程其他部分的勘察、设计再分包给其他具有相应资质等级的建设工程勘察、设计单位。

(9) 建设工程勘察、设计单位不得将所承揽的建设工程勘察、设计转包。

(10) 承包方必须在建设工程勘察、设计资质证书规定的资质等级和业务范围内承揽建设工程的勘察、设计业务。

(11) 建设工程勘察、设计的发包方与承包方，应当执行国家规定的建设工程勘察、设计程序。

(12) 建设工程勘察、设计的发包方与承包方应当签订建设工程勘察、设计合同。

(13) 建设工程勘察、设计发包方与承包方应当执行国家有关建设工程勘察费、设计费的管理规定。

发包方可以将整个工程建设勘察设计发包给一个勘察设计单位；也可以将工程建设的勘察设计分别发包给几个勘察设计单位。

8.2　设计文件的编制

8.2.1　工程设计的原则和依据

(1) 工程设计原则　工程建设的目的，从总体来讲是为了增强国家或地区的综合实力，它是社会发展、经济发展的基础之一。因此，工程设计师必须把社会效益、经济效益、环境效益等作为设计工作的原则。一般来讲，工程设计的原则包括以下几个方面：

① 实事求是原则　工程设计工作是严肃的科学技术工作。尊重科学，尊重事实，按客观规律办事是工程设计师基本的职业道德。要坚持实事求是的原则，就不能随心所欲，人云亦云，视而不见，见而不闻。坚持实事求是的原则，就要认真进行调查研究，要有刻苦耐劳的精神，要勇于排除阻力和干扰，要有扎实的基本功，能透过现象看到本质。

② 精益求精原则　工作认真负责，精益求精是工程设计工作的重要原则之一。工程设计是工程建设的灵魂。要创造性地完成某项工程的设计，在设计中采用的技术路线、设计方法、设计技巧以及完成的设计图纸等无处不体现出工程设计师的工作态度和综合素质。衡量设计质量的一个重要指标是看设计图纸中的错误率，错误率愈高质量愈差，反之亦然。严格地说，世界上没有完美无缺找不出差错的工程，更不存在没有差错的设计，但是通过努力，精益求精，可以使设计的出错率减少到最低限度，提高工程设计的质量。

③ 安全可靠性原则　工程的安全性与可靠性是确保人们生命财产安全的重要问题，也是工程设计的重要原则之一。我国一直十分重视安全生产，并把安全生产作为基本方针确定下来。要做到安全生产，除了加强生产管理，工程设计与工程建设也要提供有利条件和可靠保证。搞矿井设计要考虑矿工的生命安全，搞水库设计要把下游人民群众的生命财产安全放到首位，搞工厂设计要把防火、防爆、防污染等安全措施考虑周全。工程设计中要把安全性与可靠性贯穿到每个设计阶段和每个环节，不管搞哪类工程设计，在以正常使用情况下的安全可靠性为设计依据外，还要留有一定的安全裕度，考虑非常情况下的安全措施，并全面考虑非常情况下的安全问题。

④ 经济性原则　降低成本、厉行节约是我国优良的传统作风，工程设计师必须坚持这一原则。工程设计师在图纸上增加或减少一个线条，少注或注错一个数字，就可能导致严重浪费。经济性原则应全面理解为：在确保安全可靠性及方便使用的基础上，要求用最短的建设时间、耗费最少的人力、物力、土地，使工程发挥最大的效益。

⑤ 可持续发展性原则　工程设计必须立足现代，考虑未来，工程设计师要有远见卓识，设计的工程项目要遵循可持续发展的原则。要避免只注重眼前的经济效益而不顾长远的社会效益和环境效益的现象的出现。因此，工程设计师要首先端正工作态度，树立正确的设计思想，在自己的设计活动中，从每个项目的可行性研究开始，就要注意设计项目的经济效益、社会效益和环境效益，综合地、客观地、科学地评价工程项目。

⑥ 方便使用的原则　广义地讲，工程建设就是为了使用，尽管使用的功能和性质有区别，但使用的目的无非是物质的和精神的两个方面。例如，建造生产厂房、公用基础设施等，其使用价值主要体现的是物质的效果。而修筑纪念碑、公园等，其使用价值主要体现的是精神的效果。绝大多数工程是既体现物质使用价值又体现精神观赏价值。

⑦ 观赏性原则　现代工程建设，更加重视工程的综合效益，其中它的观赏价值已被普遍重视。工程建设是百年大计，在满足使用、节省资金的条件下，要从整体上、局部配套上全面体现观赏性原则。因此，要求工程设计师既要把工程设计当作科学技术的创作，也要把它看作艺术的创造。工程设计师运用材料、结构、绿化等物质手段，把人类社会的生活和生产活动对工程建设的要求转化成为具体的、有一定形状、大小且彼此有机联系的"产品"。

（2）工程设计的依据　《建设工程勘察设计管理条例》（根据2017年10月7日《国务院关于修改部分行政法规的决定》第二次修订）第二十五条编制建设工程勘察、设计文件，应当以下列规定为依据：

① 项目批准文件；

② 城乡规划；

③ 工程建设强制性标准；
④ 国家规定的建设工程勘察、设计深度要求。

铁路、交通、水利等专业工程建设，还应当以专业规划的要求为依据。

8.2.2 各设计阶段的内容和深度

设计单位应当根据勘察成果文件进行建设工程设计。设计阶段的划分：国际上一般分为"概念设计""基本设计"和"详细设计"三个阶段。我国习惯把中小型工程分为"方案设计""初步设计"和"施工图设计"三个阶段。

设计文件应当符合国家规定的设计深度要求，并注明工程合理使用年限。各设计阶段主要内容及深度要求如下：

(1) 方案设计　方案设计（概念设计）是投资决策之后，由咨询单位将可行性研究提出意见和问题，经与业主协商认可后提出的具体开展建设的设计文件，其深度应当满足编制初步设计文件和控制概算的需要。

(2) 初步设计　初步设计（基础设计）的内容依项目的类型不同而有所变化，一般来说，它是项目的宏观设计，即项目的总体设计、布局设计、主要的工艺流程、设备的选型和安装设计、土建工程量及费用的估算等。初步设计文件应当满足编制施工招标文件、主要设备材料订货和编制施工图设计文件的需要，是下一阶段施工图设计的基础。

(3) 施工图设计　施工图设计（详细设计）的主要内容是根据批准的初步设计，绘制出正确、完整和尽可能详细的建筑、安装图纸，包括建设项目部分工程的详图、零部件结构明细表、验收标准、方法、施工图预算等。此设计文件应当满足设备材料采购、非标准设备制作和施工的需要，并注明建筑工程合理使用年限。

各阶段的要求：

(1) 设计阶段

① 一般建设项目　按初步设计和施工图设计两阶段进行。

② 技术复杂的建设项目　按初步设计、技术设计、施工图设计三个阶段进行。

③ 存在总体部署问题的建设项目　在进行一般设计前还可进行总体规划设计或总体设计。

(2) 勘察设计文件的要求　《建设工程勘察设计管理条例》规定，勘察设计文件需满足下述要求：

① 勘察文件　应当真实、准确，满足建设工程规划、选址、设计、岩土治理和施工的需要。

② 设计文件　方案设计文件应满足编制初步设计文件和控制概算的需要；初步设计文件应满足编制施工招标文件、主要设备材料订货和编制施工图设计文件的需要；施工图设计文件应满足设备材料采购、非标准设备制作和施工的需要，并注明建设工程合理使用年限。

③ 材料、设备的选用　应当注明其规格、型号、性能等技术指标，其质量要求必须符合国家规定的标准。除有特殊要求的建筑材料、专用设备和工艺生产线等外，设计单位不得指定生产厂、供应商。

(3) 各设计阶段的内容与深度

① 总体设计　由文字说明和图纸两部分组成。应满足开展之后一系列工作的要求。

② 初步设计　应满足以下要求：设计方案的比选和确定、主要设备材料订货、土地征

用、基建投资的控制、施工图设计的编制、施工组织设计的编制、施工准备和生产准备等。

③ 技术设计　由有关部门根据工程的特点和需要，自行制订。其深度能满足确定设计方案中重大技术问题和有关实验、设备制造等方面的要求。

④ 施工图设计　应根据已获批准的初步设计进行。其深度应能满足以下要求：设备材料的安排和非标准设备的制作、施工图预算的编制、施工要求等。

8.2.3　设计文件的审批与修改

(1) 设计文件的审批　设计文件具体审批权限规定如下：

① 大中型建设项目的初步设计和总概算及技术设计，按隶属关系，由国务院主管部门或省、自治区、直辖市审批。

② 小型建设项目初步设计的审批权限，由主管部门或省、自治区、直辖市自行规定。

③ 总体规划设计（或总体设计）的审批权限与初步设计的审批权限相同。

④ 各部直接代管的下放项目的初步设计，由国务院主管部门为主，会同有关省、自治区、直辖市审查或批准。

⑤ 施工图设计要按有关规定进行审查。

(2) 设计文件的修改　设计文件是工程建设的主要依据，经批准后，不得任意修改和变更，确需修改的，应由原勘察设计单位修改。

修改设计文件应遵守以下规定：

① 凡涉及计划任务书的主要内容，如建设规模、产品方案、建设地点、主要协作关系等方面的修改，须经原计划任务书审批机关批准。

② 凡涉及初步设计的主要内容，如总平面布置、主要工艺流程、主要设备、建筑面积、建筑标准、总定员、总概算等方面的修改，须经原设计审批机关批准。修改工作须由原设计单位负责进行。

8.3　施工图设计文件审查

施工图审查是施工图设计文件审查的简称，是指建设主管部门认定的施工图审查机构按照有关法律、法规，对施工图涉及公共利益、公众安全和工程建设强制性标准的内容进行的审查。国务院建设行政主管部门负责全国的施工图审查管理工作。省、自治区、直辖市人民政府建设行政主管部门负责组织本行政区域内的施工图审查工作的具体实施和监督管理工作。

8.3.1　施工图审查的范围

建筑工程设计等级分级标准中的各类新建、改建、扩建的建筑工程项目均属审查范围。省、自治区、直辖市人民政府建设行政主管部门，可结合本地的实际，确定具体的审查范围。

8.3.2 施工图审查的内容

《房屋建筑和市政基础设施工程施工图设计文件审查管理办法》规定，审查机构应当对施工图审查下列内容：

（1）是否符合工程建设强制性标准；

（2）地基基础和主体结构的安全性；

（3）是否符合民用建筑节能强制性标准，对执行绿色建筑标准的项目，还应当审查是否符合绿色建筑标准；

（4）勘察设计企业和注册执业人员以及相关人员是否按规定在施工图上加盖相应的图章和签字；

（5）法律、法规、规章规定必须审查的其他内容。

8.3.3 施工图审查机构

建设单位应当将施工图报送建设行政主管部门，由建设行政主管部门委托有关审查机构，进行结构安全和强制性标准、规范执行情况等内容的审查。审查机构按承接业务范围分为两类，一类机构承接房屋建筑、市政基础设施工程施工图审查业务范围不受限制；二类机构可以承接中型及以下房屋建筑、市政基础设施工程的施工图审查。房屋建筑、市政基础设施工程的规模划分，按照国务院住房和城乡建设主管部门的有关规定执行。

（1）一类审查机构 应当具备下列条件：

① 有健全的技术管理和质量保证体系。

② 审查人员应当有良好的职业道德；有15年以上所需专业勘察、设计工作经历；主持过不少于5项大型房屋建筑工程、市政基础设施工程相应专业的设计或者甲级工程勘察项目相应专业的勘察；已实行执业注册制度的专业，审查人员应当具有一级注册建筑师、一级注册结构工程师或者勘察设计注册工程师资格，并在本审查机构注册；未实行执业注册制度的专业，审查人员应当具有高级工程师职称；近5年内未因违反工程建设法律法规和强制性标准受到行政处罚。

③ 在本审查机构专职工作的审查人员数量：从事房屋建筑工程施工图审查的，结构专业审查人员不少于7人，建筑专业不少于3人，电气、暖通、给排水、勘察等专业审查人员各不少于2人；从事市政基础设施工程施工图审查的，所需专业的审查人员不少于7人，其他必须配套的专业审查人员各不少于2人；专门从事勘察文件审查的，勘察专业审查人员不少于7人，承担超限高层建筑工程施工图审查的，还应当具有主持过超限高层建筑工程或者100米以上建筑工程结构专业设计的审查人员不少于3人。

④ 60岁以上审查人员不超过该专业审查人员规定数的1/2。

⑤ 注册资金不少于300万元。

（2）二类审查机构 应当具备下列条件：

① 有健全的技术管理和质量保证体系。

② 审查人员应当有良好的职业道德；有10年以上所需专业勘察、设计工作经历；主持过不少于5项中型以上房屋建筑工程、市政基础设施工程相应专业的设计或者乙级以上工程

勘察项目相应专业的勘察；已实行执业注册制度的专业，审查人员应当具有一级注册建筑师、一级注册结构工程师或者勘察设计注册工程师资格，并在本审查机构注册；未实行执业注册制度的专业，审查人员应当具有高级工程师职称；近5年内未因违反工程建设法律法规和强制性标准受到行政处罚。

③ 在本审查机构专职工作的审查人员数量：从事房屋建筑工程施工图审查的，结构专业审查人员不少于3人，建筑、电气、暖通、给排水、勘察等专业审查人员各不少于2人；从事市政基础设施工程施工图审查的，所需专业的审查人员不少于4人，其他必须配套的专业审查人员各不少于2人；专门从事勘察文件审查的，勘察专业审查人员不少于4人。

④ 60岁以上审查人员不超过该专业审查人员规定数的1/2。

⑤ 注册资金不少于100万元。

8.3.4 施工图审查的程序

(1) 施工图审查的报送　在施工图完成后，建设单位应将施工图连同该项目批准立项的文件或初步设计批准文件及主要的初步设计文件一起报送建设行政主管部门，由建设行政主管部门委托有关审查机构进行审查。

(2) 施工图审查的要求

① 向建设行政主管部门提交书面审查报告，审查人员签字、审查机构盖章。

② 审查合格的项目，建设行政主管部门颁发施工图审查批准书。审查不合格的项目，审查机构提出书面意见，并将施工图退回建设单位，交由设计单位修改后，重新报送。

③ 应在一个期限范围内完成审查工作，并提出工作报告。

④ 施工图一经审查批准，不得擅自进行修改。

⑤ 施工图审查所需经费，由施工图审查机构向建设单位收取。

(3) 对审查结果有争议的解决途径　可由建设单位或设计单位向所在省、自治区、直辖市人民政府建设行政主管部门提出复查申请，由省、自治区、直辖市人民政府建设行政主管部门组织专家论证并作出复查结果。

8.3.5 施工图审查各方的责任

(1) 设计单位与设计人员的责任　勘察设计单位及其设计人员必须对自己的勘察设计文件的质量负责，如若出现质量问题，设计单位及设计人员还必须依据实际情况和相关法律的规定，承担相应的经济责任、行政责任和刑事责任。

(2) 审查机构及审查人员的责任　施工图审查机构和审查人员应当依据法律、法规和国家与地方的技术标准认真履行审查职责。对玩忽职守、徇私舞弊、贪污受贿的审查人员和机构，由建设行政主管部门依法给予暂停或吊销其审查资格，并处以相应的经济处罚。构成犯罪的，依法追究其刑事责任。

(3) 政府主管部门的责任　《建设工程勘察设计管理条例》第四十三条明确规定：国家机关工作人员在工程建设勘察设计活动的监督管理工作中玩忽职守、滥用职权、徇私舞弊，构成犯罪的，依法追究刑事责任；尚不构成犯罪的，依法给予行政处分。

基础测试

1. 建设工程勘察的基本内容是_____、_____、_____。
2. 我国一般将建设工程设计分为_____、_____、_____三个阶段。

思考提高

1. 工程设计的原则是什么？
2. 什么是施工图审查？
3. 施工图审查的范围是什么？
4. 施工图审查机构按承接业务范围分为哪几类？

综合运用

甲公司要新建一座办公楼，该公司和乙设计院签订了设计合同，和丙建筑公司签订了施工合同，工程竣工后该办公楼的一侧外墙出现了裂缝，甲公司以此将丙建筑公司起诉至法院，要求索赔。后经现场勘察，该办公楼外墙的裂缝是由于地基不均匀沉降造成的，勘察结论为结构设计图纸依据的地质资料不准确，甲公司遂将乙设计院起诉，而乙设计院回复称，设计图是根据甲公司提供的地质资料进行设计的，不应该承担法律责任。后经法院查明，甲公司提供的地质资料是该公司临近的另一公司的地质资料，并非新建办公楼的，也未将此事告知设计院，设计院对此也毫不知情。试分析讨论，该事件的责任人是谁？

第 9 章 建设工程监理法规

建设工程监理法规
- 概述
  - 建设工程监理法规的概念
  - 工程建设监理与监督管理法规的立法现状
- 工程建设监理的工作内容
  - 设计阶段监理工作的内容
  - 施工招标阶段的监理工作内容
  - 施工阶段的监理工作内容
  - 设备采购监理与设备监造
  - 施工阶段监理资料管理
- 工程建设监理企业资质管理
  - 工程监理企业资质等级
  - 工程监理企业业务范围
  - 监督管理与处罚
- 工程建设监理相关规定
  - 工程建设监理的职责
  - 工程建设监理范围
  - 工程建设监理合同与监理程序
  - 工程建设单位与监理工程师
  - 外资、中外合资和国外贷款、赠款、捐款建设的工程建设监理

9.1 概述

9.1.1 建设工程监理法规的概念

建设工程监理是指具有相应资质的监理单位受工程项目法人的委托，依据国家批准的工程项目建设文件，有关工程建设的法律、法规和工程建设监理合同及其他工程建设合同对工程建设实施的监督管理。

建设工程监理法规是指调整工程建设监理及监督管理活动中发生的各种社会关系的法律规范的总和。

9.1.2　工程建设监理与监督管理法规的立法现状

《建筑法》对工程建设监理与监督管理做了相应规定。

工程建设监理的原则如下：

（1）独立、公正、自主的原则　监理工程师在建设工程监理中必须尊重科学、尊重事实，组织各方协同配合，维护有关各方的合法权益。为此，必须坚持公正、独立、自主的原则。

（2）权责一致的原则　监理工程师承担的职责应与业主授予的权限相一致。监理工程师的监理职权，依赖于业主的授权。这种权力的授予，除体现在业主与监理单位之间签订的委托监理合同之中，而且还应作为业主与承建单位之间建设工程合同的合同条件。

（3）总监理工程师负责制的原则　总监理工程师是工程监理全部工作的负责人。要建立和健全总监理工程师负责制，就要明确权、责、利关系，健全项目监理机构，具有科学的运行制度、现代化的管理手段，形成以总监理工程师为首的高效能的决策指挥体系。

（4）综合效益的原则　建设工程监理活动既要考虑业主的经济效益，也必须考虑与社会效益和环境效益的有机统一。建设工程监理活动虽经业主的委托和授权才得以进行，但监理工程师应首先严格遵守国家的建设管理法律、法规、标准等，以高度负责的态度和责任感，既要对业主负责，谋求最大的经济效益，又要对国家和社会负责，取得最佳的综合效益。

（5）严格监理、热情服务的原则　严格监理，就是各级监理人员严格按照国家政策、法规、规范、标准和合同控制建设工程的目标，依照既定的程序和制度，认真履行职责，对承建单位进行严格监理；监理工程师还应为业主提供热情的服务，"应运用合理的技能，谨慎而勤奋地工作"。由于业主一般不熟悉建设工程管理与技术业务，监理工程师应按照委托监理合同的要求多方位、多层次地为业主提供良好的服务，维护业主的正当权益。

9.2　工程建设监理的工作内容

9.2.1　设计阶段监理工作的内容

（1）结合项目特点，收集设计所需技术经济资料。
（2）编写设计大纲。
（3）组织方案竞赛或设计委托合同。
（4）拟定和商谈设计委托合同。
（5）向设计单位提供设计所需基础材料。
（6）配合设计单位开展技术经济分析，搞好设计方案的比选，优化设计。
（7）配合设计进度，组织设计与有关部门的协调工作，如消防、环保、地震、人防、防汛、园林，以及供水、供电、供气、电信等的协调工作。
（8）组织各设计单位之间的协调工作。

(9) 参与主要材料设备的选型。
(10) 组织对设计方案的评选或咨询。
(11) 审核工程估算、概算。
(12) 审核主要设备、材料清单。
(13) 审核工程图纸。
(14) 审核和控制设计进度。
(15) 组织设计文件的报批。

9.2.2 施工招标阶段的监理工作内容

(1) 拟定项目招标方案并征得业主同意。
(2) 办理招标申请。
(3) 编写招标文件，主要内容有：工程综合说明、设计图纸和技术说明文件、工程量清单和单价表、投标须知、拟定承包合同的主要条款。
(4) 编制标底，标底经业主认可后，报送所在地建设主管部门审核。
(5) 组织投标。
(6) 组织现场勘察，并回答投标人提出的问题。
(7) 组织开标、评标及决标工作。
(8) 与中标单位商谈签订承包合同。

9.2.3 施工阶段的监理工作内容

(1) 施工阶段质量控制　工程施工阶段的工程质量控制工作主要包括下列方面：
① 对原材料的检验　材料质量的好坏直接影响工程的质量，因此为了保证材料质量，应当在订货阶段就向供货商提供检验的技术标准，并将这些标准列入订购合同中。
② 对工程采用的配套设备进行检验　在各种设备安装之前均应进行检验和测试，不合格的要避免采用。
③ 确立施工中控制质量的具体措施
a. 对各项施工设备、仪器进行检查，特别是校准各种仪器仪表，保证在测量、计量方面不出现严重误差。
b. 控制混凝土质量。混凝土工程质量对建筑工程的安全有着极其重要的影响，必须确保混凝土浇筑质量。应当有控制混凝土中水泥、砂、石和水灰比的严格计量手段，制订混凝土试块制作、养护和试压等管理制度，并有专人监督执行；试块应妥善保存，以便将来进行强度检验，在浇灌混凝土之前，应当有专职人员检查挖方、定位、支模和钢筋绑扎等工序的正确性。
c. 对砌筑工程、装饰工程和水电安装工程等制订具体有效的质量检查和评定办法，以保证质量符合合同中规定的技术要求。
④ 确立有关质量文件的档案制度　汇集所有质量检查和检验证明文件、试验报告，包括分包商在工程质量方面提交的文件。
(2) 施工阶段投资控制
① 项目监理机构应按下列程序进行工程计量和工程款支付工作：

a. 承包单位统计经专业监理工程师验收合格的工程量，按施工合同的约定填报工程量清单和工程款支付申请表。

　　b. 专业监理工程师进行现场计量，按施工合同的约定审核工作量清单和工程款支付申请表，并报总监理工程师审定。

　　c. 总监理工程师签署工程款支付证书，并报建设单位。

　　② 项目监理机构应按下列程序进行竣工结算：

　　a. 承包单位按施工合同规定填报竣工结算报表。

　　b. 专业监理工程师审核承包单位报送的竣工结算报表。

　　c. 总监理工程师审定竣工结算报表，与建设单位、承包单位协商一致后，签发竣工结算文件和最终的工程款支付证书报建设单位。

　　(3) 施工阶段进度控制

　　① 总监理工程师审批承包单位报送的施工总进度计划。

　　② 总监理工程师审批承包单位编制的年、季、月度施工进度计划。

　　③ 专业监理工程师对进度计划实施情况进行检查、分析。

　　④ 当实际进度符合计划进度时，应要求承包单位编制下一期进度计划；当实际进度滞后于计划进度时，专业监理工程师应书面通知承包单位采取纠偏措施并监督实施。

9.2.4　设备采购监理与设备监造

　　(1) 设备采购监理　项目监理机构应编制设备采购方案，明确设备采购的原则、范围、内容、程序、方式和方法，并报建设单位批准。

　　(2) 设备监造　总监理工程师组织专业监理工程师编制设备监造规划，经监理单位技术负责人审核批准后，在设备制造前10天内报送建设单位。

9.2.5　施工阶段监理资料管理

　　施工阶段监理资料应包括下列内容：

　　(1) 施工合同文件及委托监理合同。

　　(2) 勘察设计文件。

　　(3) 监理规划。

　　(4) 监理实施细则。

　　(5) 分包单位资格报审表。

　　(6) 设计交底与图纸会审会议纪要。

　　(7) 施工组织设计（方案）报审表。

　　(8) 工程开工（复工）报审表及工程暂停令。

　　(9) 测量核验资料。

　　(10) 工程进度计划。

　　(11) 工程材料、构配件、设备的质量证明书。

　　(12) 检查试验资料。

　　(13) 工程变更资料。

　　(14) 隐蔽工程验收资料。

(15) 工程计量单和工程款支付证书。
(16) 监理工程师通知书。
(17) 监理工作联系单。
(18) 报验申请表。
(19) 会议纪要。
(20) 来往函件。
(21) 监理日记。
(22) 监理月报。
(23) 质量缺陷与事故的处理文件。
(24) 分部工程、单位工程等验收资料。
(25) 索赔文件资料。
(26) 竣工结算审核意见书。
(27) 工程项目施工阶段质量评估报告等专题报告。
(28) 监理工作总结。

9.3 工程建设监理企业资质管理

9.3.1 工程监理企业资质等级

工程监理企业资质分为综合资质、专业资质和事务所资质。其中，专业资质按照工程性质和技术特点划分为若干工程类别。综合资质、事务所资质不分级别。专业资质分为甲级、乙级；其中，房屋建筑、水利水电、公路和市政公用专业资质可设立丙级。

甲级工程监理企业资质，经省、自治区、直辖市人民政府建设行政主管部门审核同意后，由国务院建设行政主管部门组织专家评审。

乙级、丙级工程监理企业资质，由企业注册所在地省、自治区、直辖市人民政府建设行政主管部门审批。

工程监理企业申请晋升资质等级，在申请之日前1年内有下列行为之一的，建设行政主管部门不予批准：

(1) 与建设单位或者工程监理企业之间相互串通投标，或者以行贿等不正当手段谋取中标的。

(2) 与建设单位或者施工单位相互串通，弄虚作假，降低工程质量的。

(3) 将不合格建设工程、建筑材料、建筑构配件和设备按照合格签字的。

(4) 超越本单位资质等级承揽监理业务的。

(5) 允许其他单位或个人以本单位的名义承揽工程的。

(6) 转让工程监理业务的。

(7) 因监理责任而发生过三级以上工程建设重大质量事故或者发生过两起以上四级工程建设质量事故的。

9.3.2　工程监理企业业务范围

工程监理企业业务范围包含：

（1）综合资质　可以承担所有专业工程类别建设工程项目的工程监理业务，以及建设工程的项目管理、技术咨询等相关服务。

（2）专业甲级资质　可承担相应专业工程类别建设工程项目的工程监理业务，以及相应类别建设工程的项目管理、技术咨询等相关服务。

（3）专业乙级资质　可承担相应专业工程类别二级（含二级）以下建设工程项目的工程监理业务，以及相应类别和级别建设工程的项目管理、技术咨询等相关服务。

（4）专业丙级资质　可承担相应专业工程类别三级建设工程项目的工程监理业务，以及相应类别和级别建设工程的项目管理、技术咨询等相关服务。

（5）事务所资质　可承担三级建设工程项目的工程监理业务，以及相应类别和级别建设工程项目管理、技术咨询等相关服务。但是，国家规定必须实行强制监理的建设工程监理业务除外。

9.3.3　监督管理与处罚

（1）建设行政主管部门对工程监理企业资质实行年检制度

① 工程监理企业在规定时间内向建设行政主管部门提交工程监理企业资质年检表、工程监理企业资质证书、监理业务手册、工程监理人员变化情况以及其他有关资料，并交验企业法人营业执照。

② 建设行政主管部门会同有关部门在收到工程监理企业年检资料后40日内，对工程监理企业年检作出结论，并记录在"工程监理企业资质证书"副本的年检记录栏内。

（2）有下列行为之一的，工程监理企业的资质年检结论为不合格：

① 资质条件中监理工程师注册人员数量、经营规模的任何一项未达到资质等级标准的80％，其他任何一项未达到资质等级标准。

② 违反《工程监理企业资质管理规定》所列条款中的任意一条。

9.4　工程建设监理相关规定

9.4.1　工程建设监理的职责

依据《中华人民共和国建筑法》第三十二条，建筑工程监理应当依照法律、行政法规及有关的技术标准、设计文件和建筑工程承包合同，对承包单位在施工质量、建设工期和建设资金使用等方面，代表建设单位实施监督。

工程监理人员认为工程施工不符合工程设计要求、施工技术标准和合同约定的，有权要求建筑施工企业改正。

工程监理人员发现工程设计不符合建筑工程质量标准或者合同约定的质量要求的，应当报告建设单位要求设计单位改正。

9.4.2 工程建设监理范围

（1）工程建设监理的范围
① 大、中型工程项目；
② 市政、公用工程项目；
③ 政府投资兴建和开发建设的办公楼、社会发展事业项目和住宅工程项目；
④ 外资，中外合资，国外贷款、赠款、捐款建设工程项目。
（2）目前实行强制监理的范围
① 国家重点建设工程；
② 大中型公用事业工程，总投资 3000 万元以上；
③ 成片开发建设的住宅小区工程，5 万平方米以上；
④ 利用外国政府或国际组织贷款、援助资金的工程；
⑤ 国家规定必须实行监理的其他工程，总投资 3000 万元以上。

9.4.3 工程建设监理合同与监理程序

工程建设监理一般应按下列程序进行：
（1）编制工程建设监理规划；
（2）按工程建设进度分专业编制工程建设监理细则；
（3）按照建设监理细则进行建设监理；
（4）参与工程建设竣工预验收，签署建设监理意见；
（5）建设监理业务完成后，向项目法人提交工程建设监理档案资料。

9.4.4 工程建设单位与监理工程师

（1）监理单位与项目法人之间是委托与被委托的合同关系，与被监理单位是监理与被监理的关系。
（2）监理单位应当按"公正、独立、自主"的原则，公平地维护项目法人和被监理单位的合法权益。
（3）监理单位不得转让监理业务。
（4）监理单位不得承包工程，不得经营建筑材料、构配件和建筑机械、设备。
（5）监理单位在监理过程中因过错造成重大经济损失的，应当承担一定的经济责任和法律责任。
（6）监理工程师不得出卖、转让、涂改"监理工程师岗位证书"。
（7）监理工程师不得在政府机关或施工、设备制造、材料供应单位兼职，不得是施工、设备制造和材料、构配件供应单位的合伙经营者。

9.4.5 外资、中外合资和国外贷款、赠款、捐款建设的工程建设监理

（1）外国贷款的工程建设项目，原则上应由中国监理单位负责建设监理。如果贷款方要求国外监理单位参加的，应当与中国监理单位进行合作监理。

（2）国外赠款、捐款建设的工程项目，一般由中国监理单位承担建设监理业务。

（3）外资、中外合资和国外贷款建设的工程项目的监理费用计取标准及付款方式，参照国际惯例由双方协商确定。

基础测试

工程监理企业资质分为_____、_____、_____。

思考提高

1. 什么是建设工程监理？
2. 工程建设监理的原则是什么？
3. 建设工程监理的法律地位从哪些方面体现？

综合运用

试分析讨论坚持建设程序具有哪些意义？建设程序与建设工程监理的关系是什么？

第10章 建设工程质量及施工管理法规

```
                                              ┌ 建设工程质量的概念和特性
                         ┌ 建设工程质量概述 ┤
                         │                    └ 建设工程质量的管理体系
                         │
                         │                    ┌ 工程建设标准化管理制度
                         │                    │ 质量体系认证制度
                         │ 工程质量管理法律法规 ┤ 建设工程的监督管理制度
                         │                    │ 工程质量监督管理制度
                         │                    │ 建设工程竣工验收制度
                         │                    └ 工程质量保修制度
建设工程质量及施工管理法规 ┤
                         │                    ┌ 建设单位的质量管理责任与义务
                         │                    │ 工程勘察、设计单位的质量管理责任与义务
                         │ 工程质量管理责任与义务 ┤ 施工单位的质量管理责任与义务
                         │                    │ 工程建设监理单位的质量管理责任与义务
                         │                    └ 材料、设备供应单位的质量管理责任与义务
                         │
                         │ 工程建设施工法规概述
                         │                ┌ 施工项目经理负责制
                         └ 施工管理 ──────┤ 施工组织设计管理
                                          └ 施工现场管理
```

10.1 建设工程质量概述

10.1.1 建设工程质量概念和特性

（1）建设工程质量的概念　建设工程质量分为狭义和广义两种含义：

狭义上：狭义的建设工程质量仅指工程实体质量，它是指在国家现行的有关法律法规、技术标准、设计文件和合同中，对工程的安全、适用、经济、美观等特性的综合要求。这强调的是建设工程的实体质量，如基础是否坚固、主体结构是否安全以及通风、采光是否合理等。

广义上：广义的建设工程质量不仅包括建筑工程的实体质量，还包括形成实体质量的工作质量。工作质量是指参与建设工程的建设者，为了保证建设工程实体质量所从事工作的水平和完善程度，包括社会工作质量，如社会调查、市场预测、质量回访和保修服务等；生产过程工作质量，如管理工作质量、技术工作质量和后勤工作质量等。工作质量直接决定了实体质量，工程实体质量的好坏是建设工程项目业主决策，建设工程勘察、设计、施工等单位各方面、各环节工作质量的综合反映。

（2）建设工程质量的特性　建设工程质量的特性主要表现在以下六个方面：

① 适用性　即功能，是指工程满足使用目的的各种性能。包括：理化性能、结构性能、使用性能、外观性能等。

② 耐久性　即寿命，是指工程满足规定功能要求使用的年限，也就是工程竣工后的合理使用寿命周期。

③ 安全性　是指工程建成后在使用过程中保证结构安全、保证人身和环境免受危害的程度。

④ 可靠性　是指工程在规定的时间和规定的条件下完成规定功能的能力。

⑤ 经济性　是指工程从规划、勘察、设计、施工到整个产品使用寿命周期内的成本和消耗的费用。

⑥ 与环境的协调性　是指工程与周围生态环境协调，与所在地区经济环境协调以及与周围已建工程相协调，以适应可持续发展的要求。

上述六个方面的质量特性彼此之间是相互依存的，总体而言，适用、耐久、安全、可靠、经济、与环境的协调性，都是必须达到的基本要求，缺一不可（但是对于不同门类不同专业的工程可根据其所处的特定的环境条件、技术经济条件的差异，有不同的侧重面）。

10.1.2　建设工程质量的管理体系

（1）建设工程质量管理体系有以下四个方面：
① 建设单位的质量检查体系；
② 监理单位的质量控制体系；
③ 设计和施工单位的质量保证体系；
④ 政府部门的质量监督体系。
（2）建设工程质量管理体系包括纵向管理和横向管理。
① 纵向管理是国家对建设工程质量所进行的监督管理。
② 横向管理，一是工程承包单位管理，二是建设单位对建设工程的管理。

10.2　工程质量管理法律法规

10.2.1　工程建设标准化管理制度

工程建设标准化是指特定的主管机构，依据国家标准化法规及有关工程建设的法律、行政法规，制定、发布和实施与建筑工程有关的标准，以获得最佳秩序和社会效益的行为。

10.2.2 质量体系认证制度

《中华人民共和国建筑法》第五十三条规定，国家对从事建筑活动的单位推行质量体系认证制度。从事建筑活动的单位根据自愿原则可以向国务院产品质量监督管理部门或者国务院产品质量监督管理部门授权的部门认可的认证机构申请质量体系认证。经认证合格的，由认证机构颁发质量体系认证证书。

（1）所谓"质量体系"，是指企业为保证其产品质量所采取的管理、技术等各项措施所构成的有机整体，即企业的质量保证体系。企业的质量体系不仅包括企业质量管理的组织机构、规章制度等管理软件，还包括资源（含人才资源）、专业技能、设计技术、设备以及计算机系统等硬件。质量体系认证，是指依据国际通用的质量管理和质量保证系列标准，经过国家认可的质量体系认证机构对企业的质量体系进行审核，对于符合规定条件和要求的，通过颁发企业质量体系认证证书的形式，证明企业的质量保证能力符合相应要求的活动。质量体系认证的对象是企业。认证的过程是对质量体系的整体水平进行科学的评价，以证明企业的质量保证能力是否符合相应标准的要求。质量体系认证的依据是国际通用的质量管理标准。我国已经对该国际标准等同采用并转化为我国的国家标准。因此，质量体系认证的依据也就是"质量管理和质量保证"系列标准。企业质量体系认证的目的是使企业向用户提供可靠的质量信誉和质量担保。在合同环境下，企业质量体系认证是为了满足需方质量保证要求；在非合同环境下，质量体系认证是为了增强企业的市场竞争能力，提高质量管理素质，落实质量方针，实现质量目标。

（2）从事建筑活动的单位根据自愿原则，可以向国务院产品质量监督管理部门或者国务院产品质量监督管理部门授权的部门认可的认证机构申请质量体系认证。这项规定包含以下几方面的含义：

① 申请质量体系认证的主体，是从事建筑活动的单位。所谓从事建筑活动的单位，是指建筑施工企业、建筑勘察单位、建筑设计单位和工程监理单位。

② 质量体系认证由从事建筑活动的单位自愿申请。质量体系认证必须坚持自愿申请的原则。也就是说，从事建筑活动的单位是否申请认证，由从事建筑活动的单位自主决定。对企业来说，只要企业认识到了质量体系认证的必要性及其作用，并具备规定条件，通常会积极地申请质量体系认证。认证的自愿申请原则，是法律赋予企业的自主权和选择权，任何部门和组织不得违反法律规定的自愿原则强制企业申请认证。

③ 申请质量体系认证，应当向国务院产品质量监督管理部门或者国务院产品质量监督管理部门授权的部门认可的认证机构申请。

④ 从事建筑活动的单位向有关认证机构申请质量体系认证，有关认证机构接到申请后，应当认真、及时地进行审核，对申请单位的质量体系状况予以评价，对其质量保证能力作出是否符合标准要求的结论。

⑤ 经过对申请认证的单位按照规定的认证程序审查后，认为合格的，由认证机构向该单位颁发质量体系认证证书，以证明企业的质量体系符合相应的标准和技术规范的要求。

10.2.3 建设工程的监督管理制度

（1）建设工程主体的监督管理制度

① 对建设单位的资格和能力进行审查。

② 对勘察设计、施工、监理、构配件生产、房地产开发单位等实行资格（质）等级认证、生产许可证和业务范围的监督管理。

③ 对相关人员实行注册执业工程师的制度。

(2) 建设工程质量监督制度

① 施工许可证制度　依据《中华人民共和国建筑法》第七条，建筑工程开工前，建设单位应当按照国家有关规定向工程所在地县级以上人民政府建设行政主管部门申请领取施工许可证；但是，国务院建设行政主管部门确定的限额以下的小型工程除外。

按照国务院规定的权限和程序批准开工报告的建筑工程，不再领取施工许可证。

② 工程竣工验收管理制度　工程竣工验收管理制度是为完善工程建设程序，从严把关工程建设质量和档案资料，使项目在确保质量、安全的前提下，合法地交付使用而特别制定的制度。工程项目的竣工验收制度是施工全过程的最后一道工序，也是工程项目管理的最后一项工作。它是建设投资成果转入生产或使用的标志，也是全面考核投资效益、检验设计和施工质量的重要环节。

(3) 建设工程质量的检测制度

① 检测机构的性质和资质分类

a. 专项检测机构和见证取样检测机构应满足下列基本条件：

ⅰ. 所申请检测资质对应的项目应通过计量认证。

ⅱ. 有质量检测、施工、监理或设计经历，并接受了相关检测技术培训的专业技术人员不少于10人；边远县（区）的专业技术人员可不少于6人。

ⅲ. 有符合开展检测工作所需的仪器、设备和工作场所。其中，使用属于强制检定的计量器具，要经过计量检定合格后，方可使用。

ⅳ. 有健全的技术管理和质量保证体系。

b. 专项检测机构除应满足基本条件外，还需满足下列条件：

ⅰ. 地基基础工程检测类：专业技术人员中从事工程桩基检测工作3年以上并具有高级或者中级职称的不得少于4名，其中1人应当具备注册岩土工程师资格。

ⅱ. 主体结构工程检测类：专业技术人员中从事结构工程检测工作3年以上并具有高级或者中级职称的不得少于4名，其中1人应当具备二级注册结构工程师资格。

ⅲ. 建筑幕墙工程检测类：专业技术人员中从事建筑幕墙检测工作3年以上并具有高级或者中级职称的不得少于4名。

ⅳ. 钢结构工程检测类：专业技术人员中从事钢结构机械连接检测、钢网架结构变形检测工作3年以上并具有高级或者中级职称的不得少于4名，其中1人应当具备二级注册结构工程师资格。

c. 见证取样检测机构除应满足基本条件外，专业技术人员中从事检测工作3年以上并具有高级或者中级职称的不得少于3名；边远的县（区）可不少于2人。

② 检测报告的法律地位　产品质量检验报告能全面、客观地反映产品的质量信息，一般是由独立于供需双方的第三方检验机构完成的。第三方检验机构具有相对的独立性和公正性，有资格向社会出具公正数据检验报告。质量检验报告是根据标准化的要求，对产品和工程进行质量检测与质量监督，并加以分析研究后写出的反映产品和工程质量情况的书面报告。它是质量检查的结果和质量信息反馈的载体。在经济活动中，它已成为把控质量关的管理手段，成为维护社会正常经济秩序、维护用户合法权益和实施仲裁的依据。

③ 资质申请与资质审批、审查

a. 专项检测机构和见证取样检测机构应满足下列基本条件：

ⅰ. 具有独立法人资格的中介机构。

ⅱ．专项检测机构的注册资本不少于 100 万元人民币，见证取样检测机构不少于 80 万元人民币。

ⅲ．所申请检测资质对应的项目通过计量认证。

ⅳ．有质量检测、施工、监理或设计经历，接受了相关检测技术培训的专业技术人员不少于 10 人。

ⅴ．有符合开展检测工作所需的仪器、设备和工作场所；其中使用属于强制检定的计量器具，需经计量检定合格并在有效期内。

ⅵ．有健全的技术管理和质量保证体系。

b. 专项检测机构除应满足基本条件外，还需满足下列条件：

ⅰ．主体结构工程检测类：主体结构工程检测机构专业技术人员中从事结构工程检测工作 3 年以上并具有高级或者中级职称的不得少于 4 名，其中 1 人应当具备二级注册结构工程师资格。

ⅱ．建筑幕墙工程检测类：建筑幕墙工程检测机构专业技术人员中从事建筑幕墙检测工作 3 年以上并具有高级或者中级职称的不得少于 4 名。

ⅲ．钢结构工程检测类：专业技术人员中从事钢结构机械连接检测、钢网架结构变形检测工作 3 年以上并具有高级或者中级职称的不得少于 4 名，其中 1 人应当具备二级注册结构工程师资格。

c. 见证取样检测机构除应满足基本条件外，见证取样检测机构专业技术人员中从事检测工作 3 年以上并具有高级或者中级职称的不得少于 3 名。

d. 资质申请：

ⅰ．综合甲级及专项资质由各省、自治区、直辖市建设行政主管部门受理申请，审核合格后报住建部批准。

ⅱ．综合乙级、丙级由各省、自治区、直辖市建设行政主管部门受理并审批。

ⅲ．新成立的综合类检测机构需从丙级开始申请。

e. 资质审批、审查：

ⅰ．省、自治区、直辖市建设行政主管部门在收到申请人的申请材料后，应当即时作出是否受理的决定，并向申请人出具书面凭证；申请材料不齐全或者不符合法定形式的，应当在 5 日内一次性告知申请人需要补正的全部内容。逾期不告知的，自收到申请材料之日起即为受理。

ⅱ．省、自治区、直辖市建设行政主管部门受理资质申请后，应进行材料审查和现场核查，自受理之日起 20 个工作日内审查完毕，并给出书面结果。

ⅲ．对审查结果符合相应资质标准要求的，由国务院建设行政主管部门批准的应在 5 个工作日内报相关部门；由省、自治区、直辖市建设行政主管部门直接审批的应在 10 个工作日内颁发"检测机构资质证书"，并报国务院建设主管部门备案。

④ 检测报告　报告应作出所检测项目是否符合设计文件要求或相应验收规范规定的评定。既有建筑工程质量的检测报告应给出所检测项目的评定结论，并能为建筑工程质量的鉴定提供可靠的依据。

⑤ 检测责任　从事新建、扩建、改建房屋建筑工程和市政基础设施工程建设活动的单位中，有违反法律、法规、规章所规定的质量责任和义务的行为，以及勘察、设计文件和工程实体质量不符合工程建设强制性技术标准的情况的，无论是建设单位、勘察单位、设计单位、施工单位和施工图审查机构、工程质量检测机构、监理单位，都属建设工程质量责任主体。对于检测责任实行检测责任追究制度。

⑥ 监督检查　所谓监督检查，是指有监督检查权的机关，为依法保护正当竞争而对不

正当竞争行为进行查处活动的总称。监督是实时进行的,能够较早发现问题。

(4) 建设工程质量的验评及奖励制度

① 建设工程质量验评制度　工程项目的竣工验收制度是施工全过程的最后一道工序,也是工程项目管理的最后一项工作。它是建设投资成果转入生产或使用的标志,也是全面考核投资效益、检验设计和施工质量的重要环节。2013 年 12 月 2 日,住房和城乡建设部以建质〔2013〕171 号印发《房屋建筑和市政基础设施工程竣工验收规定》,该规定共 14 条,自发布之日起施行。

② 建设工程质量奖励制度

a. 梁思成建筑奖。梁思成建筑奖也称"梁思成奖",是经国务院批准,由中华人民共和国建设部和中国建筑学会于 2000 年创立,以中国近代著名的建筑家和教育家梁思成先生命名的中国建筑设计国家奖,并设立梁思成建筑奖专项奖励基金,以表彰、奖励在建筑界作出重大成绩和卓越贡献的杰出建筑师、建筑理论家和建筑教育家。"梁思成奖"的设立是为了激励中国建筑师的创新精神,繁荣建筑设计创作,提高中国建筑设计水平。2016 年开始,梁思成建筑奖在世界范围内展开评选活动,每两年评选一次,每次设梁思成建筑奖获奖者两名。获奖者将获得中国建筑学会颁发的获奖证书和奖牌,并奖励每人 10 万元人民币。

b. 中国土木工程詹天佑奖。中国土木工程詹天佑奖,简称詹天佑大奖,由中国土木工程学会和北京詹天佑土木工程科学技术发展基金会联合设立,是中华人民共和国住房和城乡建设部认定的全国建设系统工程奖励项目之一,中华人民共和国科学技术部首批核准的科技奖励项目,也是中国土木工程领域工程建设项目科技创新的最高荣誉奖、"詹天佑土木工程科学技术奖"的主要奖项。中国土木工程詹天佑奖于 1999 年设立;2001 年 3 月经中华人民共和国科学技术部首批核准登记;2003 年由每两年评选一次改为每年评选一次。

c. 中国建设工程鲁班奖。中国建设工程鲁班奖(国家优质工程),简称鲁班奖,是一项由中华人民共和国住房和城乡建设部指导、中国建筑业协会实施评选的奖项,是中国建筑行业工程质量的最高荣誉奖。建筑工程鲁班奖于 1987 年设立,为中国建设工程鲁班奖的前身。1996 年 9 月 26 日,建筑工程鲁班奖与国家优质工程奖合并,称中国建筑工程鲁班奖。2008 年 6 月 13 日,中国建筑工程鲁班奖更名为中国建设工程鲁班奖。2010 年起,中国建设工程鲁班奖改为每两年评比表彰一次,主要授予中国境内已经建成并投入使用的各类新(扩)建工程,同时工程质量应达到中国国内领先水平,获奖工程数额不超过 240 项,获奖单位为获奖工程的主要承建单位、参建单位。

(5) 建材适用许可制度

① 建材生产许可证制;

② 建材产品质量认证制;

③ 建材产品推荐使用制;

④ 建材材料进场检验制。

10.2.4　工程质量监督管理制度

工程质量监督管理制度主要有:工程竣工验收备案制度、工程质量事故报告制度、工程质量检举、控告、投诉制度。

(1) 工程竣工验收备案制度提交以下资料

① 工程竣工验收备案表;

② 工程竣工验收报告；

③ 法律、行政法规规定应当由规划、公安消防、环保等部门出具的认可文件或者准许使用文件；

④ 施工单位签署的工程质量保修书；

⑤ 法规、规章规定必须提供的其他文件；

⑥ 商品住宅还应当提交"住宅质量保证书"和"住宅使用说明书"。

（2）工程质量事故报告制度　工程质量事故报告制度是《建设工程质量管理条例》确立的一项重要制度。《建设工程质量管理条例》对该制度做了详细的规定。

（3）工程质量检举、控告、投诉制度

① 工程质量投诉的范围　工程质量投诉是指公民、法人和其他组织通过信函、电话、来访等形式反映工程质量问题的活动。凡是新建、改建、扩建的各类建筑安装、市政、公用、装饰装修等建设工程，在保修期内和建设过程中发生的工程质量问题，均属投诉范围。对超过保修期，在使用过程中发生的工程质量问题，由产权单位或有关部门处理。

② 负责工程质量投诉管理工作的部门　城市建设工程质量监督站负责城市建设工程质量投诉管理工作。

③ 工程质量投诉管理工作部门职责和义务　投诉处理机构要做好投诉登记工作，督促工程质量责任方，按照有关规定，认真处理好用户的工程质量投诉。对于投诉的工程质量问题，投诉处理机构要本着实事求是的原则，对合理的要求，要及时妥善处理；暂时解决不了的，要向投诉人作出解释，并责成工程质量责任方限期解决；对不合理的要求，要做出说明，经说明后仍坚持无理要求的，应给予批评教育。对注明联系地址和联系人姓名的投诉，要将处理的情况通知投诉人。在处理工程质量投诉过程中，不得将工程质量投诉中涉及的检举、揭发、控告材料及有关情况，透露或者转送给被检举、揭发、控告的人员和单位。任何组织和个人不得压制、打击报复、迫害投诉人。

工程质量监督管理是指为保证和提高工程质量，运用一整套质量和监督管理体系、手段和方法所进行的系统管理活动。

10.2.5　建设工程竣工验收制度

它是建设投资成果转入生产或使用的标志，也是全面考核投资效益、检验设计和施工质量的重要环节。

（1）竣工验收的主体和法定条件

① 建设工程竣工验收的主体　《建设工程质量管理条例》规定，建设单位收到建设工程竣工报告后，应当组织设计、施工、工程监理等有关单位进行竣工验收。

② 竣工验收应具备的法定条件　《建筑法》规定，交付竣工验收的建筑工程，必须符合规定的建筑工程质量标准，有完整的工程技术经济资料和经签署的工程保修书，并具备国家规定的其他竣工条件。建筑工程竣工经验收合格后，方可交付使用；未经验收或者验收不合格的，不得交付使用。《建设工程质量管理条例》进一步规定，建设工程竣工验收应当具备下列条件：

a. 完成建设工程设计和合同约定的各项内容；

b. 有完整的技术档案和施工管理资料；

c. 有工程使用的主要建筑材料、建筑构配件和设备的进场试验报告；

d. 有勘察、设计、施工、工程监理等单位分别签署的质量合格文件；

e. 有施工单位签署的工程保修书。建设工程经验收合格的,方可交付使用。

(2) 施工单位应提交的档案资料 《建设工程质量管理条例》规定,建设单位应当严格按照国家有关档案管理的规定,及时收集、整理建设项目各环节的文件资料,建立健全建设项目档案,并在建设工程竣工验收后,及时向建设行政主管部门或者其他有关部门移交建设项目档案。施工单位应当按照归档要求制定统一目录,有专业分包工程的,分包单位要按照总承包单位的总体安排做好各项资料整理工作,最后再由总承包单位进行审核、汇总。施工单位一般应当提交的档案资料是:

① 工程技术档案资料;
② 工程质量保证资料;
③ 工程检验评定资料;
④ 竣工图等。

(3) 规划、消防、节能、环保等验收的规定 《建设工程质量管理条例》规定,建设单位应当自建设工程竣工验收合格之日起15日内,将建设工程竣工验收报告和规划、公安消防、环保等部门出具的认可文件或者准许使用文件报建设行政主管部门或者其他有关部门备案。

① 建设工程竣工规划验收 《城乡规划法》规定,县级以上地方人民政府城乡规划主管部门按照国务院规定对建设工程是否符合规划条件予以核实。未经核实或者经核实不符合规划条件的,建设单位不得组织竣工验收。建设单位应当在竣工验收后6个月内向城乡规划主管部门报送有关竣工验收资料。《城乡规划法》还规定,建设单位未在建设工程竣工验收后6个月内向城乡规划主管部门报送有关竣工验收资料的,由所在地城市、县人民政府城乡规划主管部门责令限期补报;逾期不补报的,处1万元以上5万元以下的罚款。

② 建设工程竣工消防验收 《消防法》规定,按照国家工程建设消防技术标准需要进行消防设计的建设工程竣工,依照下列规定进行消防验收、备案。

a. 国务院公安部门规定的大型的人员密集场所和其他特殊建设工程,建设单位应当向公安机关消防机构申请消防验收。

b. 其他建设工程,建设单位在验收后应当报公安机关消防机构备案,公安机关消防机构应当进行抽查。依法应当进行消防验收的建设工程,未经消防验收或者消防验收不合格的,禁止投入使用;其他建设工程经依法抽查不合格的,应当停止使用。

③ 建设工程竣工环保验收 环境保护设施竣工验收,应当与主体工程竣工验收同时进行。需要进行试生产的建设项目,建设单位应当自建设项目投入试生产之日起3个月内,向审批该建设项目环境影响报告书、环境影响报告表或者环境影响登记表的环境保护行政主管部门,申请该建设项目需要配套建设的环境保护设施竣工验收。分期建设、分期投入生产或者使用的建设项目,其相应的环境保护设施应当分期验收。环境保护行政主管部门应当自收到环境保护设施竣工验收申请之日起30日内,完成验收。建设项目需要配套建设的环境保护设施经验收合格,该建设项目方可正式投入生产或者使用。

④ 建筑工程节能验收

a. 建筑节能分部工程进行质量验收的条件。建筑节能分部工程的质量验收,应在检验批、分项工程全部合格的基础上,进行建筑围护结构的外墙节能构造实体检验,严寒、寒冷和夏热冬冷地区的外窗气密性现场检测,以及系统节能性能检测和系统联合试运转与调试,确认建筑节能工程质量达到验收的条件后方可进行。

b. 建筑节能分部工程验收的组织。建筑节能工程验收的程序和组织应遵守《建筑工程施工质量验收统一标准》(GB 50300—2013)的要求,并符合下列规定:

i. 节能工程的检验批验收和隐蔽工程验收应由监理工程师主持,施工单位相关专业的质量检查员与施工员参加；

ⅱ. 节能分项工程验收应由监理工程师主持，施工单位项目技术负责人和相关专业的质量检查员、施工员参加，必要时可邀请设计单位相关专业的人员参加；

ⅲ. 节能分部工程验收应由总监理工程师（建设单位项目负责人）主持，施工单位项目经理、项目技术负责人和相关专业的质量检查员、施工员参加，施工单位的质量或技术负责人应参加，设计单位节能设计人员应参加。

c. 建筑节能工程验收的程序：

ⅰ. 施工单位自检评定；

ⅱ. 监理单位进行节能工程质量评估；

ⅲ. 建筑节能分部工程验收；

ⅳ. 施工单位按验收意见进行整改；

ⅴ. 节能工程验收结论；

ⅵ. 验收资料归档。

d. 建筑节能工程专项验收应注意事项。建筑节能工程验收重点是检查建筑节能工程效果是否满足设计及规范要求，监理和施工单位应加强和重视节能验收工作，对验收中发现的工程实物质量问题及时解决。

工程项目存在以下问题之一的，监理单位不得组织节能工程验收：

ⅰ. 未完成建筑节能工程设计内容的；

ⅱ. 隐蔽验收记录等技术档案和施工管理资料不完整的；

ⅲ. 工程使用的主要建筑材料、建筑构（配）件和设备未提供进场检验报告的，未提供相关的节能性检测报告的；

ⅳ. 工程存在违反强制性条文的质量问题而未整改完毕的；

ⅴ. 对监督机构发出的责令整改内容未整改完毕的；

ⅵ. 存在其他违反法律、法规行为而未处理完毕的。

工程项目验收存在以下问题之一的，应重新组织建筑节能工程验收：

ⅰ. 验收组织机构不符合法规及规范要求的；

ⅱ. 参加验收人员不具备相应资格的；

ⅲ. 参加验收各方主体验收意见不一致的；

ⅳ. 验收程序和执行标准不符合要求的；

ⅴ. 各方提出的问题未整改完毕的。

单位工程在办理竣工备案时应提交建筑节能相关资料，不符合要求的不予备案。

e. 建筑工程节能验收违法行为应承担的法律责任。根据《中华人民共和国节约能源法》规定，设计单位、施工单位、监理单位违反建筑节能标准的，由建设主管部门责令改正，处10万元以上50万元以下罚款；情节严重的，由颁发资质证书的部门降低资质等级或者吊销资质证书；造成损失的，依法承担赔偿责任。

《民用建筑节能条例》规定，施工单位未按照民用建筑节能强制性标准进行施工的，由县级以上地方人民政府建设主管部门责令改正，处民用建筑项目合同价款2%以上4%以下的罚款；情节严重的，由颁发资质证书的部门责令停业整顿，降低资质等级或者吊销资质证书；造成损失的，依法承担赔偿责任。

注册执业人员未执行民用建筑节能强制性标准的，由县级以上人民政府建设主管部门责令停止执业3个月以上1年以下；情节严重的，由颁发资格证书的部门吊销执业资格证书，5年内不予注册。

10.2.6 工程质量保修制度

建设工程质量保修制度是指建设工程竣工经验收后,在合同约定的保修期限内,因勘察、设计、施工、材料等原因造成的质量缺陷,应当由施工承包单位负责维修、返工或更换,由责任单位负责赔偿损失的法律制度。建设工程质量保修制度对于促进建设各方加强质量管理,保护用户及消费者的合法权益可起到重要的保障作用。

(1)保修范围 《建筑法》规定,建筑工程的保修范围应当包括地基基础工程、主体结构工程、屋面防水工程和其他土建工程,以及电气管线、上下水管线的安装工程,供热、供冷系统工程等项目。不同类型的建设工程,其保修范围有所不同。

(2)最低保修期限

① 基础设施工程、房屋建筑的地基基础工程和主体结构工程,为设计文件规定的该工程的合理使用年限;

② 屋面防水工程、有防水要求的卫生间、房间和外墙面的防渗漏,为5年;

③ 供热与供冷系统,为2个采暖期、供冷期;

④ 电气管线、给排水管道、设备安装和装修工程,为2年;

⑤ 其他项目的保修期限由发包方与承包方约定。

10.2.6.1 建设工程质量保修的程序

施工单位自接到保修通知书之日起,必须在两周内到达现场与建设单位共同明确责任、商议返修内容。

10.2.6.2 建设工程质量保修的经济责任

建设工程保修的质量问题是指在保修范围和保修期限内的质量问题。对于保修义务的承担和维修的经济责任承担应当按下述原则处理:

(1)施工单位未按照国家有关标准规范和设计要求施工所造成的质量缺陷,由施工单位负责返修并承担经济责任。

(2)由于设计方面的原因造成的质量缺陷,由设计单位承担经济责任。由施工单位负责维修,其费用按有关规定通过建设单位向设计单位索赔;不足部分由建设单位负责。

(3)因建筑材料、构配件和设备质量不合格引起的质量缺陷,先由施工单位负责维修,其经济责任属于施工单位采购的或经其验收同意的,由施工单位承担经济责任;属于建设单位采购的,由建设单位承担经济责任。

(4)因建设单位(含监理单位)错误管理而造成的质量缺陷,先由施工单位负责维修,其经济责任由建设单位承担;如属监理单位责任,则由建设单位向监理单位索赔。

(5)因使用单位使用不当造成的损坏问题,先由施工单位负责维修,其经济责任由使用单位自行负责。

(6)因地震、台风、洪水等自然灾害或其他不可抗拒原因造成的损坏问题,先由施工单位负责维修,建设参与各方再根据国家具体政策分担经济责任。

10.2.6.3 建设工程质量缺陷的损失赔偿

所谓缺陷,是指建设工程质量不符合工程建设强制性标准、设计文件,以及承包合同的约定。缺陷责任期一般为6个月、12个月或24个月,具体可由发承包双方在合同中约定。

缺陷责任期从工程通过竣（交）工验收之日起计。由于承包人原因导致工程无法按规定期限进行竣（交）工验收的，缺陷责任期从实际通过竣（交）工验收之日起计。由于发包人原因导致工程无法按规定期限进行竣（交）工验收的，在承包人提交竣（交）工验收报告90天后，工程自动进入缺陷责任期。

10.3 工程质量管理责任与义务

10.3.1 建设单位的质量管理责任与义务

（1）依法发包工程的责任
① 将工程发包给具有相应资质等级的单位；
② 不得将建设工程肢解发包；
③ 依法对工程项目的勘察、设计、施工以及设备材料等的采购进行招标（发包方式）。
（2）依法向有关单位提供原始材料的责任　向有关的勘察、设计、施工、监理等单位提供与建设工程有关的原始资料，原始资料必须真实、准确、齐全（建设单位要保证资料真实性）。
（3）限制不合格的干预行为的责任
① 不得迫使承包方以低于成本的价格竞标；
② 不得任意压缩合理工期；
③ 不得明示或者暗示设计单位或施工单位违反工程建设强制性标准，降低工程质量。
（4）依法报审施工图设计文件的责任　施工图设计文件未经审查批准的，不得使用。
（5）依法实行工程监理的责任
① 委托具有相应资质等级的工程监理单位监理。
② 委托具有监理资质并与被监理工程的施工单位没有隶属利害关系的该工程的设计单位进行监理。
（6）依法办理工程质量监督手续的责任　建设单位在开工前，应当按照国家有关规定办理工程质量监督手续，工程质量监督手续可以与施工许可证或开工报告合并办理。
（7）依法保证建筑材料等符合要求的责任
① 由建设单位采购建筑材料、建筑构配件和设备，建设单位应当保证其符合设计文件和合同要求；
② 不得明示或暗示施工单位使用不合格的建设材料、构配件和设备。
（8）依法进行装修工程的责任
① 涉及建筑主体和承重结构变动的装修，建设单位应当在施工前委托原设计单位或者具有相应资质等级的设计单位提出设计方案；
② 没有设计方案的，不得施工；
③ 房屋建筑使用者在装修过程中，不得擅自变动房屋建筑主体和承重结构。
（9）建设单位质量违法行为应承担的法律责任　责令改正，可处以罚款；构成犯罪，负刑事责任。

10.3.2　工程勘察、设计单位的质量管理责任与义务

工程勘察、设计单位的质量责任和义务在《建设工程质量管理条例》中有明确规定：

(1) 从事建设工程勘察、设计的单位应当依法取得相应等级的资质证书，并在其资质等级许可的范围内承揽工程。禁止勘察、设计单位超越其资质等级许可的范围或者以其他勘察、设计单位的名义承揽工程。禁止勘察、设计单位允许其他单位或者个人以本单位的名义承揽工程。勘察、设计单位不得转包或者违法分包所承揽的工程。

(2) 勘察、设计单位必须按照工程建设强制性标准进行勘察、设计，并对其勘察、设计的质量负责。注册建筑师、注册结构工程师等注册执业人员应当在设计文件上签字，对设计文件负责。

(3) 勘察单位提供的地质、测量、水文等勘察成果必须真实、准确。

(4) 设计单位应当根据勘察成果文件进行建设工程设计。设计文件应当符合国家规定的设计深度要求，注明工程合理使用年限。

(5) 设计单位在设计文件中选用的建筑材料、建筑构配件和设备，应当注明规格、型号、性能等技术指标，其质量要求必须符合国家规定的标准。除有特殊要求的建筑材料、专用设备、工艺生产线等外，设计单位不得指定生产厂、供应商。

(6) 设计单位应当就审查合格的施工图设计文件向施工单位作出详细说明。

(7) 设计单位应当参与建设工程质量事故分析，并对因设计造成的质量事故，提出相应的技术处理方案。

10.3.3　施工单位的质量管理责任与义务

施工单位的质量责任和义务在《建设工程质量管理条例》中有明确规定：

(1) 施工单位应当依法取得相应等级的资质证书，并在其资质等级许可的范围内承揽工程。禁止施工单位超越本单位资质等级许可的业务范围或者以其他施工单位的名义承揽工程。禁止施工单位允许其他单位或者个人以本单位的名义承揽工程。施工单位不得转包或者违法分包工程。

(2) 施工单位对建设工程的施工质量负责。施工单位应当建立质量责任制，确定工程项目的项目经理、技术负责人和施工管理负责人。建设工程实行总承包的，总承包单位应当对全部建设工程质量负责；建设工程勘察、设计、施工、设备采购的一项或者多项实行总承包的，总承包单位应当对其承包的建设工程或者采购的设备的质量负责。

(3) 总承包单位依法将建设工程分包给其他单位的，分包单位应当按照分包合同的约定对其分包工程的质量向总承包单位负责，总承包单位与分包单位对分包工程的质量承担连带责任。

(4) 施工单位必须按照工程设计图纸和施工技术标准施工，不得擅自修改工程设计，不得偷工减料。施工单位在施工过程中发现设计文件和图纸有差错的，应当及时提出意见和建议。

(5) 施工单位必须按照工程设计要求、施工技术标准和合同约定，对建筑材料、建筑构配件、设备和商品混凝土进行检验，检验应当有书面记录和专人签字；未经检验或者检验不合格的，不得使用。

（6）施工单位必须建立、健全施工质量的检验制度，严格工序管理，作好隐蔽工程的质量检查和记录。隐蔽工程在隐蔽前，施工单位应当通知建设单位和建设工程质量监督机构。

（7）施工人员对涉及结构安全的试块、试件以及有关材料，应当在建设单位或者工程监理单位监督下现场取样，并送具有相应资质等级的质量检测单位进行检测。

（8）施工单位对施工中出现质量问题的建设工程或者竣工验收不合格的建设工程，应当负责返修。

（9）施工单位应当建立、健全教育培训制度，加强对职工的教育培训；未经教育培训或者考核不合格的人员，不得上岗作业。

10.3.4 工程建设监理单位的质量管理责任与义务

（1）市场准入和市场行业规定　工程监理单位应当依法取得相应等级的资质证书，并在其资质等级许可的范围内承担工程监理业务。

（2）工程监理单位与被监理单位关系限制性规定　有隶属关系或者利害关系的，不得承担该项建设工程的监理业务。

（3）工程监理单位对施工质量监理的依据和监理责任　应当依照法律、法规以及有关技术标准、设计文件和建设工程承包合同，代表建设单位对施工质量实施监理，并对施工质量承担监理责任。

（4）监理人员权利方面的规定　未经监理工程师签字，建筑材料、建筑构配件和设备不得在工程上使用或安装，施工单位不得进行下一道工序的施工。未经总监理工程师签字，建设单位不拨付工程款，不进行竣工验收。

（5）监理方式的规定　监理工程师应当按照工程监理规范的要求，采用旁站、巡视和平行检验等形式，对建设工程实施监理。

10.3.5 材料、设备供应单位的质量管理责任与义务

产品或其包装上的标识则应符合下述要求：
（1）有产品质量验收合格证明；
（2）有中文标明的产品名称，生产厂家的厂名、厂址；
（3）产品包装和商标样式符合国家有关规定和标准要求；
（4）设备有详细的产品使用说明书，电气设备应有线路图；
（5）获得生产许可证或使用产品质量认证标志的产品，应有生产许可证或质量认证的编号、批准日期和有效期限。

10.4 工程建设施工法规概述

工程建设施工法规是指调整工程建设施工活动中发生的各种社会关系的法律规范的总称。相关法规如下：

(1)《建筑法》

① 建筑许可,包括施工许可和从业资格两项内容。

a. 施工许可,建筑工程开工前,建设单位应向工程所在地县级以上人民政府建设行政主管部门申请领取施工许可证。

b. 从业资格,从事建筑活动的建筑施工企业、勘察单位、设计单位和工程监理单位,应当具备的条件。

② 建筑工程发包与承包。建筑工程的发包单位与承包单位应当依法订立书面合同,明确双方的权利和义务。

a. 发包。发包单位实行招标发包的,应当将建筑工程发包给依法中标的承包单位,实行直接发包的,应发包给具有相应资质条件的承包单位。

b. 承包。承包是具有施工资质的承包者通过与工程项目的项目法人(业主)签订承包合同,负责承建工程项目的过程。

③ 建筑工程监理:

a. 建筑工程监理范围。

b. 建筑工程监理的有关规定。

④ 建筑安全生产管理。建筑工程安全生产管理必须坚持安全第一、预防为主的方针。

⑤ 建筑工程质量管理。

(2)《城市房地产开发经营管理条例》

① 房地产开发建设。

② 房地产经营。

(3)《建设工程质量管理条例》

① 建设单位的质量责任和义务。

② 勘察、设计单位的质量责任和义务。勘察、设计单位必须按照工程建设强制性标准进行勘察、设计,并对其勘察、设计的质量负责。

③ 施工单位的质量责任和义务。施工单位应当建立质量责任制;建立、健全教育培训制度,加强对职工的培训;建立、健全施工质量的检验制度,严格工序管理,做好隐蔽工程的质量检查和记录。

④ 工程监理单位的质量责任和义务。工程监理单位代表建设单位对施工质量实施监理,并对施工质量承担监理责任。工程监理单位应当选派具备相应资格的总监理工程师和监理工程师进驻施工现场。

⑤ 建设工程质量保修。

⑥ 工程质量的政府监督管理。

工程施工企业资质管理相关规定如下:

(1) 关于资质管理的规定

① 禁止建筑施工企业超越本企业资质等级许可的业务范围或者以任何形式用其他建筑施工企业的名义承揽工程。

② 禁止建筑施工企业以任何形式允许其他单位或者个人使用本企业的资质证书、营业执照、以本企业的名义承揽工程。

(2) 关于资质纠纷的处理 建设工程施工合同具有下列情形之一的,应根据《最高人民法院关于审理建设工程施工合同纠纷案件适用法律问题的解释》规定,认定无效:

① 承包人未取得建筑施工企业资质或者超越资质等级的;

② 没有资质的实际施工人借用有资质的建筑施工企业名义的;

③ 建设工程必须进行招标而未招标或者中标无效的。

10.5 施工管理

施工管理是施工企业经营管理的一个重要组成部分。企业为了完成建筑产品的施工任务，从接收施工任务起到工程验收止的全过程中，围绕施工对象和施工现场而进行的生产事务的组织管理工作。

10.5.1 施工项目经理责任制

施工企业项目经理，是指企业法定代表委托，对工程项目施工过程全面负责的管理者，是企业法定代表人在工程项目上的代表人。项目经理责任制是"以项目经理为责任制的施工项目管理目标责任制制度"。它是施工项目管理的制度之一，是成功进行施工管理项目的前提和基本保证，是以项目经理为责任主体的工程总承包项目管理目标责任制度。根据我国《建设项目工程总承包管理规范》的要求，建设项目工程总承包要实行项目经理负责制。

项目经理责任制是指以项目经理为责任主体的施工项目管理目标责任制度。项目经理责任制的制度构成包括：项目经理部在企业中的管理定位，项目经理应具备的条件，项目经理部的管理运作机制，项目经理的责任、权限和利益定位，项目管理目标责任书的内容构成等。施工企业应在其各项项目管理制度中对以上各项给予规定。

项目经理责任制的由来跟建筑工程的特点有直接关系：

(1) 建筑材料品种繁多，市场价格随季节变动较大，难以控制。

(2) 许多建筑材料的用量，在计量时误差较大。

(3) 建筑工地的用工种类较多（模板工、钢筋工、砌砖工等等）、用工数量较大，要想有效地组织工程施工，做到不怠工、提高每个人的工作效率，是非常困难的。

(4) 建筑工程的工期一般情况下都是非常紧张的，要想按期、保质、保量完工，还得把工程成本降到最低，其难度是可想而知的。

10.5.2 施工组织设计管理

(1) 施工组织设计的种类　施工组织设计按设计阶段和编制对象不同，分为施工组织总设计、单位工程施工组织设计和施工方案三类：

① 施工组织总设计　施工组织总设计是以若干单位工程组成的群体工程或大型项目为主要对象编制的施工组织设计。施工组织总设计一般在建设项目的初步设计或扩大初步设计批准之后，由总承包单位在总工程师领导下进行编制。建设单位、设计单位和分包单位协助。

② 单位工程施工组织设计　单位工程施工组织设计是以单位（子单位）工程为主要对象编制的施工组织设计，对单位（子单位）工程的施工过程起指导和约束作用。单位工程施工组织设计在施工图纸设计完成之后，工程开工之前，在施工项目负责人领导下进行编制。

③ 施工方案　施工方案是以分部（分项）工程或专项工程为主要对象编制的施工技术

与组织方案,用以具体指导其施工过程。施工方案由项目技术负责人负责编制。对重点、难点分部分项工程和危险性较大工程的分部分项工程施工前应编制专项施工方案,对超过一定规模的危险性较大的分部分项工程,应当组织专家对方案进行论证。

(2) 施工组织设计的内容

① 编制依据、工程概况、施工部署、施工准备;

② 施工现场布置、施工进度计划、工期保证措施、主要分部分项工程施工方案及措施;

③ 重点与特殊部位施工措施和方法、季节性施工措施、施工组织管理、质量保证措施;

④ 安全生产保证措施、文明施工及环境保护措施。

(3) 施工组织设计的编制原则

① 重视工程的组织对施工的作用;

② 提高施工的工业化程度;

③ 重视管理创新和技术创新;

④ 重视工程施工的目标控制;

⑤ 积极采用国内外先进的施工技术;

⑥ 充分利用时间和空间,合理安排施工顺序,提高施工的连续性和均衡性;

⑦ 合理部署施工现场,实现文明施工。

(4) 施工组织设计的注意事项

① 严格按照招标文件中技术标评分顺序来写,也就是说最后的目录要和评分标准的顺序一致或基本一致。

② 施工内容按清单内容编写。

③ 施工单位名称、工程名称、施工地点、工程质量要求、工期不能有误(文件中不能出现别的单位名称、施工地点,如陕西的项目不能出现河北的规定要求)。

④ 施工人员按资审文件中的人员安排。

10.5.3 施工现场管理

(1) 施工准备 施工现场准备应做好以下几点:

① 建立测量控制网点,按照总平面图要求布置测量点,设置永久性的经纬坐标桩及水平桩,组成测量控制网。

② 搞好"四通一平"(路通、电通、水通、网通、平整场地)。修通场区主要运输干道,接通工地用电线路,布置生产生活供水管网和现场排水系统。按总平面确定的标高组织土方工程的挖填、找平工作等。

③ 修建大型临时设施,包括各种附属加工场、仓库、食堂、宿舍、厕所、办公室以及公用设施等。

(2) 施工进度管理 施工项目经理部根据合同规定的工期要求编制施工进度计划,并以此作为管理的目标,对施工的全过程经常进行检查、对比、分析,及时发现实施中的偏差,并采取有效措施,调整工程建设施工进度计划,排除干扰,保证工期目标实现的全部活动。

① 事前计划制度

a. 总体工程进度计划报审制度。单位工程开工前,总包单位应编制其工程总进度计划,上报监理、项目公司审核,批准后报工程管理部、工程副总审批,通过后方可施行。总体进度计划中,应明确各分包单位的配合措施和要求、进驻时间节点,为分包队伍的选择提供时间参考。如因总体进度计划不准,造成分包队伍进场时间拖后致使单位工程工期拖延,由其总包单位承担违约责任。

b. 进度措施和方案的上报。在工程开工前，总包单位编制的施工组织设计中应包括进度措施和方案。总包单位也可以根据工程的实际情况，结合自己的实力编制进度保证措施和方案。保证措施和方案应在工程开工前上报监理、项目公司审核，批准后报工程管理部、主管副总审批，通过后作为合同的附件。在工程施工过程中，施工单位应根据实际施工情况动态调整进度计划和保证方案，计划编制应掌握先紧后松的原则（基础、主体期间要尽量安排得时间紧凑一些），加大进度控制措施和力度，保证合同总体进度计划的有效执行和控制。如有重大进度措施和方案的调整，总包单位应重新编制进度措施和方案，按原审批程序进行审批，通过后执行。但进度措施和方案的调整，不能与整个工期计划相违背，并且其总包单位也推卸不了其工期违约的责任。各分包项目在进场前也应根据总进度计划的要求编制自己分项工程的进度保证措施和方案，报监理、项目公司审核，批准后报工程管理部、主管副总审批。分项工程的进度计划，必须符合总进度计划，并且要为其他项目的施工留有充足余地。

c. 施工现场实际要素检查及调整措施。工程管理部将在月检中，根据前述的进度计划及保证措施方案检查各个单位工程及其附属的进度计划落实情况。如发现实际进度计划严重滞后，比原计划拖后 7 天以上者，工程管理部将调查其拖后原因，让拖后工期的单位负责人写出加快施工的保证措施和方案，总公司保留其拖期罚款的权利。各施工单位要根据实际情况不断调整其计划，保证关键节点的工期不再拖后，否则将按合同约定进行拖期处罚。

② 建设过程控制制度

a. 月检制度。工程管理部将在每月月底进行巡查，巡查时将对各单位工程的实际进度情况检查，并填报进度确认表格和图像资料。其书面资料项目公司负责人签字后作为执行合同的见证性资料和拨付工程款的控制依据。如工程拖后，工程管理部将延期拨款审批，并且保留采取经济处罚的权利。

b. 出现进度滞后，根据现场实际情况，落实进度控制措施。在巡查时，发现某单位或分项工程与所报计划相比已严重滞后，写出书面"监督通知单"，告知其单位拿出保证进度的可行性措施和方案，3 天内报工程管理部审核调整。工程管理部将在次月中旬对其措施的落实情况进行检查。如果措施得力，实际进度与计划进度相吻合，将不予追究其责任。如果措施落实得不得力，实际进度没有明显改观，如此下去，将拖延整个工期，工程管理部可以采取罚款措施，并且要求其写出书面的保证书。严重者可能清退出场，重新选择施工队伍。

③ 工程进度评价措施对工程进度计划落实的评价。工程管理部在每月巡查时，将根据各单位工程实际进度情况对各分项或总包进行月度评价。月中对各个单位工程进度计划的整改落实情况进行再次评价。每季度汇总一次，直至单位工程竣工。对单位工程施工情况总体评价，作为以后选择合格供方的重要依据。

（3）文明施工管理　做好文明施工管理应从以下几个方面入手：

① 施工现场严格按照施工总平面布置图设置各项临时设施，设施布置整齐，出入口设门卫；

② 施工现场设立明显的标牌，备齐五牌（工程概况牌、管理人员名单及监督电话牌、消防保卫牌、安全生产牌、文明施工牌）、一图（施工现场平面图）；

③ 施工现场严格划分施工区和生活区，并用围墙隔开，布置永久绿化带，场地道路平整畅通，无积水；

④ 施工区材料堆放整齐，并悬挂标牌，标明材料的有关资料；

⑤ 施工现场每半月一次安全文明施工大检查，检查应有记录；

⑥ 生活区设置食堂、卫生间、娱乐室等设施，其设施符合有关文明卫生要求；

⑦ 现场消防设备齐全，并建立消防管理机构和消防制度。

（4）安全生产管理　安全生产管理是指对安全生产工作进行的管理和控制。企业主管部门是企业经济及生产活动的管理机关，按照"管理生产同时管理安全"的原则，在组织本部门、本行业的经济和生产工作中，同时也负责安全生产管理。组织督促所属企业事业单位贯彻安全生产方针、政策、法规、标准。根据本部门、本行业的特点制定相应的管理法规和技术法规，并向劳动安全监察部门备案，依法履行自己的管理职能。安全生产管理目标包括以下几项：

① 安全生产　包括生产安全事故控制指标（事故负伤率及各类安全生产事故发生率）、安全生产隐患治理目标、安全生产、文明施工管理目标。

② 生产目标　减少和控制危害，减少和控制事故，尽量避免生产过程中由于事故造成的人身伤害、财产损失、环境污染以及其他损失。

③ 生产管理　包括安全生产法制管理、行政管理、监督检查、工艺技术管理、设备设施管理、作业环境和条件管理等。

④ 基本对象　涉及企业中的所有人员、设备设施、物料、环境、财务、信息等各个方面。

基础测试

1. 建筑工程企业资质分为＿＿＿＿＿、＿＿＿＿＿、＿＿＿＿＿三个序列。
2. 按设计阶段和编制对象不同，施工组织设计可分为＿＿＿＿＿、＿＿＿＿＿、＿＿＿＿＿三类。

思考提高

1. 建设工程质量的特性主要表现在哪几个方面？
2. 什么是质量体系？
3. 什么是建筑施工许可证制度？
4. 工程质量监督管理制度主要有哪些？
5. 根据《建设工程质量管理条例》的规定，建设工程发生质量事故后应如何进行工程质量事故报告？
6. 建设工程竣工验收应当具备什么条件？
7. 什么是建设工程质量保修制度？

综合运用

一业主与某承包商就某住宅的外墙翻新签订了施工合同，双方约定好了合同价款和工期及工期延误的赔偿，并且约定瓷砖由业主提供，其他材料由承包方自行采购。现场施工过程中，由于设计方案的改变，造成了停工8天；业主由于挑选、运输瓷砖，造成了停工12天；承包商因为人员流动问题，造成停工5天；最后造成该项目晚于约定工期17天竣工。试分析讨论，承包商可以通过哪些索赔途径挽回损失？

第 11 章 建设工程安全生产及纠纷处理法规

- 建设工程安全生产及纠纷处理法规
  - 建设工程安全生产管理概述
  - 工程安全责任
    - 建设单位的安全责任
    - 工程勘察单位的安全责任
    - 工程设计单位的安全责任
    - 工程监理单位的安全责任
    - 机械设备及配件供应单位的安全责任
    - 特种设备检验检测机构的安全责任
    - 建筑施工单位的安全责任
  - 建设工程安全生产的行政监督管理
  - 建设工程重大安全事故的处理
    - 建设工程重大安全事故的分级
    - 安全事故现场保护制度
    - 安全事故应急救援制度
    - 建设工程重大安全事故的调查处理及报告制度
  - 建设工程纠纷的概念
    - 建设工程民事纠纷处理方式
    - 工程建设争议民事诉讼
    - 工程建设纠纷民事仲裁
    - 工程建设争议行政复议

11.1 建设工程安全生产管理概述

建筑生产多为露天、高空作业，施工条件差，人员流动性强，不安全因素较多，同时，建筑安全生产直接关系到工程建设相关从业人员及社会公众的生命健康与财产安全。因此，国家制定有关安全生产的法律法规，建立和完善工程建设的安全生产制度，对建筑生产活动的安全进行有效的监督和管理。

（1）建设工程安全生产管理的概念

建设工程安全生产管理是指建筑生产过程中采取相关措施，避免人员的伤亡、财产的损失以及对人身健康的损害、对周围环境的破坏等。

（2）建设工程安全生产管理的相关法律法规

①《中华人民共和国建筑法》《中华人民共和国建筑法》由 1997 年 11 月 1 日第八届全

国人民代表大会常务委员会第二十八次会议通过。

②《中华人民共和国安全生产法》(简称《安全生产法》)《安全生产法》是为了加强安全生产工作，防止和减少生产安全事故，保障人民群众生命和财产安全，促进经济社会持续健康发展而制定的。2002年6月29日第九届全国人民代表大会常务委员会第二十八次会议通过，2002年11月1日实施。

③《建设工程安全生产管理条例》《建设工程安全生产管理条例》是根据《中华人民共和国建筑法》《中华人民共和国安全生产法》制定的，目的是加强建设工程安全生产监督管理，保障人民群众生命和财产安全。由国务院于2003年11月24日发布，自2004年2月1日起施行。

④《生产安全事故报告和调查处理条例》《生产安全事故报告和调查处理条例》自2007年6月1日起施行。此条例是为了规范生产安全事故的报告和调查处理，落实生产安全事故责任追究制度，防止和减少生产安全事故。

(3) 建设工程安全生产管理的方针

安全生产方针是指政府对安全生产工作总的要求，它是安全生产工作的方向。我国对安全生产工作总的要求大体可以归纳为三次变化，即："生产必须安全、安全为了生产""安全第一，预防为主""安全第一，预防为主，综合治理"。安全第一，预防为主，综合治理的方针，体现了国家在建设工程安全生产管理中"以人为本"，保护劳动者权利、保护建筑生产的管理理念，体现了国家对建设工程安全生产的高度重视。

① 建筑工程安全生产管理必须坚持安全第一、预防为主、综合治理的方针，建立健全安全生产的责任制度和群防群治制度。

② 建筑工程设计应当符合国家规定制定的建筑安全规程和技术规范，保证工程的安全性能。建筑施工企业在编制施工组织设计时，应当根据建筑工程的特点制定相应的安全技术措施；对专业性较强的工程项目，应当编制专项安全施工组织设计，并采取安全技术措施。建筑施工企业应当在施工现场采取维护安全、防范危险、预防火灾等措施；有条件的，应当对施工现场实行封闭管理。施工现场对毗邻的建筑物、构筑物和特殊作业环境可能造成损害的，建筑施工企业应当采取措施加以保护。

③ 施工现场安全由建筑施工企业负责。实行施工总承包的，由总承包单位负责。分包单位向总承包单位负责，服从总承包单位对施工现场的安全生产管理。建筑施工企业应当依法为职工参加工伤保险，缴纳工伤保险费。鼓励企业为从事危险作业的职工办理意外伤害保险，支付保险费。

④ 涉及建筑主体和承重结构变动的装修工程，建设单位应当在施工前委托原设计单位或者具有相应资质条件的设计单位提出设计方案；没有设计方案的，不得施工。房屋拆除应当由具备保证安全条件的建筑施工单位承担，由建筑施工单位负责人对安全负责。

(4) 建设工程安全生产管理的基本制度

《建设工程安全生产管理条例》第四条规定："建设单位、勘察单位、设计单位、施工单位、工程监理单位及其他与建设工程安全生产有关的单位，必须遵守安全生产法律、法规的规定，保证建设工程安全生产，依法承担建设工程安全生产责任。"同时，该条例中还明确规定了各有关单位的安全责任，突出体现了《建筑法》和《安全生产法》所确定的建设工程安全生产责任制度。

① 安全生产责任制度 安全生产责任制度是建筑生产中最基本的安全管理制度，是所有安全规章制度的核心。安全生产责任制度是指将各种不同的安全责任落实到负责有安全管理责任的人员和具体岗位人员身上的一种制度。这一制度是"安全第一，预防为主，综合治理"方针的具体体现，是建筑安全生产的基本制度。安全生产责任制度的主要内容包括：一

是从事建筑活动主体的负责人的责任制。比如，建筑施工企业的法定代表人对本企业的安全生产负责。二是从事建筑活动主体的职能机构或职能处（室）负责人及其工作人员的安全生产责任制。比如，施工单位根据需要设置的安全处（室）或者专职安全人员要对安全负责。三是岗位人员的安全生产责任制。岗位人员必须对安全负责。从事特种作业的劳动者必须经过专门培训并取得特种作业资格。

② 群防群治制度　群防群治制度是职工群众进行预防和治理安全的一种制度。这一制度也是"安全第一，预防为主"的具体体现，同时也是群众路线在安全工作中的具体体现，是企业进行民主管理的重要内容。这一制度要求建筑企业职工在施工中应当遵守有关生产的法律、法规和建筑行业安全规章、规程，不得违章作业；对于危及生命安全和身体健康的行为有权提出批评、检举和控告。

③ 安全生产教育培训制度　安全生产教育培训制度是对广大建筑干部职工进行安全教育培训，提高安全意识，增加安全知识和技能的制度。安全生产，人人有责。只有通过对广大职工进行安全教育、培训，才能使广大职工真正认识到安全生产的重要性、必要性，才能使广大职工掌握更多更有效的安全生产的科学技术知识，牢固树立安全第一的思想，自觉遵守各项安全生产和规章制度。分析许多建筑安全事故，一个重要的原因就是有关人员安全意识不强，安全技能不够，这些都是没有搞好安全教育培训工作的后果。

④ 安全生产检查制度　安全生产检查制度是上级管理部门或企业自身对安全生产状况进行定期或不定期检查的制度。通过检查可以发现问题，查出隐患，从而采取有效措施，堵塞漏洞，把事故消灭在发生之前，做到防患于未然，是"预防为主"的具体体现。通过检查，还可总结出好的经验加以推广，为进一步搞好安全工作打下基础。安全检查制度是安全生产的保障。

⑤ 伤亡事故处理报告制度　伤亡事故处理报告制度是施工中发生事故时，建筑企业应当采取紧急措施减少人员伤亡和事故损失，并按照国家有关规定及时向有关部门报告的制度。事故处理必须遵循一定的程序，做到三不放过（事故原因未查清不放过，事故责任者和群众未受到教育不放过，防范措施未落实不放过）。

⑥ 安全责任追究制度　法律责任中，规定建设单位、设计单位、施工单位、监理单位，由于没有履行职责造成人员伤亡和事故损失的，视情节给予相应处理；情节严重的，责令停业整顿，降低资质等级或吊销资质证书；构成犯罪的，依法追究刑事责任。

11.2　工程安全责任

11.2.1　建设单位的安全责任

（1）建设单位应当如实向施工单位提供有关施工资料　作为负责建设工程整体工作的一方，提供真实、准确、完整的建设工程各个环节所需的基础资料是建设单位的基本义务。《建设工程安全生产管理条例》第六条规定，建设单位应当向施工单位提供施工现场及毗邻区域内供水、排水、供电、供气、供热、通信、广播电视等地下管线资料，相邻建筑物和构筑物、地下工程的有关资料，并保证资料的真实、准确、完整。

（2）建设单位不得向有关单位提出非法要求，不得压缩合同工期　《建设工程安全生产管理条例》第七条规定，建设单位不得对勘察、设计、施工、工程监理等单位提出不符合建设工程安全生产法律、法规和强制性标准规定的要求，不得压缩合同约定的工期。

（3）保证相关的建设工程安全生产投入　《建设工程安全生产管理条例》第八条规定，建设单位在编制工程概算时，应当确定建设工程安全作业环境及安全施工措施所需费用。

（4）不得明示或者暗示施工单位购买或使用不符合安全要求的设备、设施、器材和用具　《安全生产法》第三十八条规定，国家对严重危及生产安全的工艺、设备实行淘汰制度。生产经营单位不得使用国家明令淘汰、禁止使用的危及生产安全的工艺、设备。

（5）办理施工许可证或开工报告时，应报送有关安全施工措施的资料　依照《建设工程安全生产管理条例》第十条的规定，建设单位在申请领取施工许可证时，应当提供建设工程有关安全施工措施的资料。依法批准开工报告的建设工程，建设单位应当自开工报告批准之日起15日内，将保证安全施工的措施报送建设工程所在地的县级以上地方人民政府建设行政主管部门或者其他有关部门备案。

11.2.2　工程勘察单位的安全责任

根据《建设工程安全生产管理条例》第十二条的规定，勘察单位的安全责任包括以下内容：

（1）勘察单位应当按照法律、法规和工程建设强制性标准进行勘察，提供的勘察文件应当真实、准确，满足建设工程安全生产的需要。工程勘察是工程建设的先行官。工程勘察成果是建设工程项目规划、选址、设计的重要依据，也是保证施工安全的重要因素和前提条件。因此，勘察单位必须按照法律、法规的规定以及工程建设强制性标准的要求进行勘察，并提供真实、准确的勘察文件，不能弄虚作假。

（2）勘察单位在勘察作业时，应当严格执行操作规程，采取措施保证各类管线、设施和周边建筑物、构筑物的安全。

11.2.3　工程设计单位的安全责任

根据《建设工程安全生产管理条例》第十三条的规定，设计单位的安全责任包括：

（1）设计单位应当按照法律、法规和工程建设强制性标准进行设计，防止因设计不合理导致生产安全事故的发生；

（2）设计单位应当考虑施工安全操作和防护的需要，对涉及施工安全的重点部位和环节在设计文件中注明，并对防范生产安全事故提出指导意见；

（3）采用新结构、新材料、新工艺的建设工程和特殊结构的建设工程，设计单位应当在设计中提出保障施工作业人员安全和预防生产安全事故的措施建议；

（4）设计单位和注册建筑师等注册执业人员应当对其设计负责。

11.2.4　工程监理单位的安全责任

根据《建设工程安全生产管理条例》第十四条的规定，监理单位的安全责任包括：

（1）对安全技术措施及专项施工方案进行审查　《建设工程安全生产管理条例》规定，

工程监理单位应当审查施工组织设计中的安全技术措施或者专项施工方案是否符合工程建设强制性标准。施工组织设计中应当包括安全技术措施和施工现场临时用电方案，对基坑支护与降水工程，土方开挖工程，模板工程，起重吊装工程，脚手架工程，拆除、爆破工程等达到一定规模的危险性较大的分部分项工程，还应当编制专项施工方案。工程监理单位要对这些安全技术措施和专项施工方案进行审查，重点审查是否符合工程建设强制性标准；对于达不到强制性标准的，应当要求施工单位进行补充和完善。

（2）依法对施工安全事故隐患进行处理　《建设工程安全生产管理条例》规定，工程监理单位在实施监理过程中，发现存在安全事故隐患的，应当要求施工单位整改；情况严重的，应当要求施工单位暂时停止施工，并及时报告建设单位。施工单位拒不整改或者不停止施工的，工程监理单位应当及时向有关主管部门报告。

（3）依法实施监理，并对建设工程安全生产承担法定的监理责任　《建设工程安全生产管理条例》规定，工程监理单位和监理工程师应当按照法律、法规和工程建设强制性标准实施监理，并对建设工程安全生产承担监理责任。工程监理单位有下列行为之一的，责令限期改正；逾期未改正的，责令停业整顿，并处10万元以上30万元以下的罚款；情节严重的，降低资质等级，直至吊销资质证书；造成重大安全事故，构成犯罪的，对直接责任人员，依照刑法有关规定追究刑事责任；造成损失的，依法承担赔偿责任。

① 未对施工组织设计中的安全技术措施或者专项施工方案进行审查的；
② 发现安全事故隐患未及时要求施工单位整改或者暂时停止施工的；
③ 施工单位拒不整改或者不停止施工，未及时向有关主管部门报告的；
④ 未依照法律、法规和工程建设强制性标准实施监理的。

11.2.5　机械设备及配件供应单位的安全责任

《建设工程安全生产管理条例》第十五条规定，为建设工程提供机械设备和配件的单位，应当按照安全施工的要求配备齐全有效的保险、限位等安全设施和装置。

《建设工程安全生产管理条例》第十六条规定，出租的机械设备和施工机具及配件，应当具有3证：生产（制造）许可证、产品合格证、检测合格证。

《建设工程安全生产管理条例》第十七条规定，在施工现场安装、拆卸施工起重机械和整体提升脚手架、模板等自升式架设设施，必须由具有相应资质的单位承担。

建筑起重机械应具备：
① 特种设备制造许可证；
② 产品合格证；
③ 制造监督检验证明；
④ 备案证明；
⑤ 自检合格证明；
⑥ 安装使用说明书。

有下列情形之一的建筑起重机械，不得出租、使用：
① 属国家明令淘汰或者禁止使用的；
② 超过安全技术标准或者制造厂家规定的使用年限的；
③ 经检验达不到安全技术标准规定的；
④ 没有完整安全技术档案的；
⑤ 没有齐全有效的安全保护装置。

建筑起重机械有以上第①、②、③项情形之一的，出租单位或者自购建筑起重机械的使用单位应当予以报废，并向原备案机关办理注销手续。

11.2.6 特种设备检验检测机构的安全责任

（1）特种设备检验检测单位的职责　《特种设备安全法》规定，特种设备产品、部件或者试制的特种设备新产品、新部件以及特种设备采用的新材料，按照安全技术规范的要求需要通过型式试验进行安全性验证的，应当经负责特种设备安全监督管理的部门核准的检验机构进行型式试验。特种设备检验、检测机构及其检验、检测人员应当客观、公正、及时地出具检验、检测报告，并对检验、检测结果和鉴定结论负责。特种设备检验、检测机构及其检验、检测人员在检验、检测中发现特种设备存在严重事故隐患时，应当及时告知相关单位，并立即向负责特种设备安全监督管理的部门报告。特种设备生产、经营、使用单位应当按照安全技术规范的要求向特种设备检验、检测机构及其检验、检测人员提供特种设备相关资料和必要的检验、检测条件，并对资料的真实性负责。特种设备检验、检测机构及其检验、检测人员不得从事有关特种设备的生产、经营活动，不得推荐或者监制、监销特种设备。特种设备检验机构及其检验人员利用检验工作故意刁难特种设备生产、经营、使用单位的，特种设备生产、经营、使用单位有权向负责特种设备安全监督管理的部门投诉，接到投诉的部门应当及时进行调查处理。

（2）特种设备检验检测单位违法行为应承担的法律责任　根据《特种设备安全法》规定，特种设备检验、检测机构及其检验、检测人员有下列行为之一的，责令改正，对机构处 5 万元以上 20 万元以下罚款，对直接负责的主管人员和其他直接责任人员处 5000 元以上 5 万元以下罚款；情节严重的，吊销机构资质和有关人员的资格。

① 未经核准或者超出核准范围、使用未取得相应资格的人员从事检验、检测的；
② 未按照安全技术规范的要求进行检验、检测的；
③ 出具虚假的检验、检测结果和鉴定结论或者检验、检测结果和鉴定结论严重失实的；
④ 发现特种设备存在严重事故隐患，未及时告知相关单位，并立即向负责特种设备安全监督管理的部门报告的；
⑤ 泄露检验、检测过程中知悉的商业秘密的；
⑥ 从事有关特种设备的生产、经营活动的；
⑦ 推荐或者监制、监销特种设备的；
⑧ 利用检验工作故意刁难相关单位的。

特种设备检验、检测机构的检验、检测人员同时在两个以上检验、检测机构中执业的，处五千元以上五万元以下罚款；情节严重的，吊销其资格。

11.2.7 建筑施工单位的安全责任

施工单位主要负责人在安全生产方面的主要职责包括：
（1）应当具备相关的安全生产条件并在其资质等级许可的范围内承揽工程；
（2）施工总承包单位与分包单位均应承担相应安全责任；
（3）健全有关安全生产的各项制度；
（4）采取有关的安全生产基本保障措施；

(5) 落实安全教育培训制度;
(6) 为施工现场从事危险作业的人员办理意外伤害保险。

11.2.7.1 采取有关的安全生产基本保障措施

(1) 安全生产费用应专款专用;
(2) 设置专门的安全生产管理机构和专职人员;
(3) 编制安全技术措施及专项施工方案的论证、审查;
(4) 对安全施工技术要求进行交底;
(5) 在施工现场危险部位设置安全警示标志;
(6) 施工现场生活区及作业环境必须符合要求;
(7) 搞好环境污染防护措施;
(8) 建立消防安全保障措施;
(9) 搞好劳动安全管理,向作业人员提供必要的安全防护用品;
(10) 搞好安全防护用具及机械设备、施工机具的安全管理。

11.2.7.2 落实安全教育培训制度

(1) 特种作业人员需进行培训并持证上岗;
(2) 安全管理人员和作业人员需进行安全教育培训和考核;
(3) 新上岗人员、新工地、采用新技术时进行上岗教育培训。

11.2.7.3 为施工现场从事危险作业的人员办理意外伤害保险

《建设工程安全生产管理条例》第三十八条规定,施工单位应当为施工现场从事危险作业的人员办理意外伤害保险。意外伤害保险费由施工单位支付。实行施工总承包的,由总承包单位支付意外伤害保险费。意外伤害保险期限自建设工程开工之日起至竣工验收合格止。

11.3 建设工程安全生产的行政监督管理

(1) 建设工程安全生产的行政监督管理机构　是指各级人民政府建设行政主管部门及其授权的建设工程安全生产监督机构,对建设工程安全生产所实施的行政监督管理。

(2) 国务院建设行政主管部门　国务院建设行政主管部门对全国的建设工程质量实施统一监督管理。国务院铁路、交通、水利等有关部门按照国务院规定的职责分工,负责对全国的有关专业建设工程安全生产实施监督管理。

(3) 县级以上地方人民政府建设行政主管部门　建设行政主管部门是一个属称,指建设行业的政府主管职能部门,一般是各级建设行局,有些称建设局,有些地方则称建设委员会(简称建委),有些则称建设办公室。

(4) 建筑安全生产监督机构　建筑安全生产监督机构的作用是监督检查企业施工过程实体安全,监督检查企业安全责任制的建立和实施状况,以及安全生产法律法规和标准规范的落实和执行情况;以随机抽查及巡查为主。

(5) 安全监督检查人员　安全监督检查人员的职权:
① 现场调查取证权　即安全生产监督检查人员可以进入生产经营单位进行现场调查,

单位不得拒绝，有权向被检查单位调阅资料，向有关人员（负责人、管理人员、技术人员）了解情况。

② 现场处理权　即对安全生产违法作业当场纠正权；对现场检查出的隐患，责令限期改正、停产停业或停止使用的职权；责令紧急避险权和依法行政处罚权。

③ 行政强制措施权　查封、扣押行政强制措施权，其对象是安全设施、设备、器材、仪表等；依据是不符合国家或行业安全标准；条件是必须按程序办事、有足够证据、经部门负责人批准、通知被查单位负责人到场并登记记录等，并必须在15日内作出决定。

11.4　建设工程重大安全事故的处理

11.4.1　建设工程重大安全事故的分级

建设工程重大安全事故具体分为四个等级：

（1）特别重大事故

指造成30人以上死亡，或者100人以上重伤（包括急性工业中毒，下同），或者1亿元以上直接经济损失的事故。

（2）重大事故

指造成10人以上30人以下死亡，或者50人以上100人以下重伤，或者5000万元以上1亿元以下直接经济损失的事故。

（3）较大事故

指造成3人以上10人以下死亡，或者10人以上50人以下重伤，或者1000万元以上5000万元以下直接经济损失的事故。

（4）一般事故

指造成3人以下死亡，或者10人以下重伤，或者100万元以上1000万元以下直接经济损失的事故。

本等级划分所称的"以上"包括本数，所称的"以下"不包括本数。

11.4.2　安全事故现场保护制度

《建设工程安全生产管理条例》第五十一条规定："发生生产安全事故后，施工单位应当采取措施防止事故扩大，保护事故现场。需要移动现场物品时，应当做出标记和书面记录，妥善保管有关证物。"

11.4.3　安全事故应急救援制度

《建设工程安全生产管理条例》第四十九条规定："施工单位应当根据建设工程施工的特点、范围，对施工现场易发生重大事故的部位、环节进行监控，制定施工现场生产安全事故应急救援预案。"

11.4.4 建设工程重大安全事故的调查处理及报告制度

(1) 按规定向有关部门报告事故情况 事故发生后,事故现场有关人员应当立即向本单位负责人报告;单位负责人接到报告后,应当于 1 小时内向事故发生地县级以上人民政府安全生产监督管理部门和负有安全生产监督管理职责的有关部门报告,并有组织、有指挥地抢救伤员、排除险情。应当防止人为或自然因素的破坏,便于事故原因的调查。由于建设行政主管部门是建设安全生产的监督管理部门,对建设安全生产实行的是统一的监督管理,因此,各个行业的建设施工中出现了安全事故,都应当向建设行政主管部门报告。对于专业工程的施工中出现生产安全事故的,由于有关的专业主管部门也承担着对建设安全生产的监督管理职能,因此,专业工程出现安全事故,还需要向有关行业主管部门报告。

① 情况紧急时,事故现场有关人员可以直接向事故发生地县级以上人民政府安全生产监督管理部门和负有安全生产监督管理职责的有关部门报告。

② 安全生产监督管理部门和负有安全生产监督管理职责的有关部门接到事故报告后,应当依照下列规定上报事故情况,并通知公安机关、劳动保障行政部门、工会和人民检察院。

a. 特别重大事故、重大事故逐级上报至国务院安全生产监督管理部门和负有安全生产监督管理职责的有关部门;

b. 较大事故逐级上报至省、自治区、直辖市人民政府安全生产监督管理部门和负有安全生产监督管理职责的有关部门;

c. 一般事故上报至设区的市级人民政府安全生产监督管理部门和负有安全生产监督管理职责的有关部门。

安全生产监督管理部门和负有安全生产监督管理职责的有关部门依照规定上报事故情况,应当同时报告本级人民政府。国务院安全生产监督管理部门和负有安全生产监督管理职责的有关部门以及省级人民政府接到发生特别重大事故、重大事故的报告后,应当立即报告国务院。必要时,安全生产监督管理部门和负有安全生产监督管理职责的有关部门可以越级上报事故情况。安全生产监督管理部门和负有安全生产监督管理职责的有关部门逐级上报事故情况,每级上报的时间不得超过 2 小时。事故报告后出现新情况的,应当及时补报。

(2) 组织调查组,开展事故调查

① 特别重大事故由国务院或者国务院授权有关部门组织事故调查组进行调查。重大事故、较大事故、一般事故分别由事故发生地省级人民政府、设区的市级人民政府、县级人民政府负责调查。省级人民政府、设区的市级人民政府、县级人民政府可以直接组织事故调查组进行调查,也可以授权或者委托有关部门组织事故调查组进行调查。未造成人员伤亡的一般事故,县级人民政府也可以委托事故发生单位组织事故调查组进行调查。

② 事故调查组有权向有关单位和个人了解与事故有关的情况,并要求其提供相关文件、资料,有关单位和个人不得拒绝。事故发生单位的负责人和有关人员在事故调查期间不得擅离职守,并应当随时接受事故调查组的询问,如实提供有关情况。事故调查中发现涉嫌犯罪的,事故调查组应当及时将有关材料或者其复印件移交司法机关处理。

(3) 现场勘查 事故发生后,调查组应迅速到现场进行及时、全面、准确和客观地勘查,包括现场笔录、现场拍照和现场绘图。

(4) 分析事故原因 通过调查分析,查明事故经过,按受伤部位、受伤性质、起因物、致害物、伤害方法、不安全状态、不安全行为等，查清事故原因，包括人、物、生产管理和技术管理等方面的原因。通过直接和间接分析，确定事故的直接责任者、间接责任者和主要责任者。

（5）制定预防措施　根据事故原因分析，制定防止类似事故再次发生的预防措施。根据事故后果和事故责任者应负的责任提出处理意见。

（6）提交事故调查报告　事故调查组应当自事故发生之日起60日内提交事故调查报告；特殊情况下，经负责事故调查的人民政府批准，提交事故调查报告的期限可以适当延长，但延长的期限最长不超过60日。事故调查报告应当包括下列内容：

① 事故发生单位概况；
② 事故发生经过和事故救援情况；
③ 事故造成的人员伤亡和直接经济损失；
④ 事故发生的原因和事故性质；
⑤ 事故责任的认定以及对事故责任者的处理建议；
⑥ 事故防范和整改措施。

（7）事故的审理和结案　重大事故、较大事故、一般事故，负责事故调查的人民政府应当自收到事故调查报告之日起15日内做出批复；特别重大事故，30日内做出批复，特殊情况下，批复时间可以适当延长，但延长的时间最长不超过30日。有关机关应当按照人民政府的批复，依照法律、行政法规规定的权限和程序，对事故发生单位和有关人员进行行政处罚，对负有事故责任的国家工作人员进行处分。事故发生单位应当按照负责事故调查的人民政府的批复，对本单位负有事故责任的人员进行处理。负有事故责任的人员涉嫌犯罪的，依法追究刑事责任。事故处理的情况由负责事故调查的人民政府或者其授权的有关部门、机构向社会公布，依法应当保密的除外。事故调查处理的文件记录应长期完整地保存。

重大事故调查组的职责：
① 组织技术鉴定；
② 查明事故发生的原因、过程、人员伤亡及财产损失情况；
③ 查明事故的性质、责任单位和主要责任者；
④ 明确事故主要责任单位，承担经济损失的划分原则；
⑤ 提出事故处理意见及防止类似事故再次发生所应采取措施的建议；
⑥ 提出对事故责任单位和责任人的处理建议；
⑦ 写出事故调查报告。

11.5　建设工程纠纷的概念

11.5.1　建设工程民事纠纷处理方式

建设工程民事纠纷的处理方式包括：

（1）和解　和解是民事纠纷的当事人在自愿互谅的基础上，就已经发生的争议进行协商、妥协与让步并达成协议，自行（无第三方参与劝说）解决争议的一种方式。通常它不仅从形式上消除当事人之间的对抗，还从心理上消除对抗。

和解可以在民事纠纷的任何阶段进行，无论是否已经进入诉讼或仲裁程序，只要终审裁判未生效或者仲裁裁决未作出，当事人均可自行和解。和解也可与仲裁、诉讼程序相结合：当事人达成和解协议的，已提请仲裁的，可以请求仲裁庭根据和解协议作出裁决书或调解书；已提起诉讼的，可以请求法庭在和解协议基础上制作调解书，或者由当事人双方达成和解协议，由法院记录在卷。

《仲裁法》第四十九条规定，当事人申请仲裁后，可以自行和解。达成和解协议的，可以请求仲裁庭根据和解协议作出裁决书，也可以撤回仲裁申请。

（2）调解　调解是指双方当事人以外的第三方应纠纷当事人的请求，以法律、法规和政策或合同约定以及社会公德为依据，对纠纷双方进行疏导、劝说，促使他们相互谅解，进行协商，自愿达成协议，解决纠纷的活动。

在我国，调解主要有四种形式：诉讼调解（法院在诉讼过程中的调解）、行政调解（行政机关在执法过程中的调解）、仲裁调解（仲裁机关在仲裁过程中的调解）和人民调解（群众性组织即人民调解委员会的调解）。

（3）仲裁　仲裁是当事人根据在纠纷发生前或纠纷发生后达成的协议，自愿将纠纷提交第三方（仲裁机构）作出裁决，纠纷各方都有义务执行该裁决的一种解决纠纷的方式。

根据《仲裁法》的规定，该法的调整范围仅限于民商事仲裁，即"平等主体的公民、法人和其他组织之间发生的合同纠纷和其他财产权益纠纷"；劳动争议仲裁等不受《仲裁法》的调整，依法应当由行政机关处理的行政争议等不能仲裁。仲裁的基本特点如下：

① 自愿性；
② 专业性；
③ 独立性；
④ 保密性；
⑤ 快捷性；
⑥ 裁决在国际上得到承认和执行。

（4）诉讼　诉讼是指公民、法人、其他组织依法告诉（起诉）、申诉、控告或司法机关依职责追究他人法律责任，由人民法院裁决的法律行为。诉，是指告诉、申诉、控告的意思和行为。讼，是法律行为，讼是指要由人民法院裁决的法律行为。如：民事诉讼、刑事诉讼、行政诉讼。诉不是指辩论和辩护，它是诉的表现形式。公民之间、公民与法人之间等解决问题的方式，不属于讼。

所谓诉讼，是指国家审判机关即人民法院，依照法律规定，在当事人和其他诉讼参与人的参加下，依法解决讼争的活动。平等主体当事人之间发生经济纠纷提起诉讼，适用《中华人民共和国民事诉讼法》（以下简称《民事诉讼法》）解决纷争。

11.5.2　工程建设争议民事诉讼

11.5.2.1　民事诉讼的概念

所谓民事诉讼，是指公民之间、法人之间、其他组织之间以及他们相互之间因财产关系和人身关系提起的诉讼。或者说，民事诉讼是指人民法院、当事人和其他诉讼参与人，在审理民事案件的过程中，所进行的各种诉讼活动，以及由这些活动所产生的各种关系的总和。诉讼参与人包括原告、被告、第三人、证人、鉴定人、勘验人等。民事诉讼是诉讼的基本类型之一。法院在当事人和其他诉讼参与人参加下,审理解决民事案件的活动以及由这种活动所产生的诉讼关系的总和。民事诉讼的特点包括:

(1) 民事诉讼既包括法院依法进行的审判活动,也包括当事人和其他诉讼参与人依法进行的诉讼活动,在这些活动中法院和各诉讼参与人之间发生诉讼法律关系;

(2) 法院的审判活动对民事诉讼的开始、发展和终结具有决定性作用,双方当事人的诉讼活动则对民事诉讼的开始、发展和终结具有很大影响;

(3) 民事诉讼的整个过程,围绕解决民事纠纷这一基本任务,由若干个有其中心任务的阶段组成,同时各个阶段相互衔接,依次连续进行。

11.5.2.2 民事诉讼的基本特性

与调解、仲裁这些诉讼外的解决民事纠纷的方式相比,民事诉讼有如下特征:

(1) 公权性 民事诉讼是以司法方式解决平等主体之间的纠纷,是由法院代表国家行使审判权解决民事争议。它既不同于群众自治组织性质的人民调解委员会以调解方式解决纠纷,也不同于由民间性质的仲裁委员会以仲裁方式解决纠纷。

(2) 强制性 强制性是公权力的重要属性。民事诉讼的强制性既表现在案件的受理上,又反映在裁判的执行上。调解、仲裁均建立在当事人自愿的基础上,只要有一方不愿意选择上述方式解决争议,调解、仲裁就无从进行,民事诉讼则不同,只要原告起诉符合民事诉讼法规定的条件,无论被告是否愿意,诉讼均会发生。诉讼外调解协议的履行依赖于当事人的自觉,不具有强制力,法院裁判则不同,当事人不自动履行生效裁判所确定的义务,法院可以依法强制执行。

(3) 程序性 民事诉讼是依照法定程序进行的诉讼活动,无论是法院还是当事人和其他诉讼参与人,都需要按照民事诉讼法设定的程序实施诉讼行为,违反诉讼程序常常会引起一定的法律后果。

(4) 特定性 民事诉讼的对象具有特定性。它解决的争议是有关民事权利和义务的争议。不是民事主体之间民事权益发生争议,不能纳入民事诉讼程序处理,如伦理上的冲突、政治上的争议、宗教上的争议或者科学上的争议等不能成为民事诉讼调整的对象。

(5) 自由性 民事诉讼反映民事主体权益之争,民事主体不论在实体上还是在程序上,都有依法处分其权利的自由。民事诉讼中的原告有权依法处分其诉讼权利和实体权利,被告也有权处分其诉讼权利和实体权利。

(6) 规范性与正当性 民事诉讼法以及其周边法律制度如《中华人民共和国法院组织法》和《中华人民共和国法官法》等保障着民事诉讼的正义性,确保当事人的实体权利和程序利益不受侵蚀。民事诉讼的严格规范性限制了法官的恣意,消除了对社会统一规范的背离,满足了国家和社会维护统一的法律秩序的要求。

11.5.2.3 工程建设纠纷诉讼程序

(1) 立案 工程合同纠纷在立案阶段,需要审查的除了《民事诉讼法》规定的立案条件外,就案由、管辖等方面需要特别重视和加强审查。合同立案的审查主要包括两个方面,审查案由和审查管辖。

① 审查案由 实践中,大量建设工程施工合同纠纷是以其他类型合同形式出现。例如,名为合作建房实为建设工程施工合同的纠纷;名为房屋买卖实为建设工程施工合同的纠纷;名为建设工程施工合同而实为合资合作开发房地产合同纠纷。因此不仅要审查基础合同的形式,还要对基础合同的内容进行基本审查。

② 审查管辖 根据最高人民法院司法解释的规定,建设工程施工合同不再如一般不动

产案件适用专属管辖规定，而是适用一般合同地域管辖，即由被告住所地或合同履行地法院管辖。在建设工程施工合同中，合同履行地就是施工行为地，一般是施工合同项下建筑物所在地。以合同履行地作为管辖地符合便于人民法院审理和便于人民群众诉讼的"两便原则"。但需要注意的是，作为一般合同地域管辖，当事人还可以在书面合同中协议选择由合同订立地、原告所在地、标的物所在地人民法院管辖。

(2) 诉讼前的准备　首先，在庭前准备程序中，除进行证据交换和对证据初步质证工作外，通常需要进行司法鉴定工作。一般有以下几种情况：对工程造价进行审核；对延误工期造成的损失进行审核；对已付工程款、垫付材料款等财务凭证进行审核；对相关有争议的签证、结算材料印鉴或签名真实性进行审核；对工程质量进行鉴定并设计修复方案以及对修复方案所需费用作出预算等。在建设工程施工合同案件的审理过程中，司法鉴定几乎涵盖了所有的鉴定内容。因此在庭前准备阶段，对当事人是否在举证期限内提出鉴定申请、是否予以准许、当事人未提出申请是否需要证据释明等问题均需要认真审查，并根据实际情况作出处理。

其次，在庭前准备中须注意被告的反诉与抗辩问题。在建设工程施工合同案件审理过程中，经常发生被告将反诉内容作为答辩意见提出，要求直接在本诉中抵扣的情况。针对这种情况，法官应当准确判断上述主张属于抗辩还是属于反诉，并根据个案情况分别作出释明。在做这类型的判断中，势必对基础合同条款进行详细审查，而不能简单地进行判断。如在建设工程施工合同案件中，最常见的情形是，承包人向发包人主张工程欠款，而发包人以承包人逾期竣工或工程存在质量问题要求承包人承担违约赔偿责任。此类答辩意见，一般认为属于反诉请求。但有些施工合同条款中约定了上述违约责任应当在工程款结算中直接抵扣，或原告同意在本诉中根据双方合同的约定直接结算抵扣，对此类情形，法官也可以在本诉中一并处理，而不必要求被告提起反诉。

(3) 审理　在建设工程施工合同案件庭审中，一般除了对合同条款、履行情况进行庭审调查外，对以下几个方面也需要进行具体审查。

① 对建设工程施工项目相关手续的审查　建设工程施工既是发包人与承包人之间的合同关系，同时因建设工程施工合同标的的特殊性，行政主管机关对建设工程施工项目也有相应的管理职责。

② 对建设工程施工合同履行过程的审查　工程施工合同履行期间比较长，少则一两个月，长则一两年，甚至有些施工工程由于资金、技术等方面的原因，可能断断续续施工建设多年才完工。在施工过程中，承包人和发包人之间的联系、产生纠纷、解决纠纷的情况可以说是经常发生的。也许在这些问题产生之际，双方尚未发展到需要对簿公堂的地步，通过协商可能当时就可以解决问题或者因双方达成谅解而对问题予以忽略。但是，一旦承、发包人之间产生诉讼，可能这些以前积累下来的小问题都会被作为对方违约的事实、理由而提出。这就需要法官全面审查合同履行经过，从而正确判断案件的诉因，找到纠纷发生的导火线。通过对合同履行过程的全面审查，还能够对造价、付款、工期、质量等案件关键事实有一个全面了解。

③ 对司法鉴定结论一般需要在庭审中进行质证，充分听取双方当事人的质证意见　在建设工程施工合同纠纷中，有时会涉及工程审价、工程款审核、审计等司法鉴定内容。这些鉴定内容，从性质上属于当事人提供的证据材料，但从内容上却是确定案件基本事实，特别是存在争议的事实的主要依据。一般而言，双方对工程造价有争议的，最终裁判结果在很大程度上由工程审价结论决定。而承包人主张因发包人原因导致其停工、窝工损失的，无论是停工、窝工的天数还是停工、窝工具体损失的数额，除非合同有特别约定，一般也是由工程审价结论来作出决定。正是由于司法鉴定结论对案件最终结果具有举足轻重的作用，因此对

鉴定结论应当在庭审中进行正式的质证,由鉴定人对双方当事人的质证意见发表专业意见,从而使得法官(合议庭)对鉴定结论是否足以成为定案证据作出正确判断。

诉讼流程大致如下:

a. 诉讼参加人。

b. 第一审程序:

ⅰ. 起诉与受理;

ⅱ. 审理前的准备;

ⅲ. 开庭审理;

ⅳ. 法院调解。

c. 第二审程序。

d. 执行程序。

e. 审判监督程序。

11.5.3 工程建设纠纷民事仲裁

(1) 工程建设纠纷仲裁的概念　仲裁也称"公断",是指发生争议的当事人(申请人与被申请人),根据达成的仲裁协议,自愿将该争议提交中立的第三者(仲裁机构)进行裁判的解决方式。仲裁异于诉讼和审判,仲裁需要双方自愿,也异于强制调解,是一种特殊调解,是自愿型公断,区别于诉讼等强制型公断。仲裁一般是当事人根据他们之间订立的仲裁协议,自愿将其争议提交由非司法机构的仲裁员组成的仲裁庭进行裁判,并受该裁判约束的一种制度。仲裁活动和法院的审判活动一样,关乎当事人的实体权益,是解决民事争议的方式之一。

(2) 工程建设纠纷仲裁的仲裁协议　仲裁协议是指双方当事人自愿将他们之间已经发生或者可能发生的可仲裁事项提交仲裁裁决的书面协议。仲裁协议包括双方当事人在合同中订立的仲裁条款和以其他书面方式在纠纷发生前或者纠纷发生后达成的请求仲裁的协议。仲裁协议是仲裁委员会受理案件的前提条件。双方当事人在自愿、协商、平等互利的基础之上将他们之间已经发生或者可能发生的争议提交仲裁解决的书面文件,是申请仲裁的必备材料。

(3) 仲裁协议内容　一份完整、有效的仲裁协议必须具备法定的内容。根据我国《仲裁法》第十六条的规定,仲裁协议应当包括下列内容:

① 请求仲裁的意思表示　请求仲裁的意思表示是仲裁协议的首要内容。当事人在表达请求仲裁的意思表示时需要注意四个问题:

a. 仲裁协议中当事人请求仲裁的意思表示要明确。请求仲裁的意思表示不明确的仲裁协议无法判断当事人的真实意思,仲裁机构也无法受理当事人的仲裁申请。申请仲裁的意思表示明确,最主要是要求通过该意思表示,可以得出当事人排除司法管辖而选择仲裁解决争议的结论。

b. 请求仲裁的意思表示必须是双方当事人共同的意思表示,而不是一方当事人的意思表示。不能证明是双方当事人的意思表示的仲裁协议是无效的。

c. 请求仲裁的意思表示必须是双方当事人的真实意思表示,即不存在当事人被胁迫、欺诈等而订立仲裁协议的情况,否则仲裁协议无效。

d. 请求仲裁的意思表示必须是双方当事人自己的意思表示,而不是任何其他人的意思表示。如上级主管部门不能代替当事人订立仲裁协议。

② 仲裁事项　仲裁事项即当事人提交仲裁的具体争议事项。它解决的是"仲裁什么"

的问题。在仲裁实践中，当事人只有把订立于仲裁协议中的争议事项提交仲裁，仲裁机构才能受理。同时，仲裁事项也是仲裁庭审理和裁决纠纷的范围。即仲裁庭只能在仲裁协议确定的仲裁事项的范围内进行仲裁，超出这一范围进行仲裁，所作出的仲裁裁决，经一方当事人申请，法院可以不予执行或者撤销。因此仲裁协议应约定仲裁事项。仲裁协议中约定的仲裁事项，应当符合下面两个条件：

a. 争议事项具有可仲裁性。仲裁协议中双方当事人约定提交仲裁的争议事项，必须是仲裁法允许采用仲裁方式解决的争议事项，约定的仲裁事项超出法律规定的仲裁范围的，仲裁协议无效。

b. 仲裁事项具有明确性。即将什么争议提交仲裁解决应该明确，如在供货合同中，是将因产品质量问题引起的争议，还是因产品数量问题引起的争议，或是因整个供货合同引起的争议提交仲裁解决，应在仲裁协议中明确。仲裁机构只解决仲裁事项范围内的争议。如当事人约定"就产品质量问题引起的争议提交仲裁"，这一约定就排斥了对因货物数量问题引起的争议进行仲裁的可能性。在具体约定时，对于已经发生的争议事项，其具体范围比较明确和具体，因而较容易约定；对于未来可能性争议事项要提交仲裁，应尽量避免在仲裁协议中作限制性规定，包括争议性质上的限制、金额上的限制以及其他具体事项的限制，采用宽泛的约定，如可以笼统地约定"因本合同引起的争议"。这样有利于仲裁机构全面迅速地审理纠纷，充分保护当事人的合法权益。

③ 仲裁机构（即仲裁委员会）。仲裁机构是通过仲裁方式，解决双方民事争议，作出仲裁裁决的机构。分为国内仲裁机构和国际仲裁机构，后者又分为全国性的仲裁机构和国际性或地域性的仲裁机构。此外，按仲裁机构的设置情况，国际上进行仲裁的机构有三种：一种是常设仲裁机构，一种是临时仲裁机构，还有一种是专业性仲裁机构。

（4）仲裁协议的效力　仲裁协议一旦依法成立，就对当事人产生法律约束力，并且对仲裁机构行使对特定工程建设争议的管辖权产生一定的制约力。

① 对双方当事人的法律效力　约束双方当事人对纠纷解决方式的选择权。仲裁协议一经有效成立，即对双方当事人产生法律效力，双方当事人都受到他们所签订的仲裁协议的约束。发生纠纷后，当事人只能通过向仲裁协议中所确定的仲裁机构申请仲裁的方式解决该纠纷，而丧失了就该纠纷向法院提起诉讼的权利。如果一方当事人违背仲裁协议，就仲裁协议规定范围内的争议事项向法院起诉，另一方当事人有权在首次开庭前依据仲裁协议要求法院停止诉讼程序，法院也应当驳回当事人的起诉。

② 对法院的法律效力　仲裁协议排除法院的司法管辖权。有效的仲裁协议可以排除法院对订立于仲裁协议中的争议事项的司法管辖权，这是仲裁协议法律效力的重要体现，也是各国仲裁普遍适用的准则。我国《仲裁法》明确规定，当事人达成仲裁协议，一方向人民法院起诉的，人民法院不予受理，但仲裁协议无效的除外。当事人达成仲裁协议，一方向人民法院起诉未声明有仲裁协议的，人民法院受理后，另一方在首次开庭前提交仲裁协议的，人民法院应当驳回起诉，但仲裁协议无效的除外。当然如果另一方在首次开庭前未对人民法院受理该案提出异议的，视为放弃仲裁协议，人民法院应当继续审理。当事人在首次开庭前未对人民法院受理该案提出异议的，推定当事人默示司法管辖。

③ 对仲裁机构的法律效力　授予仲裁机构仲裁管辖权并限定仲裁的范围。仲裁协议是仲裁委员会受理仲裁案件的基础，是仲裁庭审理和裁决仲裁案件的依据。没有仲裁协议就没有仲裁机构对仲裁案件的仲裁管辖权。我国《仲裁法》第四条规定，没有仲裁协议，一方申请仲裁的，仲裁委员会不予受理。同时，仲裁机构的管辖权又受到仲裁协议的严格限制，即仲裁庭只能对当事人在仲裁协议中约定的争议事项进行仲裁，而对仲裁协议约定范围以外的其他争议无权仲裁。

（5）工程建设纠纷仲裁的程序

① 仲裁的申请和受理

a. 申请仲裁的条件。当事人申请仲裁，应当符合下列条件：

ⅰ. 有仲裁协议；

ⅱ. 有具体的仲裁请求和事实、理由；

ⅲ. 属于仲裁委员会的受理范围。

b. 申请仲裁的方式。当事人申请仲裁，应当向仲裁委员会递交仲裁协议、仲裁申请书及副本。其中，仲裁申请书应当载明下列事项：

ⅰ. 当事人的姓名、性别、年龄、职业、工作单位和住所，法人或者其他组织的名称、住所和法定代表人或者主要负责人的姓名、职务；

ⅱ. 仲裁请求和所依据的事实、理由；

ⅲ. 证据和证据来源、证人姓名和住所。

对于申请仲裁的具体文件内容，各仲裁机构在《仲裁法》规定的范围内，会有不同的要求和审查标准，一般可以登录其网站进行查询。

c. 审查与受理。仲裁委员会收到仲裁申请书之日起5日内，认为符合受理条件的应当受理，并通知当事人；认为不符合受理条件的，应当书面通知当事人不予受理并说明理由。仲裁委员会受理仲裁申请后，应当在仲裁规则规定的期限内将仲裁规则和仲裁员名册送达申请人，并将仲裁申请书副本和仲裁规则、仲裁员名册送达被申请人。被申请人收到仲裁申请书副本后，应当在仲裁规则规定的期限内向仲裁委员会提交答辩书。仲裁委员会收到答辩书后，应当在仲裁规则规定的期限内将答辩书副本送达申请人。被申请人未提交答辩书的，不影响仲裁程序的进行。被申请人有权提出反请求。

d. 财产保全和证据保全。为保证仲裁程序顺利进行、仲裁案件公正审理以及仲裁裁决有效执行，当事人有权申请财产保全和证据保全。当事人要求采取财产保全或证据保全措施的，应向仲裁委员会提出书面申请，由仲裁委员会将当事人的申请转交被申请人住所地或其财产所在地或证据所在地有管辖权的人民法院作出裁定。

② 仲裁的开庭和裁决

a. 仲裁庭的组成。仲裁庭的组成形式包括合议仲裁庭和独任仲裁庭两种，即仲裁庭可以由3名仲裁员或者1名仲裁员组成。

ⅰ. 合议仲裁庭。当事人约定由3名仲裁员组成仲裁庭的，应当各自选定或者各自委托仲裁委员会主任指定1名仲裁员，第3名仲裁员由当事人共同选定或者共同委托仲裁委员会主任指定。第3名仲裁员是首席仲裁员。

ⅱ. 独任仲裁庭。当事人约定由1名仲裁员成立仲裁庭的，应当由当事人共同选定或者共同委托仲裁委员会主任指定仲裁员。但是，当事人没有在仲裁规定的期限内约定仲裁庭的组成方式或者选定仲裁员的，由仲裁委员会主任指定。仲裁员有下列情形之一的，必须回避，当事人也有权提出回避申请：一是本案当事人或者当事人、代理人的近亲属；二与本案有利害关系；三是与本案当事人、代理人有其他关系，可能影响公正仲裁的；四是私自会见当事人、代理人，或者接受当事人、代理人的请客送礼的。当事人提出回避申请，应当说明理由，在首次开庭前提出。回避事由在首次开庭后知道的，可以在最后一次开庭结束前提出。

b. 开庭和审理。仲裁应当开庭进行，当事人可以协议不开庭。当事人应当对自己的主张提供证据。仲裁庭认为有必要收集的证据，可以自行收集。证据应当在开庭时出示，当事人可以质证。当事人在仲裁过程中有权进行辩论。仲裁庭可以作出缺席裁决。申请人无正当理由开庭时不到庭的，或在开庭审理时未经仲裁庭许可中途退庭的，视为撤回仲裁申请；如果被申请人提出了反请求，不影响仲裁庭就反请求进行审理，并作出裁决。被申请人无正当理由开庭时不到庭的,或在开庭审理时未经仲裁庭许可中途退庭的,仲裁庭可以进行缺席审理,并作出裁决;如果被申请人提出了反请求,视为撤回反请求。为了保护当事人的商业秘密和商业信誉,仲裁不公开进行。当事人协议公开的,可以公开进行,但涉及国家秘密的除外。

c. 仲裁中的和解与调解。当事人申请仲裁后,可以自行和解。达成和解协议的,可以请求仲裁庭根据和解协议作出裁决书,也可以撤回仲裁申请。当事人达成和解协议,撤回仲裁申请后反悔的,仍可以根据仲裁协议申请仲裁。仲裁庭在作出裁决前,可以先行调解。当事人自愿调解的,仲裁庭应当调解。调解不成的,应等及时作出裁决。调解达成协议的,仲裁庭应当制作调解书或者根据协议的结果制作裁决书。调解书与裁决书具有同等法律效力。调解书经双方当事人签收后,即发生法律效力。在调解书签收前当事人反悔的,仲裁庭应当及时作出裁决。

d. 仲裁裁决。仲裁裁决应当按照多数仲裁员的意见作出,少数仲裁员的不同意见可以记入笔录。仲裁庭不能形成多数意见时,裁决应当按照首席仲裁员的意见作出。裁决书自作出之日起发生法律效力。

裁决书的效力是:

ⅰ. 裁决书一裁终局,当事人不得就已经裁决的事项再申请仲裁,也不得就此提起诉讼。

ⅱ. 仲裁裁决具有强制执行力。一方当事人不履行的,对方当事人可以到法院申请强制执行。

ⅲ. 仲裁裁决在所有《承认及执行外国仲裁裁决公约》缔约国(或地区)可以得到承认和执行。

③ 申请撤销裁决

a. 申请撤销仲裁裁决的法定事由。当事人提出证据证明裁决有下列情形之一的,可以向仲裁委员会所在地的中级人民法院申请撤销裁决。

ⅰ. 没有仲裁协议的;

ⅱ. 裁决的事项不属于仲裁协议的范围或者仲裁委员会无权仲裁的;

ⅲ. 仲裁庭的组成或者仲裁的程序违反法定程序的;

ⅳ. 裁决所依据的证据是伪造的;

ⅴ. 对方当事人隐瞒了足以影响公正裁决的证据的;

ⅵ. 仲裁员在仲裁该案时有索贿受贿、徇私舞弊、枉法裁决行为的。

当事人申请撤销裁决的,应当自收到裁决书之日起6个月内向仲裁机构所在地的中级人民法院提出。

b. 仲裁裁决被撤销的法律后果。仲裁裁决被人民法院依法撤销后,当事人之间的纠纷并未解决。根据《仲裁法》的规定,当事人就该纠纷可以根据双方重新达成的仲裁协议申请仲裁,也可以向人民法院起诉。

仲裁的本质属性为契约性;同时,在立法规范和司法实践中又具有司法性。依据《民事诉讼法》和《仲裁法》的规定,人民法院对仲裁进行司法监督。人民法院的司法监督有3个特点:

a. 事后审查。即在仲裁的终局裁决作出后,经当事人申请执行或申请撤销、不予执行时,有管辖权的人民法院才可对相关裁决进行审查。

b. "双启动"审查。人民法院司法审查的启动,一般情况下为被动审查,即需在仲裁"当事人"以法定理由向人民法院提出申请之后,人民法院才启动司法审查程序,且只审查申请人申请审查的内容。同时,人民法院也可以仲裁裁决违反我国社会公共利益为理由而主动依职权启动司法审查程序。被动审查与主动审查相结合,但以被动审查为主,以维护仲裁的契约性,尊重当事人的意思自治。避免过多的司法干预。

c. "双轨制"审查。人民法院依据当事人的申请,对国内仲裁裁决的程序事项和实体问题进行审查,其中审查实体问题的范围为仲裁认定事实的证据真伪、足够与否和适用法律之对错。对涉外仲裁裁决和国外仲裁裁决仅对其程序事项进行审查,且当事人不得以裁决书的实体错误为由提出不予执行和撤销的申请,人民法院也不得审查其实体问题。

④ 仲裁裁决的执行

a. 仲裁裁决的强制执行力。《仲裁法》规定,仲裁裁决作出后,当事人应当履行裁决。一方当事人不履行的,另一方当事人可以依照民事诉讼法的有关规定,向人民法院申请执行。仲裁裁决的强制执行应当向有管辖权的法院提出申请。被执行人在中国境内的,国内仲裁裁决由被执行人住所地或被执行人财产所在地的人民法院执行;涉外仲裁裁决,由被执行人住所地或被执行人财产所在地的中级人民法院执行。申请仲裁裁决强制执行必须在法律规定的期限内提出。根据《民事诉讼法》规定,申请执行的期间为两年。申请执行时效的中止、中断,适用法律有关诉讼时效中止、中断的规定。申请仲裁裁决强制执行的期限,自仲裁裁决书规定履行期限或仲裁机构的仲裁规则规定履行期间的最后1日起计算。仲裁裁决书规定分期履行的,依规定的每次履行期间的最后1日起计算。

b. 仲裁裁决的不予执行。根据《仲裁法》《民事诉讼法》的规定,被申请人提出证据证明裁决有下列情形之一的,经人民法院组成合议庭审查核实,裁定不予执行。

ⅰ. 当事人在合同中没有仲裁条款或者事后没有达成书面仲裁协议的;

ⅱ. 裁决的事项不属于仲裁协议的范围或者仲裁机构无权仲裁的;

ⅲ. 仲裁庭的组成或者仲裁的程序违反法定程序的;

ⅳ. 认定事实的主要证据不足的;

ⅴ. 适用法律确有错误的;

ⅵ. 仲裁员在仲裁该案时有索贿受贿、徇私舞弊、枉法裁决行为的。

仲裁裁决被法院依法裁定不予执行的,当事人就该纠纷可以重新达成仲裁协议,并依据该仲裁协议申请仲裁,也可以向法院提起诉讼。

11.5.4　工程建设争议行政复议

(1) 工程建设行政复议概述　工程建设行政复议是指当事人不服工程建设有关行政管理机关的行政处罚或处理决定,依法向上一级工程建设有关行政管理机关提起重新处理,上级行政机关依法重新对工程建设争议案件进行复查、复审、复核、复验等行政活动。

(2) 工程建设行政复议的程序

① 行政复议申请的提出　公民、法人或者其他组织认为具体行政行为侵犯其合法权益的,可以自知道该具体行政行为之日起60日内提出行政复议申请;但法律规定的申请期限超过60日的除外。因不可抗力或者其他正当理由耽误法定申请期限的,申请期限自障碍消除之日起继续计算。依法申请行政复议的公民、法人或者其他组织是申请人。作出具体行政行为的行政机关是被申请人。申请人可以委托代理人代为参加行政复议。申请人申请行政复议,可以书面申请,也可以口头申请。对于行政复议,应当按照《中华人民共和国行政复议法》的规定向有权受理的行政机关申请。如"对县级以上地方各级人民政府工作部门的具体行政行为不服的,由申请人选择,可以向该部门的本级人民政府申请行政复议,也可以向上一级主管部门申请行政复议"。申请行政复议,凡行政复议机关已经依法受理的,或者法律、

法规规定应当先向行政复议机关申请行政复议,对行政复议决定不服再向人民法院提起行政诉讼的,在法定行政复议期限内不得向人民法院提起行政诉讼。公民、法人或者其他组织向人民法院提起行政诉讼,人民法院已经依法受理的,不得申请行政复议。

② 行政复议申请的受理　行政复议机关收到行政复议申请后,应当在 5 日内进行审查,依法决定是否受理,并书面告知申请人。对符合行政复议申请条件,但不属于本机关受理范围的,应当告知申请人向有关行政复议机关提出。在行政复议期间,行政机关不停止执行该具体行政行为,但有下列情形之一的,可以停止执行。

a. 被申请人认为需要停止执行的;
b. 行政复议机关认为需要停止执行的;
c. 申请人申请停止执行,行政复议机关认为其要求合理,决定停止执行的;
d. 法律规定停止执行的。

③ 复议案件审理

a. 复议期间,具体行政行为不停止执行。
b. 复议机关自复议受理之日起 7 日内,将复议申请书副本或复印件发送被申请人。
c. 被申请人自收到申请书副本或复印件之日起 10 日内,提出书面答复,并提交当初作出具体行政行为的证据、依据和其他有关材料。
d. 复议机关法制工作机构进行书面审查,必要时向有关组织和人员调查情况,提出复议意见,报经复议机关负责人同意或集体讨论通过。
e. 复议决定作出前,申请人可以要求撤回复议申请,复议同时终止。
f. 复议机关应当自受理之日起 60 日内作出行政复议决定,情况复杂的,经复议机关负责人批准,可以适当延长,并告知申请人和被申请人,但是延长期限最多不超过 30 日。
g. 复议机关作出行政复议决定,应当制作行政复议决定书,加盖单位印章,并书面送达申请人和被申请人。
h. 行政复议决定书一经送达,即发生法律效力。

④ 行政复议的决定　行政复议原则上采取书面审查的办法,但申请人提出要求或者行政复议机关负责法制工作的机构认为有必要时,可以向有关组织和人员调查情况,听取申请人、被申请人和第三人的意见。行政复议决定作出前,申请人要求撤回行政复议申请的,经说明理由,可以撤回;撤回行政复议申请的,行政复议终止。行政复议机关应当在受理行政复议申请之日起 60 日内作出行政复议决定,其主要类型有:

a. 对于具体行政行为认定事实清楚,证据确凿,适用依据正确,程序合法,内容适当的决定维持。
b. 对于被申请人不履行法定职责的,决定其在一定期限内履行。
c. 对于具体行政行为有下列情形之一的,决定撤销、变更或者确认该具体行政行为违法:

ⅰ. 主要事实不清、证据不足的;
ⅱ. 适用依据错误的;
ⅲ. 违反法定程序的;
ⅳ. 超越或者滥用职权的;
ⅴ. 具体行政行为明显不当的。

对于决定撤销或者确认该具体行政行为违法的,可以责令被申请人在一定期限内重新作出具体行政行为。申请人申请行政复议时可以一并提出行政赔偿请求,行政复议机关对符合国家赔偿法有关规定应当给予赔偿的,在决定撤销、变更具体行政行为或者确认具体行政行为违法时,应同时决定被申请人依法给予赔偿。

⑤ 行政复议决定的履行

a. 申请人和被申请人自收到行政复议决定书之日起,应当履行行政复议决定。

b. 申请人不服行政复议决定的,自收到行政复议决定书之日起 15 日内向人民法院提起行政诉讼。复议机关逾期不作出决定的,申请人可以在复议期满之日起 15 日内,向人民法院提起行政诉讼。

基础测试

1. 建设工程重大安全事故具体分为 _____、_____、_____、_____ 几个等级。
2. 建设工程民事纠纷的处理方式包括 _____、_____、_____、_____。

思考提高

1. 什么是建设工程安全生产?
2. 简述建设工程安全生产管理的基本制度。
3. 什么是建设工程安全生产的行政监督管理机构?
4. 什么是民事诉讼?
5. 民事诉讼的基本特性是什么?
6. 什么是仲裁?
7. 什么是工程建设行政复议?

综合运用

一个建筑公司与某工厂签订了一个行政楼施工合同,合同约定施工单位按照工期保证质量完成工厂的行政楼施工任务。工程竣工后,该公司向工厂提交了竣工报告。工厂为了不影响生产进度,在没有进行组织验收的前提下就直接投入了使用。使用过程中,工厂方发现行政楼存在质量问题,要求施工方修理。施工方认为已提交竣工报告,并且工程在未经验收的情况下工厂提前使用出现质量问题,施工方不应再承担责任。试问:应如何具体地分析该工程质量问题的责任及责任的承担方式,为什么?

第12章 建设工程其他相关法规

建设工程其他相关法规 { 房地产与物业管理法规 { 房地产与物业管理法规概念 / 房地产开发制度 / 房地产交易制度 / 物业管理的性质 / 物业管理的基本特征 / 物业管理的基本内容 } 市政建设法规概述 涉外工程建设法规 { 涉外工程的概念以及我国适用的法律法规 / 涉外工程的执行条款 / 涉外合同的法律适用 / 涉外工程的企业行为准则 / 涉外工程的企业资质条件 / 涉外工程的企业的法律责任 } }

12.1 房地产与物业管理法规

12.1.1 房地产与物业管理法规概念

　　房地产是一个综合的较为复杂的概念，从实物现象看，它是由建筑物与土地共同构成。土地可以分为未开发的土地和已开发的土地，建筑物依附土地而存在，与土地结合在一起。建筑物是指人工建筑而成的产物，包括房屋和构筑物两大类。

　　房地产法是调整房地产所有权人之间、房地产所有权人与非所有权人（包括房地产使用人、修建人、管理人等）之间在房地产开发经营、房地产交易（包括房地产转让、房地产抵押和房地产租赁）、房地产权属、房地产管理等过程中发生的各种关系的法律规范的总称。房地产法有广义与狭义之分，广义的房地产法是指对房地产关系进行调整的所有的法律、法规、条例等的总称。它包括《宪法》、《民法典》、经济法中有关调整房地产的条款以及《中华人民共和国土地管理法》《城乡规划法》《中华人民共和国城市房地产管理法》等普通法的规定以及房地产行政法规、部门规章等。狭义的房地产法是指国家立法机关即全国人民代表大会制定的对城市房地产关系作统一调整的基本法律即《中华人民共和国城市房地产管理法》。

物业是指已经建成并投入使用的各类房屋及其与之相配套的设备、设施和场地。物业可大可小，一个单元住宅可以是物业，一座大厦也可以作为一项物业，同一建筑物还可按权属的不同分割为若干物业。物业含有多种业态，如：办公楼宇、商业大厦、住宅小区、别墅、工业园区、酒店、厂房仓库等多种物业形式。根据使用功能的不同，物业可分为以下五类：居住物业、商业物业、工业物业、政府类物业和其他用途物业。不同使用功能的物业，其管理有着不同的内容和要求。

（1）居住物业　居住物业是指具备居住功能、供人们生活居住的建筑，包括住宅小区、单体住宅楼、公寓、别墅、度假村等，也包括与之相配套的公用设施、设备和公共场地。

（2）商业物业　商业物业有时也称投资性物业，是指那些通过经营可以获取持续增长回报或者可以持续升值的物业，这类物业又可大致分为商服物业和办公物业。商服物业是指各种供商业、服务业使用的建筑场所，包括购物广场、百货商店、超市、专卖店、连锁店、宾馆、酒店、仓储、休闲康乐场所等。办公物业是从事生产、经营、咨询、服务等行业的管理人员办公的场所，它属于生产经营资料的范畴。这类物业按照发展变化过程可分为传统办公楼、现代写字楼和智能化办公建筑等，按照办公楼物业档次又可划分为甲级写字楼、乙级写字楼和丙级写字楼。商业物业市场的繁荣与当地的整体社会经济状况相关，特别是与工商贸易、金融保险、顾问咨询、旅游等行业的发展密切相关。这类物业由于涉及物业流通与管理的资金数量巨大，所以常以机构（单位）投资为主，物业的使用者多用所有者提供的空间进行经营活动，并用部分经营所得支付物业租金。

（3）工业物业　工业物业是指为人类的生产活动提供使用空间的房屋，包括轻、重工业厂房和近年来发展起来的高新技术产业用房以及相关的研究与发展用房及仓库等。工业物业有的用于出售，也有的用于出租。一般来说，重工业厂房由于其设计需要符合特定的工艺流程要求和设备安装需要，通常只适合特定的用户使用，因此不容易转手交易。高新技术产业（如电子、计算机、精密仪器制造等行业）用房则有较强的适应性。轻工业厂房介于上述两者之间。

（4）政府类物业　随着机关后勤管理社会化的实施，机关单位后勤管理工作转交物业公司进行管理。政府物业除居住物业包含的服务内容外，还涉及餐饮、会议、客房及康体等多种综合类的服务。

（5）其他用途物业　附属设施，是指建筑物内和建筑物外的各类共用设备、共用设施及相关的场地、绿化、道路等，包括建筑物的公共部位，如基础、承重墙体、柱、梁、楼板、屋顶漏水以及户外的墙面、门厅、楼梯间、走廊通道等，以及公共设施设备，如电梯、天线、照明、消防设施、绿地、道路、路灯、沟渠、池、井、非经营性车场车库、公益性文体设施和公用设施设备使用的房屋等。

物业管理法规，即《物业管理条例》，是根据《国务院关于修改〈物业管理条例〉的决定》修订的，为的是规范物业管理活动，维护业主和物业服务企业的合法权益，改善人民群众的生活和工作环境而制定的法律条例。其调整对象为：

（1）物业管理民事法律关系（业主与物业服务企业）；

（2）物业管理行政法律关系（管理与被管理、命令与服从）。

12.1.2　房地产开发制度

房地产开发是指从事房地产开发的企业为了实现城市规划和城市建设（包括城市新区开

发和旧区改建）而从事的土地开发和房屋建设等行为的总称。房地产是指土地、建筑物及固着在土地、建筑物上不可分离的部分及其附带的各种权益。房地产由于其自己的特点即位置的固定性和不可移动性，在经济学上又被称为不动产。房地产可以有三种存在形态：即土地、建筑物、房地合一。随着个人财产所有权的发展，房地产已经成为商业交易的主要组成部分。购买房地产是一种重要的投资方式。

（1）房地产开发类型 房地产开发包括土地开发和房屋开发。

① 土地开发 土地开发主要是指房屋建设的前期工作，主要有两种情形：一是新区土地开发；二是旧城区改造或二次开发。

② 房屋开发 就房屋开发而言，一般包括四个层次：第一层次为住宅开发；第二层次为生产与经营性建筑物开发；第三层次为生产、生活服务性建筑物的开发；第四层次为城市其他基础设施的开发。

（2）房地产开发原则 房地产开发基本原则是指在城市规划区国有土地范围内从事房地产开发并实施房地产开发管理中应依法遵守的基本原则。依据我国法律的规定，我国房地产开发的基本原则主要有：

① 依法原则 依法在取得土地使用权的城市规划区国有土地范围内从事房地产开发的原则。在我国，通过出让或划拨方式依法取得国有土地使用权是房地产开发的前提条件，房地产开发必须是国有土地。我国另一类型的土地即农村集体所有土地不能直接用于房地产开发，集体土地必须经依法征用转为国有土地后，才能成为房地产开发用地。

② 城市规划的原则 城市规划是城市人民政府对建设进行宏观调控和微观管理的重要措施，是城市发展的纲领，也是对城市房地产开发进行合理控制，实现土地资源合理配置的有效手段。科学制定和执行城市规划，是合理利用城市土地，合理安排各项建设，指导城市有序、协调发展的保证。

③ 统一原则 坚持经济效益、社会效益和环境效益相统一的原则。经济效益是房地产所产生的经济利益的大小，是开发企业赖以生存和发展的必要条件。社会效益指房地产开发给社会带来的效果和利益。环境效益是指房地产开发对城市自然环境和人文环境所产生的积极影响。以上三方面是矛盾统一的辩证关系，既有联系，又有区别，还会产生冲突。这就需要政府站在国家和社会整体利益的高度上，进行综合整合和管理。

④ 综合开发原则 应当坚持全面规划、合理布局、综合开发、配套建设的原则，即综合开发原则。综合开发较之以前的分散建设，具有不可比拟的优越性。综合开发有利于实现城市总体规划，加快改变城市的面貌；有利于城市各项建设的协调发展，促进生产，方便生活，有利于缩短建设周期，提高经济效益和社会效益。

⑤ 符合政策原则 符合国家产业政策、国民经济与社会发展计划的原则。国家产业政策、国民经济与社会发展计划是指导国民经济相关产业发展的基本原则和总的战略方针，房地产业作为第三产业应受国家产业政策、国民经济与社会发展计划的制约。

12.1.3 房地产交易制度

房地产交易指房地产交易主体之间以房地产这种特殊商品作为交易对象所从事的市场交易活动，是一种极其专业性的交易。房地产交易的形式、种类很多，每一种交易都需要具备不同的条件，遵守不同的程序及办理相关手续。

（1）房地产交易的类型

① 按交易形式的不同，可分为房地产转让、房地产抵押、房地产租赁。

a. 房地产转让。是指房地产权利人通过买卖、赠与或其他合法方式将其房地产转让他人的行为。

　　b. 房地产抵押。是指抵押人以其合法的房地产以不转移占有方式向抵押权人提供债务履行担保行为。

　　c. 房地产租赁。是指房地产的所有人作为出租人，在一定期限内，将其房地产出租给承租人使用，由承担人向出租人支付租金的行为。

　② 按交易客体中土地权利的不同，可分为国有土地使用权及其地上房产的交易与集体土地使用权及其地上房产的交易。对后者现行法大多禁止或限制其交易，因此，在我国，一般而言，房地产交易仅指前者。前者还可进一步按土地使用权的出让或划拨性质的不同进行分类。

　③ 按交易客体所受限制的程度不同，可分为受限交易（如划拨土地使用权及其地上房产的交易，带有福利性的住房及其占用土地使用权的交易等）和非受限交易（如商品房交易等）。

　④ 按交易客体存在状况的不同，可分为单纯的土地使用权交易、房地产期权交易和房地产现权交易。

　（2）房地产交易的一般规则

　① 房地产转让、抵押时，房屋所有权和该房屋占用范围内的土地使用权同时转让、抵押。这就是"房产权与地产权一同交易规则"。房产权与地产权是不能分割的，同一房地产的房屋所有权与土地使用权只能由同一主体享有，而不能由两个主体分别享有。如果由两个主体分别享有，他们的权利就会发生冲突，各自的权利都无法行使。在房地产交易中只有遵循这一规则，才能保障交易的安全、公平。

　② 实行房地产价格评估。房地产价格评估，应当遵循公正、公平、公开的原则，按照国家规定的技术标准和评估程序，以基准地价、标定地价和各类房屋的重置价格为基准，参照当地的市场价格进行评估。

　③ 实行房地产成交价格申报。房地产权利人转让房地产，应当向县级以上地方人民政府规定的部门如实申报成交价，不得瞒报或者作不实的申报。实施该制度的意义在于：进行房地产交易要依法缴纳各种税费，要求当事人如实申报成交价格，便于以此作为计算税费的依据。当事人作不实申报时，国家将依法委托有关部门评估，按评估的价格作为计算税费的依据。

　④ 房地产转让、抵押当事人应当依法办理权属变更或抵押登记，房屋租赁当事人应当依法办理租赁登记备案。房地产的特殊性决定了实际占有或签订契约都难以成为判断房地产权利变动的科学公示方式，现代各国多采用登记公示的方法以标示房地产权利的变动。我国法律也确立了这一规则，并规定：房地产转让、抵押，未办权属登记，转让、抵押行为无效。

12.1.4　物业管理的性质

　　物业管理，是指物业管理企业受物业所有人的委托，依据物业管理委托合同，对房屋建设及其设备，市政公用设施、绿化、卫生、交通、治安和环境容貌等管理项目进行维护、修缮和整理，并向物业所有人和使用人提供综合性的服务。

　　物业管理的客体是物业，服务对象是人，是集管理、经营、服务为一体的有偿劳动。物业管理是一种与房地产综合开发相配套的综合性管理，是与建立社会主义市场经济体制相适应的社会化、专业化、企业化、经营型的管理，按照社会产业部门划分的标准，这种集高度统一的管理、全方面多层次的服务、市场化经营为一体，经营与管理于服务之中的物业管理是一种服务性行业，属于第三产业。

12.1.5　物业管理的基本特征

（1）社会化　物业管理社会化的特点指的是它将分散的社会分工汇集起来统一管理，诸如房屋、水电、清洁、保安、绿化等，对于每位业主而言，只需物业管理公司一家的服务就能将所有关于房屋和居住（工作）环境的日常事宜办妥，而不必分别面对各个不同部门，犹如为各业主找到了一个总管家。业主只需根据物业管理部门批准的收费标准按时缴纳管理费和服务费，就可以获得周到的服务，既方便业主，也便于统一管理，有利于提高整个城市管理的社会化程度。

（2）专业化　物业管理由专业的管理企业——物业管理公司实施对物业的统一管理。这种管理是将有关物业的各专业管理都纳入物业管理公司的范畴之内，物业管理公司可以通过设置分专业的管理职能部门来从事相应的管理业务。随着社会的发展，社会分工渐趋专业化，物业管理公司也可以将一些专业管理以经济合同的方式交给相应的专业经营服务公司。例如，机电设备维修承包给专业设备维修企业，物业保安可以向保安公司雇聘保安人员，园林绿化可以承包给专业绿化公司，环境卫生也可以承包给专业清洁公司。这些专门组织的成立，表明这一行业已从分散型转向了专业型。这种转向有利于提高城市管理的专业化和社会化程度，并能进一步促进城市管理向现代化的管理方式转换。

（3）企业化　与投资管理、决策咨询等一样，物业管理是一种市场化行为，其所追求的目标就在于收益的最大化，而非以往政府职能的延伸。作为独立法人运作的物业管理公司必须遵守《中华人民共和国公司法》的有关规定，实行政、事、企的完全分离。因此，物业管理公司必须依照物业管理市场的运行规则参与市场竞争，依靠自己的经营能力和优质的服务在物业管理市场上争取自己的位置和拓展业务，用管理的业绩去赢得商业信誉。

（4）经营型　物业管理公司提供的服务是有偿的，即对各项服务收取合理的费用。在当前物业管理公司可以通过多种经营，使物业的管理走上"以业养业，自我发展"的道路，从而使物业管理具备造血功能。

12.1.6　物业管理的基本内容

（1）常规性的公共服务　这是指物业管理中的基本管理工作，是物业管理企业面向所有住用人提供的最基本的管理与服务。主要包括以下 8 项：
① 房屋建筑主体的管理；
② 房屋设备、设施的管理；
③ 环境卫生的管理；
④ 绿化管理；
⑤ 保安管理；
⑥ 消防管理；
⑦ 车辆道路管理；
⑧ 公众代办性质的服务。

（2）针对性的专项服务　这是指物业管理企业为改善和提高住用人的工作、生活条件，面向广大住用人，为满足其中一些住户、群体和单位的一定需要而提供的各项服务工作。专项服务的内容主要有以下几大类：

① 日常生活类；

② 商业服务类；

③ 文化、教育、卫生、体育类；

④ 金融服务类；

⑤ 经纪代理中介服务，如物业管理企业在做好公共服务的同时，在管辖的住宅区内附属开展装饰装修、美容美发、餐饮、副食等多种经营服务。

（3）委托性的特约服务　特约服务是为满足物业产权人、使用人的个别需求受其委托而提供的服务，通常指在物业管理委托合同中未要求，物业管理企业应在可能的情况下尽量满足其需求，提供特约服务。如小区内老年病人的护理、接送子女上学、照顾残疾人的上下楼梯、为住用人代购生活物品等。

12.2　市政建设法规概述

（1）城市市政公用事业按行业分类

① 市政工程　在我国，市政基础设施是指在城市区、镇（乡）规划建设范围内设置，基于政府责任和义务为居民提供有偿或无偿公共产品和服务的各种建筑物、构筑物、设备等。城市生活配套的各种公共基础设施建设都属于市政工程范畴，比如常见的城市道路、桥梁、地铁、地下管线、隧道、河道、轨道交通、污水处理、垃圾处理处置等工程，又比如与生活紧密相关的各种管线：雨水、污水、给水、中水、电力（红线以外部分）、电信、热力、燃气等，还有广场、城市绿化等的建设，都属于市政工程范畴。

② 公用事业　公用事业是指具有各企业、事业单位和居民共享的基本特征的，服务于城市生产、流通和居民生活的各项事业的总称，通称城市基础设施或市政服务事业。在我国，大部分城市公用事业由国家或城市财政投资兴办。经营管理方式则根据公用事业的性质和城市的具体情况而不同。城市自来水、电力、煤气、供热和公共交通事业，归市政府所属的公用事业部门领导，由独立的专业公司经营，实行经济核算制；邮政通信等采取营业性的经营方式，由独立核算企业负责经营；城市环境卫生则由城市维护费开支。

③ 园林绿化　园林绿化是在一定的地域运用工程技术和艺术手段，通过改造地形（或进一步筑山、叠石、理水）种植树木花草、营造建筑和布置园路等途径创作而成的美的自然环境和游憩境域，就称为园林。园林包括庭园、宅园、小游园、花园、公园、植物园、动物园等，随着园林学科的发展，还包括森林公园、风景名胜区、自然保护区或国家公园的游览区以及休养胜地。

④ 市容和环境卫生　即城市的市容市貌以及环境卫生情况，环境卫生是指城市空间环境的卫生。主要包括城市街巷、道路、公共场所、水域等区域的环境整洁，城市垃圾、粪便等生活废弃物收集、清除、运输、中转、处理、处置、综合利用，城市环境卫生设施规划、建设等。

（2）市政公用事业所涉及的专业　包括供水、供气、供热、公共交通、园林绿化、市容和环境卫生、排水、防洪等。

(3) 市政工程常用法律法规、规范、标准
① 《市政基础设施工程施工技术文件管理规定》(建城 [2002] 221 号);
② 《市政工程质量等级评定规定》(建城 [1992] 68 号);
③ 《市政工程质量等级评定补充规定》(建城 [1995] 1 号);
④ 《建设工程监理规范》(GB/T 50319—2013);
⑤ 《建设工程项目管理规范》(GB/T 50326—2017);
⑥ 《建设工程文件归档规范》[GB/T 50328—2014(2019 年版)]。

12.3 涉外工程建设法规

12.3.1 涉外工程的概念以及我国适用的法律法规

所谓涉外工程,是指一个项目的所有参与者来自不止一个国家,按照国际上通行的工程项目管理模式进行管理的工程。
(1) 《对外承包工程管理条例》(2008 年 7 月),于 2017 年修订;
(2) 《中华人民共和国涉外民事关系法律适用法》(2010 年 10 月);
(3) 《对外劳务合作管理条例》(2012 年 5 月)。

12.3.2 涉外工程的执行条款

涉外的所有工程项目中,大多数执行的是国际 FIDIC 条款。
国际咨询工程师联合会(法文缩写 FIDIC),中文音译为"菲迪克";其英文名称是 International Federation of Consulting Engineers,指国际咨询工程师联合会这一独立的国际组织,于 1913 年由欧洲 3 国(比利时、法国和瑞士)独立的咨询工程师协会在比利时根特成立。FIDIC 是国际上最有权威的被世界银行认可的咨询工程师组织。

12.3.3 涉外合同的法律适用

合同以是否有涉外因素,分为国内合同和涉外合同两类。所谓涉外合同,是指具有涉外因素的合同,即合同的当事人、合同的客体或者产生、变更、终止合同关系的法律事实中任何一个具有涉外因素的合同。在涉外合同中,最主要的是具有对外贸易性质的涉外合同(或称为对外贸易合同),它是指我国法人或者其他组织同外国的法人、其他组织或者个人之间为实现一定的经济目的而订立的合同。
(1) 涉外合同的法律适用
① 首先要看合同当事人选择的是不是中国的法律,没有选择就不能适用。
② 当事人选择法律时,必须以明示的方式作出,选择的范围只能是实体法。而且,不

能违反当事人所在国的基本原则和该国法律的强制规定。如我国规定，在中华人民共和国境内履行的中外合资经营企业合同、中外合作经营企业合同、中外合作勘探开发自然资源合同，必须适用中华人民共和国法律。

③ 当事人没有选择时，可以适用与合同有最密切联系的国家的法律，这被称为"最密切联系原则"，如合同的缔结地法，合同履行地法，标的物所在地法，当事人的所在地法、法院地法和仲裁地法等。法院在依此判断时享有一定的自由裁量权。

④ 优先适用国际条约和在一定条件下适用国际惯例。涉外合同法律适用的首要原则是当事人意思自治。根据该原则，当事人有权选择适用于合同的法律，而合同的各个方面的问题也都按照这个法律来决定。意思自治原则已为各国所广泛采用，并规定在各自的国际私法中。

(2) 当事人选择法律的范围　对这一问题，有关国家的规定不尽相同，大体上有三种情况：

① 当事人只能选择与合同有客观联系的国家的法律。
② 允许合同当事人选择与合同无客观联系的国家的法律，但必须满足一定的条件。
③ 对当事人的选择未作限制。

允许当事人选择与合同没有任何客观联系的法律的理由是十分充分的：

首先，调整国际合同关系的法律，绝大部分是任意性法律规则。当事人对这类法律规则的选择，不应受任何限制。如果当事人通过法律选择排除了对某一与合同有密切联系的国家的强制性法律规则的适用，只要这一规则是一般的强制性规则，而不是必须适用于国际合同的强制性规则，当事人的法律选择也应得到确认。因为这样做有利于保证法律适用结果的确定性与可预见性，从而有利于保证国际经济交往的安全。同时，由于该强制性规则是一般性的，适用当事人选择的法律并不会严重损害这个国家的利益。如果当事人通过选择某一与合同无联系的法律，排除了对法院地国必须适用于国际合同的强制性法律规则的适用，就应否认这一法律选择的效力，但否认的理由，实际上并不在于当事人选择了与合同无联系的法律，而在于法院地国的强制性规则具有必须适用的特殊性质。

其次，在国际经济交往中经常出现这样的情况：当事人双方都不愿把对方的属人法作为交易的先决条件。他们认为，适用某一个与合同没有联系的第三国的法律，对于双方来说都是公平的。这种情况比较多地发生在发达国家的当事人与发展中国家的当事人之间。

再次，反对当事人选择与合同无客观联系的国家的法律的主要理由是：当事人可能通过这种选择规避法律，即当事人的动机可能是非善意的。然而，在具体案件中，当事人的动机是否善意很难证明。因此，采用主观的善意标准，不利于法律适用结果的确定性。此外，在很多情况下，合同当事人选择一个与合同没有客观联系的国家的法律，是因为这一法律比较完备，并且为许多国家的商人和律师熟悉。在这种情况下，当事人的愿望是善意的、有合理依据的，因而不存在规避法律的问题。

12.3.4　涉外工程的企业行为准则

《中国对外承包工程和劳务合作行业规范（试行）》第四～十七条对涉外工程的企业行为准则做了具体规定：

企业开展对外承包工程和劳务合作业务时，须遵守我国的有关法律、法规，不得危害国家安全、损害社会公共利益和公民的合法权益；同时应遵守项目所在国家、地区的法律、法规，尊重当地的风俗习惯，树立我国对外承包工程和劳务合作行业的良好信誉。

企业须按照经国家外经贸主管部门许可的经营范围合法经营，不得擅自变更经营范围或超范围经营，不得接受其他任何经济组织或个人的挂靠。

企业在开展对外承包工程和劳务合作时，须充分了解所在国家和地区的政治、经济、法律、市场、业主资信等与项目有关的情况，认真、谨慎订立合同，并严格履行。

企业不得以开展对外承包工程和劳务合作经营活动为名进行或协助他人从事非法移民、色情服务等活动。

企业在从事对外承包工程和劳务合作业务时，须接受承包商会的协调，遵守承包商会的协调规定，自觉维护全行业的经营秩序。

企业对承包商会的协调决定如有异议，自协调通知书送达 10 日内，可向国家外经贸主管部门提出申诉，除非国家外经贸主管部门决定停止执行承包商会的协调决定，企业不得抵制协调决定的执行。

企业在对外承包工程经营活动中应全面贯彻 ISO9000 系列质量标准，确保工程质量，维护全行业的信誉。

企业须按照国家有关规定对各类外派劳务人员进行培训，确保外派劳务人员的质量。

企业从事对外承包工程和劳务合作经营业务的中高级经营管理人员，须按国家有关规定接受承包商会举办的外经贸业务培训，取得国际经济合作企业中高级经营管理人员培训资格证书。

企业应依法与外派劳务人员签订外派合同，并应切实维护外派劳务人员的合法权益。外派劳务人员的合法权益受到侵犯时，企业须负责及时交涉、解决。

企业须严格执行国家规定的有关收费标准，不得巧立名目在对外承包工程和劳务合作经营活动中向外派人员乱收费，加重外派人员的负担。

企业不得进行以下不正当的经营活动。

（1）接受其他任何经济组织或个人的挂靠，以及只收取"牌子费"，不参与工程项目经营管理和外派劳务人员选派及相关管理，不履行合同的责任和义务；

（2）将所承揽的工程项目转包或分包给不具备条件的单位；

（3）与国（境）内、外非法劳务中介组织合作；

（4）以虚假广告、虚假承诺欺骗合作伙伴及外派劳务人员；

（5）其他不正当经营活动。

企业须本着公平竞争的原则开展对外承包工程和劳务合作业务，不得采取以下不正当竞争手段，损害国家利益或其他企业的合法权益。

（1）假冒或擅自使用其他企业的名称、资质或业绩，向国（境）外有关组织或个人提供虚假材料；

（2）以捏造、散布虚假事实或泄露、提供其他企业经营状况为手段损害其他企业的信誉；

（3）以低于工程、劳务成本价或以降低外派劳务人员收入的做法对外报价，排挤其他企业；

（4）弄虚作假，以阴阳合同、假材料、假证书欺骗政府、承包商会及有关部门；

（5）其他不正当竞争手段。

企业须按要求及时、如实向承包商会和政府有关部门提供必要的材料。

12.3.5　涉外工程的企业资质条件

（1）有法人资格，工程建设类单位还应当依法取得建设主管部门或者其他有关部门颁发的特级或者一级（甲级）资质证书；

(2) 有与开展对外承包工程相适应的资金和专业技术人员,管理人员中至少 2 人具有 2 年以上从事对外承包工程的经历;

(3) 有与开展对外承包工程相适应的安全防范能力;

(4) 有保障工程质量和安全生产的规章制度,最近 2 年内没有发生重大工程质量问题和较大事故以上的生产安全事故;

(5) 有良好的商业信誉,最近 3 年内没有重大违约行为和重大违法经营记录。

12.3.6 涉外工程的企业的法律责任

根据《对外承包工程管理条例》对涉外工程企业的法律责任作出如下规定:

(1) 对外承包工程的单位有下列情形之一的,由商务主管部门责令改正,处 10 万元以上 20 万元以下的罚款,对其主要负责人处 1 万元以上 2 万元以下的罚款;拒不改正的,商务主管部门可以禁止其在 1 年以上 3 年以下的期限内对外承包新的工程项目;造成重大工程质量问题、发生较大事故以上生产安全事故或者造成其他严重后果的,建设主管部门或者其他有关主管部门可以降低其资质等级或者吊销其资质证书:

① 未建立并严格执行工程质量和安全生产管理的规章制度的;

② 没有专门的安全管理机构和人员负责保护外派人员的人身和财产安全,或者未根据所承包工程项目的具体情况制定保护外派人员人身和财产安全的方案并落实所需经费的;

③ 未对外派人员进行安全防范教育和应急知识培训的;

④ 未制定突发事件应急预案,或者在境外发生突发事件,未及时、妥善处理的。

(2) 对外承包工程的单位有下列情形之一的,由商务主管部门责令改正,处 15 万元以上 30 万元以下的罚款,对其主要负责人处 2 万元以上 5 万元以下的罚款;拒不改正的,商务主管部门可以禁止其在 2 年以上 5 年以下的期限内对外承包新的工程项目;造成重大工程质量问题、发生较大事故以上生产安全事故或者造成其他严重后果的,建设主管部门或者其他有关主管部门可以降低其资质等级或者吊销其资质证书:

① 以不正当的低价承揽工程项目、串通投标或者进行商业贿赂的;

② 未与分包单位订立专门的工程质量和安全生产管理协议,或者未在分包合同中约定各自的工程质量和安全生产管理责任,或者未对分包单位的工程质量和安全生产工作统一协调、管理的;

③ 将工程项目分包给不具备国家规定的相应资质的单位,或者将工程项目的建筑施工部分分包给未依法取得安全生产许可证的境内建筑施工企业的;

④ 未在分包合同中明确约定分包单位不得将工程项目转包或者再分包的。

分包单位将其承包的工程项目转包或者再分包的,由建设主管部门责令改正,依照前款规定的数额对分包单位及其主要负责人处以罚款;造成重大工程质量问题,或者发生较大事故以上生产安全事故的,建设主管部门或者其他有关主管部门可以降低其资质等级或者吊销其资质证书。

(3) 对外承包工程的单位有下列情形之一的,由商务主管部门责令改正,处 2 万元以上 5 万元以下的罚款;拒不改正的,对其主要负责人处 5000 元以上 1 万元以下的罚款:

① 与境外工程项目发包人订立合同后,未及时向中国驻该工程项目所在国使馆(领馆)报告的;

② 在境外发生突发事件,未立即向中国驻该工程项目所在国使馆(领馆)和国内有关主管部门报告的;

③ 未定期向商务主管部门报告其开展对外承包工程的情况，或者未按照规定向有关部门报送业务统计资料的。

（4）对外承包工程的单位通过未依法取得许可或者有重大违法行为的中介机构招用外派人员，或者不依照本条例规定为外派人员购买境外人身意外伤害保险，或者未按照规定存缴备用金的，由商务主管部门责令限期改正，处 5 万元以上 10 万元以下的罚款，对其主要负责人处 5000 元以上 1 万元以下的罚款；逾期不改正的，商务主管部门可以禁止其在 1 年以上 3 年以下的期限内对外承包新的工程项目。

未取得国务院商务主管部门的许可，擅自从事对外承包工程外派人员中介服务的，由国务院商务主管部门责令改正，处 10 万元以上 20 万元以下的罚款；有违法所得的，没收违法所得；对其主要负责人处 5 万元以上 10 万元以下的罚款。

（5）商务主管部门、建设主管部门和其他有关部门的工作人员在对外承包工程监督管理工作中滥用职权、玩忽职守、徇私舞弊，构成犯罪的，依法追究刑事责任；尚不构成犯罪的，依法给予处分。

基础测试

1. 房地产开发包括_____、_____。
2. 按交易形式的不同，房地产交易可分为_____、_____、_____。
3. 物业管理的基本特征是_____、_____、_____、_____。
4. 城市市政公用事业按行业可分为_____、_____、_____、_____。

思考提高

1. 我国房地产开发的基本原则主要有哪些？
2. 什么是房产权与地产权一同交易规则？
3. 什么是物业管理？
4. 涉外的所有工程项目中执行的是什么条款？

综合运用

甲建设公司将自己的部分海外建设工程分包给了乙建设公司，乙公司在施工期间遇上了战争，导致建设工程无法进行，合同也无法履行，乙公司遂向法院起诉终止合同，并结算部分工程款。如果你是审理此案的法官，你会怎么判罚呢？

参 考 文 献

[1] 范成伟，明杏芬. 建设法规. 上海：同济大学出版社，2017.
[2] 吴祖谋. 法学概论. 13版. 北京：法律出版社，2019.
[3] 舒国滢. 法理学导论. 2版. 北京：北京大学出版社，2012.
[4] 刘美林. 市场经济法律概论. 2版. 北京：科学技术文献出版社，2008.
[5] 法律出版社法规中心. 民法典及相关司法解释汇编. 北京：法律出版社，2021.
[6] 侯丽艳. 经济法概论. 北京：中国政法大学出版社，2012.
[7] 浦坚. 中国法制史大辞典. 北京：北京大学出版社，2015.
[8] 财政部会计资格评价中心. 经济法基础. 北京：经济科学出版社，2022.
[9] 《环境科学大辞典》编委会. 环境科学大辞典（修订版）. 北京：中国环境科学出版社，2008.
[10] 李丽红. 工程招投标与合同管理. 北京：化学工业出版社，2022.
[11] 孟庆鹏，吴访非. 工程经济法. 北京：中国电力出版社，2016.
[12] 朱永祥. 工程招投标与合同管理. 3版. 武汉：武汉理工大学出版社，2022.
[13] 杨锐. 工程招投标与合同管理实务. 北京：北京大学出版社，2022.
[14] 李小琳. 招标采购专业实务. 北京：中国计划出版社，2015.
[15] 赵勇. 招标采购专业知识与法律法规. 北京：中国计划出版社，2015.
[16] 黄双蓉. 财经法规与会计职业道德. 北京：经济科学出版社，2014.
[17] 王小召. 建筑工程招投标与合同管理. 北京：清华大学出版社，2019.
[18] 王宇静. 建设工程招投标与合同管理. 北京：清华大学出版社，2018.
[19] 崔军，钱武云. 国际工程承包总论. 北京：中国建筑工业出版社，2012.
[20] 王卓甫. 工程招投标与合同管理. 北京：中国建筑工业出版社，2018.
[21] 王皓钰. 城乡规划实务. 上海：同济大学出版社，2022.
[22] 国家级经济技术开发区的发展历程. （2012-11-20）[2022-9-12] http://www.hebjgbz.gov.cn/hbjgbz/llyj/llqy/101597838549442.html
[23] 吴静. 上海卫星城规划. 上海：上海大学出版社，2016.
[24] 赵俊杰. 独立工矿区转型发展研究——平顶山市石龙区的实践与探索. 郑州：河南人民出版社，2016.
[25] 吴涛. 中国建筑业年鉴2012. 北京：北京《中国建筑业年鉴》杂志有限公司，2012.
[26] 潘凯. 公路工程经济及项目施工管理. 北京：中国石化出版社，2021.
[27] 中国建筑业协会. 建设工程施工项目经理岗位职业标准. 北京：中国建筑工业出版社，2019.
[28] 王东升. 建筑安全生产管理. 青岛：中国海洋大学出版社，2017.
[29] 宋超. 中国法律制度概论. 南京：南京大学出版社，2022.
[30] 张艳丽. 民事诉讼法. 北京：北京大学出版社，2022.
[31] 李红勋. 资产评估与管理. 北京：中国林业出版社，2000.
[32] 陈卫华. 房地产法规制度. 北京：中国经济出版社，2022.